KB218939

# 대한천리교사(大韓天理教史)

-8 · 15 광복과 대한천리교의 창설 및 역정

대한천리교사(大韓天理教史)-제2권

초판 인쇄 · 2001년 7월 10일
초판 발행 · 2001년 7월 15일

지은 이 · 정명수
펴낸 이 · 임종대
펴낸 곳 · 미래문화사

등록 번호 · 제3-44호
등록 일자 · 1976년 10월 19일


주소 · 서울시 용산구 효창동 5-421
전화 · 715-4507/713-6647
팩시밀리 · 713-4805

정가 10,000원

ISBN 89-7299-213-5 03260
E · mail : mirae715@hanmail.net
mirae books@com.ne.kr

# 대한천리교사(大韓天理敎史)

-8 · 15 광복과 대한천리교의 창설 및 역정

정명수 지음

미래문화사

책 머리에

# 대한천리교사 제2권을 내면서

제1권 《대한천리교사 - 식민지 시대의 신도천리교》가 출간되어 예상 외의 호평을 받고 보니 더욱 책임이 무거워짐을 느낀다.

정부 수립 후 최초로 출발한 자주교단 대한천리교의 창립 정신과 그 이념을 실현하려 한 정신을 기리면서 편성한 것임을 명백히 밝히면서, 당시 남긴 자료를 근거로 객관성을 갖고 기술하다 보니 때로는 이 길의 선배 선생들에게 본의 아니게 누를 끼치게 되거나 고인에게 불경스러운 일이나 미흡한 점이 많은 것 같다. 그러나 널리 양해해 주시길 바라면서 본 교사를 쓴다.

이번에 교사 제2권 《대한천리교사 - 8·15 광복과 대한천리교의 창설 및 역정》을 내면서 또 한번 지난날의 기록을 쓴다는 것이 이렇게 어렵고 두려운 일이라는 것을 느꼈다. 보기에 따라 평가가 달라지기도 하며 쓰는 자의 주관에 따라 하나의 사실을 놓고 해석 여하에 따라 달라진다는 것도 알게 되었다. 그리고 역사는 끝없이 흘러가면서 묻어져 없어지는 것 못지 않게 남길 가치가 있는 것은 반드시 어떤 형태가 되든지 남게 된다는 것도 이번 기회에 알게 되었다. 그저 영원한 비밀로서 나밖에 모르겠지 하면서, 그때그때 세상을 적당히 살면서, 때로는 지조를 바꿔가면서 이렇게 저렇게 처세한들 그 누가 알겠는가. 또 세월이 가면 자연히 잊어버리고 영원히 묻혀 없어지겠지라고 생각할지 모르지만 결코 그런 사실은 없어지지 않는다. 뿌린 씨앗은 반드시 싹이 튼다는 이 길의 가르침처럼 말이다. 이러한 모든 것이 이번에 모두 밝혀졌고, 또 우리 모두에게 큰 교훈이 되었음을 알았다.

이번에 2권에서는 8·15 광복이 되어 우리 정부가 수립되고, 이 나라 천리교인들이 새로운 각오로 모여 1948년 10월 14일 천경수양원을 창설하여, 그해 12월 11일에 대한민국 공보처 제325호로 사회단체 등록 허가를 받고, 이후 이를 기반으로 대한천리교연합회가 1952년 12월 14일에 당당하게 결성되면서 활약을 하는 것을 시작으로, 1970년대 초반까지 최고협의회 중앙사무국의 설치 직전까지의 사건들을 썼다. 그간 원로들의 이합집산하는 양태와 주무부서에서 재단법인 대한천리교단 설립을 인가하여 자주교단으로서 종교활동을 할 것을 바랐지만, 결국 교권 쟁탈전에 휘말리어 대한천리교가 파행의 역정을 가게 되는 과정, 그리하여 일본 천리교교회본부의 지원을 바라는 종속파의 득세로 이 나라 천리교의 판세가 바뀌어 가면서 자주교단 존립의 위기가 오는 등의 상황을 수록하여 기술하면서, 교단을 중심으로 사건별로 쓰면서 재단은 별도 항으로 분리하여 시대 순으로 기술하였다. 그러다 보니 중복되는 경우가 있었음을 미리 알려 드린다.

본 교사는 기록된 사실을 토대로 편성하였다. 다만 애매하거나 부족한 부분은 직접 청취하거나, 그것도 안 될 경우엔 간접 기록이나 증거로 보강을 하였다. 때로는 숨기고 싶은 일들이 한둘이 아니었지만 중요한 사실을 숨기거나 거짓으로 호도(糊塗)할 수는 없었다. 여기에는 어떤 개인이나 모임체 단체를 매도하려는 의도는 조금도 없고 모든 사실을 가능한 한 정확히 알리려 했을 뿐이다. 선배들이 생각 없이 함부로 행한 일이나, 심사숙고하지 않고 저지른 일들이 후세에 얼마나 많은 영향을 주고 있는가를 이 기회에 자성하면서, 오늘의 지도자와 선배들의 일거일동이 얼마나 중요한가를 다시 한번 생각하게 한다.

돌이켜 볼 때 초기의 주역(主役)이 되신 분들은 오직 순직한 신앙심으로 교조님의 훌륭한 가르침을 우리 스스로 복원 정립하고 실천하면서 인간구제를 위한 교단 건설에 임하였던 것이다. 그러나 일본 천리교교회본부의 해외포교 전도부의 끈질긴 회유 공작과 이에 부화뇌동(附和雷同)한 일부 선배 선생들의 탁견(濁見)에 모처럼의 자주·자립교단의 기회를 놓치고 말았다. 결국 신도천리교의 계승자인 일본 천리교교회본부의 조직과 제도 속으로 빨려 들어가고 만 것은 안타까운 일이 아닐 수 없다.

그들의 방대한 조직과 다져진 제도를 이용한 노회(老獪)한 정책에 우리 선배들은 너무나 무력했었고 역사적 혜안을 갖지 못했었다고 본다. 마치 광활한 숲을 보지 못하고 눈앞의 나무만을 보고 생각 없이 따라갔던 것이 오늘의 현실이 되었고, 아직도 이를 직시하지 못하고 있다. 지금도 근본 해결 없이 적당하게 통합만을 외치는 자가 있다. 그러니 통합하면 분쟁만 하다가 얼마 후 또 분열하게 되었다. 이에 아무것도 모르는 순직한 신도들만 휘말리며 끌려 다니는 꼴이 되고 말았다.

필자는 이 길의 발자취를 더듬어 쓰면서 하나의 숲을 보았고,

기록을 정리하면서 선배 선생들이 하나의 나무나 가지만을 보고 지나온 것에 무척 안타까움을 느꼈다.

눈앞의 나무만 보지 말고, 숲에는 흐르는 시냇물과 계곡도 있고 굽이치는 산등성도 있는가 하면 오솔길도 있다는 것을 알아야 한다. 그리고 바위가 있고 초원도 있다. 그 사이에 많은 나무와 풀과 꽃도 있다. 여기에 좋은 수목을 심고 조경을 하며 인류에게 유익한 환경도 가꿀 수 있음을 이 거대하고 울창한 역사의 숲에서 보았다. 만일 선배 선생들이 이러한 것을 관심 있게 보았더라면 이 나라 천리교의 미래와 오늘은 달랐을 것이다.

언제나 눈앞의 나무만 보듯이, 그들이 가라고 하면 가고 또 하라고 하면 시키는 대로 하고, 밤낮 좁은 공간에서 같은 오솔길만 다람쥐 쳇바퀴 돌듯 맴돌았으니 언제나 원점에 있을 뿐이었다.

1945년 해방은 우리 민족에게 얼마나 큰 희망을 안겨 주었던가? 돌이켜 보건대 우리 모두는 한번쯤 그날의 그 감격을 되돌아보며 각성해야 할 것이다. 근세사를 통틀어 우리 민족은 과연 자주·자립·자존했던 일이 얼마나 되었던가. 그런 기회가 모처럼 주어지고 또 여건이 조성되어도 스스로 포기하거나 내분으로 인하여 다시 나락으로 빠져, 비굴하게 예속되는 것을 역사를 통해 얼마나 보았던가. 그때마다 통분을 금치 않을 수 없었다. 그런데 우리가 가는 이 길은 또 어떠한가. 종교라는 미명하에 변명되리라 보는가. 종교의 속성은 전쟁도 불사한다는 것을 이스라엘과 팔레스타인과의 끊임없는 전쟁에서 그 예를 보지 못했는가. 또 정치가 때로는 종교를 얼마나 이용하고 있다는 것도 《대한천리교사》 1권에서 보지 않았던가? 이 길을 신봉하는 우리들은 국가간의 위기나 이해와 상관없이 오직 종교 본연의 자세로 인간구제를 할 수 있는 토대를 갖추려면 자주·자립교단이 되어야 한다.

지난날 일제 치하 36년간의 학정(虐政)과 횡포를 일본은 조금도 반성 없이, 아직도 일본 역사서와 교과서 등에 왜곡 기술하고 있다 하여 연일 일간신문에서 떠들고 야단을 치며 국민들은 분노하고 있다. 이 일로 모처럼 조성된 한·일간의 국교와 우호통상, 문화 개방 등에 영향이 미칠까 모두들 걱정을 하고 있는 실정이다.

올바른 교조님의 가르침을 펴는 자주·자립교단을 이상으로 출발한 지 반세기가 넘었지만, 각기 개인구제 외에 교육·문화·사회복지 후생에 적극적으로 대처하지 못하다 보니 뚜렷한 업적 하나도 제대로 남기지 못했다. 이것은 참으로 부끄러운 일이 아닐 수 없다. 그 원인들이 어디에 있었던가를 이번에 발간되는 《대한천리교사》 2권에서 찾을 수 있을 것이다.

지난날들을 생각하면 필자는 스스로 비애를 느끼지 않을 수 없다. 우리 다시 진정한 교조님의 가르침을 올바르게 펴는 자주교단 대한천리교의 창립정신으로 되돌아가자고 외치면서, 《대한천리교사》 2권 출간에 즈음한 글을 쓴다.

2001년 6월

정 명 수

차례

## 第2장 대한천리교의 창립 목적과 그 진로에 대한 혼란

# 제1장 8·15 광복과 대한천리교의 창설

## 1. 8·15 광복과 교파신도(敎派神道) 천리교의 폐멸

### 가. 패전으로 돌아가는 일본인 교직자와 신자들

세계 제패를 꿈꾸며 이른바 대동아공영권(大東亞共營圈) 건설이라는 망상을 갖고 무모한 청일전쟁을 일으켜 승리한 일본 제국은, 승리에 도취되어 계속하여 러일전쟁(露日戰爭)~조선 강점(强占)~만주 강점(滿洲强占)~중일전쟁(中日戰爭)~태평양전쟁(太平洋戰爭)~월남·버마(지금은 미얀마)·태국·필리핀·태평양제도(太平洋諸島)까지 마구 침략하였다. 이들은 이 모든 지역에서 살상과 약탈을 자행하며, 말 못할 온갖 잔학한 행위를 저질렀다. 1세기 가까이 이러한 만행을 자행하며 야금야금 대만과 조선 등을 속국화시키며 만주에는 괴뢰정권(傀儡政權)까지 수립하였다.

일본 제국의 천인공노(天人共怒)할 만행은 결국 제2차 세계대전의 종말과 함께 그 막을 내렸다. 1945년 8월 6일 일본 군사 병참

(兵站) 도시인 히로시마(廣島)가 어마어마한 위력을 가진 원자폭탄 한 방을 얻어맞자, 혼비백산한 군국주의자들은 전의(戰意)를 잃고 세계 제패의 꿈을 저버리게 되었다. 한편 8월 8일 소련 정부가 대일선전(對日宣戰) 포고를 하고, 9일 오전 0시부터 소련 극동군이 행동을 개시하여 북한과 만주 경내로 일제히 진격하였다. 이에 크게 당황한 일본 정부는 훈령(訓令)을 발하여 조선군 참모 간자끼(神崎)와 조선총독부 보안과장 이소자끼(磯崎) 등으로 하여금 전 동아일보 사장 송진우(宋鎭禹)를 초청하여 다음의 2가지 조건으로 행정위원회를 조직하여 시국을 담당해 줄 것을 요청하였다.

그 첫째는 75만 일본인의 조선 내 영주권을 인정할 것이었고, 둘째는 일본인 재산과 그 권익을 계속 인정할 것이었다.

이 요청에 대해 송진우가 일언지하에 거절하며, 그들이 연 3일을 졸라도 불응하였더니, 13일이 되어 급박하게 되자 이번에는 김준연(金俊淵) 씨를 초청하여 협박조로 송진우와 함께 담당해 줄 것을 요청해 왔다. 그때 김준연 씨 역시 거절하였다고 한다. 이렇게 되자 8월 14일에는 서울의 일본인들이 불안과 공포 속에서 모두가 죽을상이 되었다. 그러다가 마침내 15일 정오에, 총독 아베노부유끼(阿部信行)는 3,000여 명의 직원을 모아놓고 함께 울음 섞인 히로히또(裕仁)의 항복선언문 낭독을 들었다. 이때 그도 울면서 총독정치의 종언사(終焉辭)를 하였다고 한다.

여기에서 천리교인이 본 당시 상황을 알아보자.

이 나라 경성(京城)에서 제일 교세가 컸던 천리교 경성대교회(京城大教會)는 이날을 전후하여 어떻게 맞이했던가를 천리교인 이즈리마찌노부요시(出町信義)가 쓴 《순교(殉教)의 인(人)》이란 글 중에서 인용하여 여기에 간단히 소개하고자 한다.

'전략, NHK 뉴스로 정오에 중대한 방송이 있다고 반복하여 보도하던 8월 15일 아침이 되었다. 그날 주지로(忠次郎, 경성대교회장)의 집에 모인 사람은 처인 시즈에(靜枝) 외에 수명의 측근자뿐이었다. 불안과 기대가 교차하는 복잡한 생각 속에서 일동은 옥음(玉音, 천황의 소리)을 들었다. 처음 귀로 들은 폐하의 소리는 심한 비음(鼻音)으로서 간간이 끊어지기도 했고, 또 그 소리마저 애조(哀調)를 띠고 있었으며 절박한 듯이 민족의 생존을 위해, 이하 생략, 이라는 방송과 함께 이미 무엇인가 잘못 되어가고 있었다. 전국(戰局)은 이미 불리함을 알고 있었지만 누가 이러한 모습의 패전이 되리라고 예상이나 했었던가. 이하 생략. 당시 경성대교회는 140개소의 소속교회가 있었다. 만주에는 누구누구가 있고, 중북지(中北支)의 누구누구, 북조선에서는 누구누구라며 한 사람 한 사람 이름을 들춰내며 이들의 신상과 처해져 있는 처지가 어떻겠는가를 생각하며 먼 곳만을 응시하고 있었다. 생략, 그리고 다음 날 오오구보(大久保, 교회 역원)와 이또(伊藤, 산하 京春교회장으로 대교회 회계를 맡고 있다)는 주지로의 고명을 받고 조선포교관리소(朝鮮布教管理所)에 출두하였다. 어느 누구라 할 것 없이 눈에는 하나같이 흥분하여 핏발이 서 있었고, 친절했던 사람들도 밤 사이에 다른 사람으로 변하여 버린 듯하였다. 두 사람은 주지로의 뜻을 전하며 모두 잔류할 것을 상의하고 돌아왔다. 생략, 8월 17일에 일한(日韓) 양 국민에 대한 미군의 포고가 있었다. 치안 유지를 위한 조치로서 사전에 쌍방의 과격 분자들에게 자중을 구하는 포고였다. 미군의 진주(進駐) 전의 경성은 한때 무정부(無政府) 상태에 빠져 있었고, 민족의 노래를 소리쳐 불러대는 한국인이 있는가 하면, 일본인의 민가에 함부로 들어가 폭행과 약탈을 하기도 했었다. 이 때문에 일본군의 장갑차와 기관총대(機關銃隊)를 출동시켜 한때 시내 경비를 맡기기도 했지만, 미군정부의 포고가 있으면서 치안이 회복되어 갔다.'

8·15 광복은 지난 36년간 탄압을 받으며 무수히 굴욕을 당했던 우리 민족이 암흑에서 광복으로, 속박에서 해방을 맞게 되면서 뼛속까지 맺혔던 서러움이 폭발할 정도였다. 이러한 망국의 한이 기쁨에 넘쳐 오히려 광란이 되어 미친 듯 보였으리라. 서로가 부둥켜안고 만세를 부르며 술과 음식을 만들어 권하며 축배를 하였다. 곳곳에서 풍악을 울리는 등 축제 분위기가 삽시간에 온 나라로 번져, 근 한 달간이나 계속되어 갔다고, 당시의 상황이 여러 가지 기록과 구전으로 전해지고 있다.

다시 《순교의 인》의 글을 인용하면, '생략, 8월 18일 제1진(陣)으로 북조선에서 피난민이 일시에 모여들었다. 그들은 온몸이 땀에 젖어 있었고 거기에다 먼지투성이가 되어 수십리 길이나 되는 먼 곳에서 도망쳐 온 사람들이었다. 일본인 몸을 한 채 걸어올 수가 없어 한국인의 복장을 한 사람이 많이 있었다. 경성 시내에 이런 피난민들이 떼를 지어 다니고 있어 매우 어수선하였다. 천리교에서는 조선포교관리소와 경성대교회를, 불교에서는 동서(東西)양 본원사(本願寺) 별원(別院)을, 신사신도(神社神道)에서는 조선신궁(朝鮮神宮) 외 5개소를 피난민의 수용소로 선정하여 연일 들어오는 피난민을 받아들이고, 또 교대로 내보내는데 하루에 보통 4, 5백 명의 사람들이 머물고 갔었다'고 쓰고 있다. 그리고 또 '만주와 북조선에서 피난온 29명을 처음으로 경성대교회에 수용하였다. 이후 전재(戰災) 피난민의 수용소가 되면서 취사동(炊事棟)을 마당에 만들어 사용했었다'고 쓰고 있다.

이때 지방은 어떠했는가를 먼저 대구 쪽을 살펴보기로 하자.

1926년 6월 3일 조선 대구부(大邱府) 14번지에서 단독 포교를 시작하여 1932년 10월 24일에 대구부 봉산정 64번지에 동경분교회를 설립한 시미즈도요기찌(清水豊吉)는 내선동경회(內鮮同慶會)를 만들어 동경여숙(同慶女塾)을 설립하여 여성 직업교육을 실시한 자다. 그가 교회장으로 있었던 동경분교회에서 편 책 《황도(荒道)를 가다》의 내용 중에 이런 글이 있다.

'전략, 8월 6일 히로시마시에 원자폭탄이 떨어지고 계속하여 9일에는 나가사끼(長崎)에서 원자폭탄이 떨어지자, 8월 15일 조칙(詔勅)이 내려지는데 전쟁은 끝났다는 것이다. 도요기찌(豊吉)는 빨리 부청(府廳)으로 달려갔다. 생략, 다음날 상황은 크게 변하여 〈은인자중(隱忍自重) 40년을 드디어 승리 풍광명미(風光明美) 민족우수(民族優秀) 왜노(倭奴)는 즉시 돌아가라〉는 등의 현수막과 삐라가 길에 범람하고 있었다. OO당 청년부, OO기마대 등의 완장을 한 한국 청년이 10명, 20명씩 모여 활발하고 기분 좋게 뛰어다니며 건국의 의기가 넘쳐 있었다. 시내(市內)의 회장인 박(朴)씨가 급히 달려왔다. 선생의 신변을 지키겠습니다. 조금도 걱정하지 마십시오. 만주에서 활약하고 있던 청년들이 교회로 돌아오고 도꾜(東京)와 오사까(大阪)로 귀국할 사람들이 한 사람씩 교회로 모여 왔다. 음산한 교회에 누군가가 접수하여 우리가 돌아갈 때까지 우리는 큰북과 현종 박자를 치며 조석근행과 월차제 근행을 했다. 생략, 또 천리교 동경(同慶)교회, 동경(同慶)여학원이라는 간판을 신생활사(新生活社)라고 바꿔 간판을 써 달았다. 이하 생략.'

당시의 신문이나 기록을 보면, '9월 7일 소련군이 잇달아 원산(元山)과 평양(平壤)에 진주하여 일본군의 무장을 해제하였고, 남한에서는 9월 8일에 미군이 인천에 상륙하여 서울에 들어와 서울거리를 질주하기 시작하였다. 이후에는 학병과 징병, 지원병, 징용간 자, 정신대(挺身隊) 등에 강제로 끌려간 동포들이 속속 고향으로 돌아오게 되었다. 그들의 생환(生還)에 가족은 물론 친지 모두가 기쁨의 눈물을 흘렸다. 이런 귀향의 감격적인 모습이 온 나라 도처에서 일어나고 있었다'고 했다.

9월 9일에는 남한에 진주한 미군사령관 하지 중장(中將)이 중앙청 총독실에서 총독 아베노부유끼(阿部信行)와 조선군사령관(朝鮮軍司令官) 고오즈끼요시오(上月良夫), 진해경비부사령관(鎭海警備府司令官) 야마다(山田) 등으로부터 항복을 받고서 병사들의 약탈 등을 하지 못하게 하는 등 대체로 관대하게 취급하였다. 뿐만 아니라 남한 사람들은 일본인에 대한 태도는 매우 온후하여 일체 해를 가하지 아니 하였고, 오히려 인간적으로 떠나는 그들에게 따뜻한 정의(情宜)를 표시하고 있었다.

이러한 속에 일본인들은 서울에 일본인철수지원회 같은 것을 설치하고, 북쪽에서 쫓겨 나오는 피난민들을 수습하여 최후의 한 사람까지 귀국의 안전을 도모하기도 했다.

그런데 북한에서는 7월말부터 계속되던 장마가 다음달 8월 12일까지 계속되면서 을씨년스럽더니, 13일이 되자 개이면서 8월의 잔서(殘暑)가 살인적인 염열(炎熱)을 발산하였다고 기록하고 있었다. 그런 일기 속에서 소련군에 쫓겨, 북 지나, 만주로부터 배낭을 걸머지고 남하하는 일본인들은, 마치 개미떼처럼 이리저리 몰려 다니며 지쳐서, 더러는 절며 뛰며 걸음을 재촉하다가, 혹은 죽기도 하고 혹은 따르지 못하는 아해를 버리고, 필사적으로 38선을 넘어오는데, 어떤 때는 캄캄한 밤을 이용하여 나룻배를 타고 오면서 혹시나 소련군에게 발각되지 않을까 염려가 되어, 심지어 우는 젖먹이 아이마저 강물에 던져 버리고 달아나는 아낙도 있었다고 전하는가 하면, 이들 패주자들의 당시의 비참한 모습을 보고 뭐라고 이루 형언할 수 없었다고 하는 기록도 있었다.

거기에 비해 남한은 인심이 순후하여 일본과의 왕래가 여전히 빈번하였고, 부산에서는 연락선이 계속 다니고 있었다. 광복 조국의 품에 안기는 귀향 동포, 특히 일본에서 귀환하는 동포들이 이 때를 전후하여 부산항 등에 계속 밀려 들어왔고, 패전하여 쫓겨가는 일본인 대열도 서울역을 위시하여 전역에서 붐비고 조금이라도 먼저 타고 가려고 난리들이었다.

특히 부산 부두(埠頭)는 이들로 범벅이 되어 밤낮 없이 인산인해를 이루고 있었다. 뿐만 아니라 만주와 시베리아, 중국 내륙까지 못 살아 쫓겨갔던 동포들도 줄줄이 귀국하게 되니, 당국에서는 이에 대한 대책을 제대로 세우지도 못하고, 그저 임시로 학교의 교실이나 강당 등에 수용하고 있었다. 이들 귀향 동포들은 먹을 것이 없어 고생이 말이 아니었다. 더구나 화폐 교환도 순조롭지 못하여 일용품과 먹을 양식을 구하지 못하고 때를 맞추어 배를 채우지 못하여 애를 먹고 있었다. 특히 쌀이 귀하여 돈이 있어도 구할 수가 없을 정도였다.

## 나. 미군정의 교파신도 천리교의 처리

일본 제국이 패전하자 얼마 후인 1945년 9월 11일 미 군정청이 발족되었다. 그리하여 미 주둔군 24군사령부 종교 담당 책임자인 미첼 중위가 9월 21일 천리교에 대하여 해산 통고를 하였다. 이에 대해 조선포교관리소장(朝鮮布教管理所長) 등이 진정도 하고 온갖 조건을 제시하며 잔류해 보려고 노력해 봤지만, 전 1권에서 기술한 바와 같이 모두 허사로 끝나고 말았다. 당시 서울에는 40여 개소의 천리교 교회가 산재(散在)하고 있었는데, 이 모두가 조선포교관리소가 강제로 접수되어 쫓겨나는 시기에 그들도 같은 운명이 되어 쫓겨났다.

여기에 대해 서울 경성대교회가 접수되어 쫓겨가는 과정을 살펴보자.

천리교인 이즈리마찌노부요시(出町信義)가 체험하고 쓴 《순교의 인》에 접수되어 쫓겨가는 당시 상황을 상세히 쓰고 있다.

'9월 21일 이또이노기찌(伊藤伊之吉, 경성대교회 산하 京春교회장)는 관리소의 강사(講師)인 마끼노에이이찌(牧野榮一)와 함께 처음으로 미 군정부(軍政府)를 찾아갔다. 군정부 종무 담당관을 만나 잔류를 교섭하기 위해서였다. 나갈 때 주지로(忠次郎, 경성대교회장)가 "이또(伊藤)" 씨, 리(理)에 맞도록 대응하십시오. 제발 부탁이니 잘 되기 바라오라고 진지하게 말을 하였다. 군정부에서는 미첼이라는 이름을 가진 젊은 중위(군정 종무관)가 응대를 하였다. 이또가 잔류의 이유와 그 목적을 설명하자, Of course(물론), 나루

호도(좋고 말고)라고 즉시 말을 받으면서 다음의 세 가지 조건을 내놓았다.

첫째, 군국주의(軍國主義) 사상의 전폐(全廢), 둘째, 천리교식 제식제의(祭式祭儀)의 전폐, 셋째, 제신(祭神)으로서 조선의 민족종교(魏志에 나오는)를 제사 지내라는 것이었다. 첫째와 둘째에 대하여는 패전 국민이 되어 중지하지 않을 수 없겠지만 셋째는 도저히 승복할 수 없었다. 그래서 이또가 말을 참지 못하고, 귀국(貴國)은 전통적으로 믿고 있는 그리스도의 나라인 줄 알고 있는데, 제1항과 2항의 조항에 대하여는 안할 수가 없겠지만, 제3항은 결국 제신(祭神)을 이신(異神)으로 하여 섬기라고 하는 것으로 생각됩니다고 하니, 미첼 중위가 지당한 말씀이라고 말하고 가볍게 수긍하더니, 우리들이 조사한 내용을 보면 귀교는 평화 애호의 종교로 볼 수가 없습니다. 물론 이에 대하여는 당신들에게도 반론이 있겠지만 나로서는 사소한 일로 볼 수가 없는 것입니다. 귀교의 교전(敎典), 그리고 다른 것들도 비교해 보면 군국주의를 고취하고 있는 종교로 보게 됩니다. 역시 진정으로 전쟁을 반대했었다면 귀 교단에서 순교자가 나와야 했습니다. 그런데 순교자가 나오지 않는 종교는 현대종교(표현을 일급 종교라 하고 있다)가 될 수 없습니다. 이하 생략, 내가 당신들에게 잔류의 허가를 준다고 해도 귀교의 종지(宗旨)가 좋아서가 아닙니다. 귀교 속에 보여주고 있는 따뜻한 인간애에는 감명을 받았습니다. 이 점을 개선하여 잘 가꾸어 나가기를 바랍니다. 이하 생략, 이야기는 온화한 듯하지만 마음속으로 뭔가 가시로 찌르는 것 같았다. 물론 미첼 중위의 견해는 하나의 의견에 불과했었지만 들으면서도 반론의 여지가 없었

다. 일화사변(日華事變)에서 태평양전쟁에 걸쳐, 이하 생략.'

그리고 며칠 뒤인 9월 25일에는 일본 정부 및 일본인의 재산 접수 명령이 공고되었다. 이때 《순교의 인》에는 경성대교회 접수 과정을 이렇게 쓰고 있었다.

'11월 2일, 이날은 아침부터 진눈깨비가 내리고 차가운 바람까지 불고 있었다. 이 바람 소리와 함께 바깥 현관에서 들려 오는 사람들 소리가 있었다. 이또(伊藤伊之吉,경성대교회 역원)가 나가 보니 미군 중령이 인솔한 우락부락한 모습의 한국인 청년 십수 명이 서 있었고, 그들은 손과 손에 곤봉과 목도(木刀)를 들고 어깨를 딱 벌리고 금방이라도 덤벼들듯이 무서운 모습으로 버티고 서 있었다. 그리고 회장(會長, 경성대교회)과 회계 책임자는 나오라고 미군 중령이 한국인 청년의 통역을 통하여 말을 하였다. 이때 회계 역원은 나입니다만라고 말하자, 이또의 대답을 한 청년이 중령에게 전하자, 그는 이 교회는 오늘 부로 접수한다고 단호하게 말하였다. 이때 좀 기다려 주시오. 이것은 무엇인가 잘못된 것 같습니다. 이 교회는 귀 군정부로부터 잔류의 허가를 받았습니다. 귀 군정부는 두 번 말을 바꿀 수 있습니까라고 이또가 필사적으로 항변했다. 그러자 이것은 어디에서 온 지령인 줄 아는가. 허가증이 있느냐고 되물어, 허가증은 없지만 몇 월 며칠이라는 날짜까지 대며 귀 군정부의 종무 담당관 미첼 중위를 만나서 확실히 잔류 허가를 받았습니다라고 하자, 증거가 되는 문서가 있느냐고 재차 물었다. 그래서 문서의 교환은 없었지만 구두로 허가를 받았습니다라고 하자, 증거의 문서가 없다면 무효다. 이하 생략. (이상과 같은 대화들을 계속 주고받고 있었다). 이때 교회장인 주지로가 이또 앞에 나서며 그들을 응대하기 위해 나왔다. 그리고 그들을 맞아들였다. 미군 중령의 태도가 약간 공손해지더니 자기는 미첼 중위의 일을 알지만 보다 더 상급의 지령을 받았다. 동행한 한국인은 그리스도 신학교의 교수와 생도들로서 이 건물을 신학교의 교사(校舍)로 쓰려고 하니 즉각 철수하라고 했다. 생략, 즉각 철수는 곤란합니다. 이 교회는 먼 곳에서 찾아오는 자가 많습니다. 앞으로도, 아직까지 이곳을 어버이(신앙)의 근원으로 삼고 있는, 이 길의 가르침을 받은 자들이 많이 돌아오게 되어 있습니다. 이에 대한 준비(조치)가 될 때까지 잠시 유보해 줄 것을 부탁합니다라고 하자, 준비란 무엇인가. 어느 정도 유예 기간이 필요한가. 생략, 내용을 요약하면, 어찌어찌하여 미군 중령에 의하여 원만하게 타협을 보게 되어 일주일간의 유예를 받게 되어 원만하게 진행하게 되었다. 그런데 같이 온 한국인에게 잘할 것을 주의시키면서 인솔 중령은 혼자 떠나 버렸다. 그러자 남은 젊은 신학교의 생도들이 갑자기 난동을 부리기 시작하였다. 금고를 내놓아라, 회계 장부를 내놓아라며 추궁하기 시작했다. 생략, 그 후 약속한 11월 9일이 되어 교회는 완전히 접수되고, 그 이튿날인 10일 미명(未明)에 다함께 교회를 떠났다.'

후일 경성 시내의 멋지고 좋은 교회는 모두 기독교 교회로 접수되고 말았다. 포교관리소는 물론 덕수교회(德壽教會)와 큰 토지 건물이 있었던 경성대교회도 접수되었다.

경성대교회는 전술한 바와 같이 11월 9일에 접수되었는데, 대부분의 교회도 이렇게 해서 접수되고 말았다.

이상에서 보듯이 조선포교관리소가 완전히 폐쇄되고, 모든 교회는 접수되거나 철퇴되고 교직자와 신도는 모두 추방되어 뿔뿔이 흩어졌다.

이로써 이 나라의 기존 천리교와 그 시설은 물론 교직자도 사실상 없어지고 말았다. 그래서 일본인은 물론 이 나라 한국인이 세운 천리교의 교회와 포교소도 간판을 내리고 교직자들은 지하로 숨어 버리게 되었다. 당시 천리교 재단에 올라 있는 문서를 보면 그 분량이 거창하였다고 한다. 동자동(東子洞) 건물과 저동(苧洞)의 건물 외에도 장춘동(長春洞)과 신당동(新堂洞), 북창동(北倉洞), 삼각지(三角地)에도 있어 주체하기 어려울 정도로 많이 있음을 보고 놀랐다고, 당시 교회 접수에 참여한 모(某) 목사가 자기가 저술한 책에 쓰고 있었다.

이상과 같이 서울에 있던 모든 천리교는 물론 도시와 지방의 교회도 이런 수난을 당했던 것이다. 이렇게 되어 11월 12일 천리교 조선포교관리소는 폐쇄 및 철퇴 명령과 함께, 북위 38도 이남에 있던 재단법인 천리교 조선유지재단(朝鮮維持財團)에 속했던 제반 시설이 접수되고 철퇴 명령이 내려졌다. 결국 이와다(岩田) 관리자는 11월 18일 일본의 고향으로 돌아갔고, 전후하여 모든 교회장과 포교사들이 나름대로 도망가듯 떠나갔다. 그리고 12월 6일이 되자 미 군정청이 포고 제33호를 발포하여 '재조선 일본인의 모든 재산에 대한 소유권을 군정청에 귀속한다'는 포고가 있었다. 그래서 이때까지 이 나라 곳곳에 산재하고 있던 215개의 천리교 교회가 허무하게 빼앗겨 없어졌다.

이리하여 왜정 식민지 시대의 교파신도 천리교는 해방과 함께 이 나라에서 철퇴되었다.

## 2. 대한민국 정부 수립과 천경수양원(天鏡修養院)

### 가. 새 정부 수립과 당시의 사회상

해방은 우리 나라와 우리 민족에게 크나큰 기쁨과 희망을 안겨 주었다. 그 기쁨은 잠시뿐, 새로운 고난과 시련이 기다리고 있었다. 물론 새 나라를 세우고 새 질서를 만들기 위해서는 어쩔 수 없는 진통과 약간의 몸부림이 있어야 한다. 하지만 6·25 전쟁이라는 동족상쟁이 있었고, 친일파를 처단하고 정리한다거나 사상이 다르다고 해서 서로 비방하고 숙청을 하는 등으로 우리 민족에게 가져다 준 광복의 대가는 너무나 컸다.

해방이 되자 재빨리 민족 지도자의 한 분인 여운형 씨를 중심한 조선건국준비위원회(朝鮮建國準備委員會)가 결성되는가 하면, 9월 초에 임시정부 환국환영준비회(還國歡迎準備會)가 결성되었다. 그리고 우익의 국내 지사(志士)들이 한국민주당(韓國民主黨) 발기를 선언했다. 그러자 조선건준이 재빨리 조선인민공화국(朝鮮人民共和國)을 조직한다고 발표했다. 그리고 전술한 바와 같이 9월 8일에는 승전국 미 24사단 선발대가 하지 중장과 함께 인천에 상륙하면서 조선총독부를 접수하고, 9월 11일에 군정 계획을 발표함으로써 38도선 이남에서는 미군정만이 유일한 정부라고 선언하며 통치하게 되었다.

미군정 정책이 처음에는 좌우 합작을 지지하는 듯했으나 미·소

공동위원회의 대립과 한국 정계의 혼란으로 곧 단독정부 수립으로 바뀌었다. 좀더 상세히 말하면, 이 나라의 정세가 하루가 다르게 급변하고 있었다. 10월 16일에는 독립투사 이승만(李承晩) 박사가 오랜 미국 망명생활에서 귀국하고, 곧이어 11월 23일에는 상해 임시정부의 주석 김구(金九) 선생과 그 일행이 함께 귀국하며, 계속 외국에서 활동하던 애국 투사들이 하나 둘씩 들어왔다.

그해 말 12월 28일에는 연합국 수뇌부의 삼상회의(三相會議)에서 한국을 신탁통치(信託統治)한다고 결정하게 되었다. 이에 온 나라가 들끓기 시작하면서, 서울 장안에서는 즉시 반탁 시위운동이 일어나 전국으로 확대되었다. 그런데 얼마 후 소련의 지령을 받은 공산당과 좌익 계열이 갑자기 반탁(反託)에서 찬탁(贊託)으로 바뀌면서, 찬탁을 부르짖고 거리로 뛰어나와 여기서 반탁과 찬탁의 유혈 대결이 일어났다. 곳곳에서 폭력과 싸움이 벌어져 끝내 살인까지 일어나기도 했다. 이러한 정치 테러와 개인적 보복까지 겹치자 세상이 말이 아니게 어지러워졌다. 이에 편승하여 사방에서 강도·절도 등이 들끓고, 좌익은 더욱 기고만장하여 곳곳에서 유언비어를 퍼뜨리며 민심을 교란시키니, 이 세상이 언제 어떻게 될지 종잡을 수가 없었다. 말 그대로 치안 부재의 상태처럼 되어 국민들은 더욱 불안하기만 했다. 당시 신문의 사회면에서는 이러한 내용을 거의 매일 장식하고 있었다.

다음해 2월초가 되면서 미·소공동위원회가 서울에 설치되고 이 나라 문제를 논하지만 신통한 결론을 짓지 못하고 역시 결렬되고 말았다.

그렇게 되자 우선 남한만이라도 과도 정부인 대한민국 민주의원

(民主議院)을 1946년 12월에 결성하게 되었다. 그리고 형식상이나마 행정권을 한국인에게 위임하였는데, 이때 민정장관(民政長官)에 안재홍(安在鴻) 씨가 되었다.

남한의 공산주의자들은 이에 반대하여 본격적으로 반발하여 사회 혼란을 더욱 조성하고, 한편으로는 암살과 테러, 국가 기간산업인 철도의 파업을 유도하고 또 태업 등을 야기하기도 했다. 그리고 경제 혼란을 야기할 목적으로 남노당(南勞黨) 일당이 만들었다는 유명한 정판사(精版社) 위조지폐 사건도 이때 일어났다. 다행히 이 나라 경제를 혼란으로 몰아가기 직전에 그들을 일망타진하여 5월 15일에 그 전모를 발표하기는 했다. 거기에다 그해 여름은 설상가상으로 호열자도 발생하여 전국에 3,700여 명의 환자가 발생했다고 7월 12일자 신문에 보도된 일이 있었다.

이런 판국에 남노당 지하조직은 계속 사회를 혼란시키더니, 9월에는 대구폭동이 일어났다. 초기 군정이 실시될 당시만 하더라도, 오늘은 남산에서 좌익 세력이 모여 정치 집회를 열고 막스 레닌 등이 주창한 노동자·농민의 천국인 공산주의 정권을 수립해야 한다면서 민중을 선동했다. 다른 한쪽에서는 우익 진영의 인사들이 동대문 운동장에 모여, 이 나라는 민주국가 건설을 위해 온 국민이 뭉쳐야 산다는 등 확성기 소리가 요란했던 일이 계속되었다. 그런 속에서 차츰차츰 민족의 장래 방향이 형성되어 갔다.

1947년이 되면서 어느 정도 이 나라의 실정을 파악하게 된 군정청은, 결국 한국의 안정은 한국인에게 맡기는 것이 효과가 있음을 간파했다. 그래서 2월 말경 군정장관 하지 중장이 남한의 정부 수립을 인정하게 됨으로써 미 군정청 한국인 기관을 남조선 과도 정부로 개칭하여 우리 손으로 질서를 잡아 가게 했다. 이리하여 입법 의원에서는 7월초에 우선 먼저 민족반역자, 부일 협력자 특별법안을 만들어 통과시켰다. 그리고 8월 2일에는 수도경찰청장 장택상(張澤相) 씨가 좌익분자 검거령을 전국적으로 내리며 치안 태세를 강화하였다. 이런 조치로 공산주의자 등은 어쩔 수 없이 월북 도주하게 되었고, 국내(남한) 공산 세력은 와해되거나 해체되어 없어지면서 어느 정도 사회가 안정을 찾게 되었다.

이듬해 1948년이 되면서 역사적인 5·10 총선거가 실시되고, 5월 31일에는 대한민국 의회가 구성되어 다음날 국호를 대한민국으로 결정하였다. 그리하여 7월 20일에 초대 대통령에 이승만 박사가 피선되어 남한만이라도 명실상부한 우리의 국가가 섰다. 대한제국 멸망 후 36년 만에 처음으로 탄생된 것이다.

그리고 8월 5일에는 국회에서 친일파 반역자처단특별위원회 설치안이 가결되었다. 그리하여 9월에 법률 제3호로 공포된 반민족행위처벌법을 집행하기 위하여 제헌 국회가 설치한 특별기관인 반민특위(反民特委)가 구성되었다. 이 위원회는 일본에 협력하여 악질적으로 반민족행위를 한 자를 조사하기 위한 기관으로, 1949년 1월 12일 전국에 도(道) 조사부를 만들어 그 책임자까지 임명하여 구성을 완료하여, 조사에 착수하였으니 그 혼란은 더욱 더하였다. 행여 천리교인에게도 불똥이 튈까 싶어 원로 천리교인들은 얼마 동안 전전긍긍하며 근신하지 않을 수 없었다고 한다.

그리고 그해 광복절에 세계 만방에 대한민국 정부 수립 선포식을 거행했다. 한때 자유민주주의냐 공산주의냐의 사상 대립은 결국 이 나라를 미·소 등 새로운 강대국의 이해(利害)의 장소로 만들어 버렸고, 결국 민족상쟁이라는 비극의 6·25 전쟁까지 치르게 되었다.

이렇게 되니 국민들 사이에는 이러한 근원은 일제 36년간의 식민지 시대의 결과이며, 이러한 역사를 생각할 때 분노를 참지 못하여 친일파 색출이니 처벌을 다시 들고 나왔다. 그리하여 일제에 협력하여 이 나라 백성을 못살게 했거나 고급 관리로서 호의호식하며 일제에 충성한 자 또는 당시 그들에게 협력한 유력자나 지주 종교인 등에 대하여 친일파나 매국노로 몰아 처단 운운하며 틈만 있으면 시비를 가린다고 사회를 혼란하게 하기도 했다.

6·25 전쟁의 포화 속에서 많은 젊은이들이 전선에서 산화(散華)했고, 후방에서는 사상적인 감정과 친일 등의 이유와 개인적인 사감으로 많은 사람들이 수난당하고 희생되었다. 대한천리교의 전신인 천경수양원(天境修養院)의 초대원장 이순자(李順子, 李泳援 또는 李春子라고도 전한다) 여사도 6·25 동란 중 피난하지 못하고 서울에 잔류하다가 피살(일부 납북설도 있음)당했다. 이런 가운데 불시에 남침하는 북괴군과의 새로운 싸움에 모든 국민이 힘을 보태야 했고, 어제의 우군이 적이 되고, 또 적이었던 자가 오늘에는 우군이 되어 이 국난을 맞게 되었다.

이러한 사회 현상 속에서 천리교인들도 한때 매국노나 친일파로 몰릴 위기에 처하기도 했었지만, 새로운 조국에 충성하면서 인간구제활동에 다시 매진할 수 있게 되었다. 이런 시기까지는 그 존재는 물론 천리교라는 이름마저 함부로 사용할 수가 없었다.

## 나. 이 나라 천리교인의 수난과 그 상황

천리교가 일본에서 발생한 종교이며, 군국 일본 제국의 국가신도(國家神道)의 하나인 교파신도로서 이 나라에서 정신적 침략에 일익을 했다고 하여, 일본 제국의 패망과 함께 무자비하게 박멸(撲滅)당하게 되었다는 소식을 듣고, 한인 천리교인들은 대부분 교회를 버리고 도망치거나 지하로 숨어 잠적하였다. 그리고 많은 신도들이 이 길을 버리고 개종하였다.

그러나 신상과 사정에 의해 이 길에 들어와 어버이신님의 수호를 받은 이들은 오직 신앙밖에 모르고 있었고 장차 어떻게 처신해야 할지 몰라 암담해 하고 있었다.

해방 전부터 천리교를 신봉하고 전도 포교에 임했던 많은 용재들에게 해방이 되자 낯선 자들이 찾아와 친일파니 왜놈의 개니 하면서 행패를 부리며 보복을 하려 했다. 그래서 이들은 불안하여 대부분의 교회가 문을 닫고 살던 집과 고장을 떠나 아무도 모르는 곳으로 이곳저곳 떠돌아다니며 옮겨 살았다. 우선 먹고 살기 위해 직업을 갖고 노동을 하거나 장사를 하였다. 그리고 아예 이 길을 떠나 버린 자도 많았다.

그런 속에서 참된 천리교를 할 때가 오리라 확신하며, 언젠가 다시 내놓고 신앙할 수 있을 것이라 믿으며, 혼자서 지하에 숨어 열심히 근행하며 신심을 기르고 있는 자도 있었다.

여기에서 그 당시 상황을 하나 소개하면, 일찍이 아들의 신병으로 1920년 7월에 이 길(천리교)에 입신하여 신앙을 하다가 1934년

1월 28일 해외 포교사로 인가를 받고 열심히 포교를 하던 자가 있었다. 그는 1934년 2월 4일에 경성부 재동(齋洞) 95번지에 해운(海雲)선교소를 설립하였다. 그의 이름은 한성관(韓成官) 씨다. 그는 한때 훌륭한 포교사로 칭송받으며 열심히 신앙하며 포교를 하여 아들의 신병을 수호받게 되었다. 그뿐 아니라 직접 목욕탕을 경영하면서 교회활동을 오랫동안 하였다. 그런데 해방이 되자 평소 알고 지내던 친척과 이웃으로부터 친일파·매국노라는 등으로 손가락질을 당할 뿐 아니라 시비를 걸어오고 또 공갈을 하는 등 생명에 위협을 가하려 했다. 거기에 인간적인 모욕과 멸시로 불안하고 또 경원시되니, 자신은 물론 가족 모두가 교회를 버리고 이 길을 떠날 것을 바라서 부득이 상급 교회장인 경성대교회장을 찾아가 일방적으로 예배의 목표를 반납하고 신앙을 포기하였다.

또 역시 같은 경성대교회 산하인 경대(慶大)선교소를 1928년 11월 25일에 대구부외(大邱部外) 신리(新里, 1929년 3월에 발간한 《조선천리교보》에 의하면 대구부 서성정 1정목 70번지에 1928년 11월 10일부로 지방청 인가로 되어 있음)에 설립하여 전도 포교에 전념했던 하용득(河用得) 씨도 해방이 되자, 이상과 같은 수모와 불안으로 좀 늦지만 교회를 버리고 그만두었다. 전편에서 술한 바 있지만, 하용득 씨는 1922년 4월에 마끼노하마(牧之浜) 초대 교회장의 교리(教理)에 감복하여 신상으로 일찍이 입신하였다. 그리하여 1922년 4월에 대구에서 포교를 시작하여 1926년 1월 30일 수훈(授訓)의 리(理)를 받고 1928년 11월 25일 대구에서 경대선교소를 설립하여 전도 포교를 열심히 하다가 패전하자 활동을 중단하고 지하에 숨어 지내다가 정부 수립 후 다시 포교 활동을 시작하였다. 하지만 결국 일본 상급 교회의 오만한 간섭과 지나친 요구가 생기면서, 주위의 가족과 친척 등의 만류로 예배의 목표인 신각을 일본 상급 교회에 반납하고 이 길을 영영 떠나 버렸다. 그리고 조선포교관리소(강사·통역 겸함)로 근무했던 이경환(李敬煥) 씨도 후에 기독교로 개종하였다.

그리고 대구에서 교세를 크게 진작시키며 동경여학원을 경영했던 천리교 동경교회의 많은 한인 신자들도 해방이 되자 이 길을 모두 버리고 타지로 뿔뿔이 흩어져 떠나 버렸다. 그들은 얼마 동안 사회에서 색안시되어 고생을 하였다. 그리고 후에 유명인이 되기까지 더 큰 고생을 했다고 한다. 그 중에는 동경여학원을 인수하여 신생국가에 어울리는 현 부인의 육성을 위한 신생활사(新生活社)를 만들어 보고자 하여 서두록(徐斗祿, 당시 도청 총력과) 씨를 이사장으로, 권태헌(權泰憲) 씨를 상임이사로, 교회의 역원을 이사로 이름을 넣어 추진하였다. 그리하여 경상북도 내의 자녀를 모으고 초기의 동경여학원의 형식으로 재출발하여 보국(報國)을 하려 했었다. 그러나 해방 정국은 그들의 뜻대로 되지 못하였고 동경여숙의 재산은 모두 적산으로 몰수되었다. 이렇게 되자 권태헌 씨는 신앙을 버리고 지내다가 중앙 정부의 초청을 받아 농림과에 들어가 농촌지도 사무를 맡게 되었다. 그러자 이를 강력하게 추진하여 인정을 받아 농업중앙회 총무부장과 이사를 역임하여 후에 농협대학장까지 하였다. 원래 권태헌 씨는 지난날 만주 사평성(四平省)의 이민과장을 하면서 천리교에서 이민을 보내면 무조건 토지를 제공하였다고 하였다. 서두록 씨도 이때 신앙을 버리고 잠적했는데, 후에 미국으로 건너가 콜롬비아대학 교수가 되었고, 또 이종환(李鐘煥) 씨도 신앙을 버리고 사라졌는데 후에 고양(高陽) 농림학교장이 되어 있었다고 한다. 이외에 많은 신앙인이 이 길을 버리고 사회 각층에서 활동하고 있었다. 그 중에는 애석하게도 동란 중에 희생되기도 했다고 전한다.

당시의 상황을 《영융교회사(永隆教會史)》에는 어떻게 쓰고 있는지 그 내용을 간략하게 소개해 본다.

'사실 대동아전쟁(태평양전쟁)의 종결은 한국이라는 새 나라로 광복되면서, 지난날 일본이 조선을 통치했던 것에 대한 반발이 폭발하여 일본에 대한 감정이 증오로 변하면서, 일본에서 전해진 종교라 하여 천리교와 이 길의 포교자였던 사람에게 증오심을 갖고 있었다. 특히 리금(理金, 성금)을 많이 바치게 하고 이에 대한 나르기를 철저히 강요했던 영융교회 부부에 대하여 증오하고 있던 사람들이 조금씩 생겨나면서, 어떤 자는 흉기를 품고 와서 보금(寶金) 여사를 몰래 미행하며 협박하여 괴롭히는 일도 있었다. 종전(終戰)으로 인한 혼란과 천리교에 대한 반발심을 보고 있던 영준(英俊) 회장은 마음이 괴로워지면서 신앙심마저 점점 잃어가더니, 다시 전처럼 인연이 나타나 악인연에 빠져들면서 이 길을 망각하는 생활을 하게 되었다. 보금 여사는 할 수 없이 굳은 마음을 품고 매도(目標, 예배의 대상)를 내리고 남편도 남겨 둔 채 교회를 나와, 자신을 노리는 사람들로부터 도망하여 몸을 숨기고 마산과 부산을 오가며 수 년 동안 거소도 없이 돌아다녔다.'

그렇게 도망치듯 돌아다니며 살다가 어느 정도 사회가 안정되자 다시 진주(晉州) 시내에 들어와 중앙시장통에서 포목 장사를 하면서 다시 신앙을 하게 될 기회를 기다리고 있었다.

또 광복 후 최초로 한국전도청장(韓國傳道廳長)으로 행세했던 나까다다께히꼬(中田武彦) 씨가 재직 중인 1977년에 잡지 《고에(聲)》에 기고한 글 중에 〈불꽃처럼 타오른 금자탑〉이란 제목에서, '세계 제2차 대전은 종결되어 사라졌다. 이때부터 한국은 전쟁의 불안과 혼란 그리고 빈곤 등 힘든 고난과 역경이 연이어 일어났다. 그런 속에서 반일(反日)의 감정이 격하게 불고 있었다. 현지(한국)에서는 수명의 열광적인 한국 포교자들이 홀연히 일어섰다. 우리들의 가르침은 세계 인류 구제이다. 일본인들만의 종교가 아니다. 세계 일렬구제(一列救濟)를 높이 갖고 민족을 초월하여, 여기 한국에 남아 한 점의 불꽃을 태우기 시작하는 데 있다. 역시 이것은 수난의 역사였다. 행여 포교자를 추적할까, 또 당할까 싶어 지하에 숨어서 포교를 시작하였다. 친일 종교인아, 매국놈이라 하여 때로는 총검을 등뒤에 들이대기도 했었다. 이러한 어려운 사선을 넘어왔다는 포교자도 있었고, 때로는 교회에 폭도들이 침입하여 신각(神閣)에 불을 지르려고 할 때, 대체적으로 교회장은 목숨을 걸고 다음과 같이 절규하였다. 나는 이 신님에게 목숨을 구제받았다고, 우리들 신님은 세계의 어버이신입니다. 이 신님을 불사르려 한다면 먼저 나의 목숨부터 끊어 주십시오라고. 그리고 종종 부인 포교자들이 불법으로 납치되기도 했는데 지금까지 소식을 모르고 있는 것이 있었다. 그들 중에는 소식 불명이던 자가 놀랍게도 무참하게 살해되었다고 하였다. 이런 수난사에서 살아 남은 포교자들에 관하여 나는 펜으로 어떻게 써야 할지 모르겠다'고 쓰고 있다.

그리고 김태봉(金太峯) 씨에 대해서는 이렇게 쓰고 있었다.

'전략, 일본은 실업과 기아로 혼란한 반면, 한국에서는 독립으로 열광하고 있었다. 그러나 민족독립의 기쁨에 사로잡혀 있던 한 사람으로서 신앙인 김태봉 씨의 마음 깊은 곳에는 또 다른 세계의 무언가로 고민하고 있었다. 틀림없이 36년간의 일제 탄압 아래에서 고통받아 왔던 조국이 그 지배에서 해방된 민족의 기쁨을 김태봉 씨도 함께 맛보고 있었겠지만, 독립 뒤에 찾아온 반일의 회오리는 오히려 천리교 박해가 되어 돌아왔다. 특히 천리교를 적성종교(敵性宗教)로 인정하고 전국적으로 박해와 탄압의 손길을 뻗어왔고, 많은 교회장이나 포교자들의 신상에 위협을 가해 왔다. 어떤 사람은 시골로 몸을 숨기고 또한 교회를 폐쇄해 버렸다. 이러한 회오리 속의 한 사람인 김태봉 씨는 경성에서 머물고 있었다.'

이렇게 당시의 상황을 직접 · 간접적으로 표현하고 있었다.

그러나 이 길에 들어와 어버이신님의 가호를 입은 돈독한 신앙인들은 지하로 숨어 신앙을 계속하면서도 내놓고 포교나 구제활동을 하지는 못했다. 그들은 다만 올바른 가르침을 펼 날이 반드시 올 것이라는 확신을 갖고 기회를 기다리고 있을 뿐이었다.

한편 교직자 중에는 교회를 임의로 폐쇄하고 종교활동을 중단하여 영원히 이 길을 떠나기도 했다. 이런 각박한 상황 속에서 예배의 대상인 매도(目標, 예배의 상징)를 제발 저에게 주십시오라고 간청하여 매도를 받아 교회를 하겠다는 자가 있었는데, 그는 후에 교통(教統)이 된 김기수(金杞洙, 패전 당시 조선교의강습소 강사) 씨이다. 당시 패전으로 일본으로 쫓겨가는 경성대교회장을 직접 찾아가 한성관(韓成官) 씨가 반납한 해운교회(海雲教會)의 매도를 11월 5일에 넘겨 받았다. 그리하여 온갖 고난을 무릅쓰고 꾸준히 포교하여 훗날 교회를 크게 일으키게 되는 경우도 있었다.

그리고 공산세력권 하의 북한의 천리교를 생각해 보면, 참담한 지경이었다고 전한다. 다시 말해서 공산주의 국가는 종교는 인민의 적이요 인민에 있어 아편과 같다고 하여 천리교의 존립은 상상할 수 없는 것이었다. 더구나 이북에는 해방과 함께 친일파·매국노의 처단이 즉시 일어나 그에 대한 응징이 더 적극적이었다고 한다. 그렇지 않더라도 종교 자체를 인정하지 않고 있었으니, 천리교인은 친일 동조자 내지 반역자시되어 오직 목숨을 건 탈출만이 살아 남을 뿐이었다고 당시 월남한 신자들이 전했다.

이들 대부분은 남한에 와서도 앞으로 어떻게 전개될지 모르는 시대 상황이라 거의 이 길을 포기했다. 다만 경성 계통의 최옥순(崔玉淳) 여사는 남편 김순호(金洵鎬, 1972년 11월 21일 사망) 씨와 함께 남하하여 홍능(洪陵)교회를 설립하여 현재 양녀 내외가 후계자로 활동하고 그는 노환으로 은퇴 중이다. 그녀는 광복 전인 1939년 7월경 사정으로 이 길에 입신하여 1940년 9월에 수훈(授訓)의 리(理)를 받고 얼마 후 조선교의강습소를 해방되던 그해 3월 28일에 50기를 수료하여, 북한 함흥에서 계속 신앙을 하다가 해방 후 남하하여 1958년 3월 20일에 서울 동대문 제기동 120-195번지에 홍능포교소를 개설하고 계속 신앙해 왔던 것이다.

또 본적과 출생이 함경북도 경흥군(慶興郡) 웅기(雄基)면 244번지였던 조정숙(조貞淑) 여사는, 1931년에 가하라마찌(河原町)계의 웅기(雄基)선교소(경흥군 웅기면 웅기 244번지에서 포교사 바바히데 여사가 개설한 선교소) 바바 여사의 인도로 이 길에 입신하여 웅원(雄元)포교소를 개설하여 포교활동을 하다가, 패전으로 중단하여 서울로 피난와서 종로구 원남동 4의 6번지에 자리를 잡고, 1948년 10월 5일에 다시 포교활동을 시작하여 천경수양원과 대한천리교단 창설에 적극 참여하였다. 그 후 1968년 10월 20일에 교회를 성북구(지금은 도봉구) 수유리 279번지로 이전하여 웅원교회를 설립하여 포교에 전념하다가 1996년에 노환으로 출직하나 후계자가 없어 교회를 폐쇄하였다. 조정숙(趙貞淑) 여사는 천경수양원을 설립할 때 처음부터 참여하였고, 대한천리교연합회를 결성하고 대한천리교본원으로 개칭하는 과정에서 재정적인 지원을 많이 했다. 그는 또 교단 사무소로 쓸 장소를 물색하는 데 앞장서기도 했다. 그리하여 서울시 종로구 6가 20의 1 이대 부속병원 근처에 소재한 큰 한옥을 150만 원으로 구입하면서 그 자금을 자기가 도맡아 지불할 정도였다. 그리고 그 후에도 신당동 본부 등 사무소를 구입할 때마다 앞장서서 재정적 지원을 많이 했음이 널리 알려져 있다.

그리고 정부 수립 후 1970년 후반에 대한천리교 전국신도회장을 한 바 있는 고 곽형석(郭亨錫) 씨도, 식민지 시대에 일본으로 건너가 천리중학교(天理中學校)를 나와 북한에서 열심히 신앙하다가 일본이 패전하자 도망하여, 남하하여 말년에 서울시 을지로 2가 199의 52번지에 살면서 순수 신도로서 자주교단 발전에 노력했다. 당시 친일파나 일본인에게 접근 또는 그들 일본 종교를 믿었다는 것에 위협을 느껴, 대부분의 천리교인들이 목숨을 걸고 남하하였다고 그도 말한 바 있다. 당시의 사회상은 배일(排日)·극일(克日) 사상이 심하여 인심이 실로 천리교인들을 곱게 보지 않았다.

## 다. 천경수양원의 설립과 대한천리교단의 태동

### 1)설립 배경과 그 상황

이 나라도 새 정부가 들어서고 새 질서가 서면서, 우리 천리교인들은 새로운 천리교를 모색하고 있었다. 그런데 이 길의 원로들의 생각은 조금씩 달랐다.

첫째, 일본 천리교교회본부와 연결하여 지난날 조선포교관리소처럼 부활하여 이 나라 천리교를 하나로 묶어 일본 천리교교회본부 산하에 두고자 하는 파가 있었고, 두 번째는 자주·자립하는 교단을 결성하여 범세계적인 종교를 지향하는 독립교단이 되어야 한다고 생각하는 파가 있었다. 그리고 세 번째는 양쪽을 조금씩 절충하는 식으로 일본 대교회의 지시를 받는, 즉 계통별로 된 교회들이 모여 조합처럼 하나의 연합회를 만들어 대정부와 대외적인 창구 역할을 하면서 공동 활동, 공동 대응을 하자는 생각을 하는 자들이었다.

그리고 한 파를 더 둔다면, 천리교 교세를 크게 진작시킨 최우조(崔又祚, 후에 최재한으로 개명) 씨를 중심한 원남성교회파가 있다. 최우조 씨는 일본이 패전하여 어려운 시기에 일본에서 인연병(因緣病, 문둥병)으로 이 길에 입신하여, 정부 수립 후 귀국하여 포교에 전념하여, 놀라울 정도로 급작스레 교세를 진작시키면서, 이 나라 천리교의 앞날에 커다란 영향을 주었다. 그는 지난날의 천리교가 신도천리교면 어떠냐며 민족감정 따위엔 아랑곳하지 않았다.

오직 신님의 신비로운 수화풍(水火風)의 수호 속에 우리 인간이 살려지고 또 신이 살려 주고 있으니 이를 감사히 여겨 믿고 신앙을 하면 어떠한 신상(身上, 질병)과 사정에 헤매는 자도 구제받을 수 있다고 했다. 따라서 이를 알리고 인간을 구제하면 됐지, 자주교단이니 종속교단이니 하는 것은 그에게는 하등 관심도 없었다. 그러나 이 세력이 커지면서 그와 그를 추종하는 자들이 참여하는 측에 크게 영향을 주게 되면서 그들이 자만하게 되고, 알게 모르게 이리저리 이용당하면서 이 나라 천리교의 성쇠와 진로에 크게 영향을 주게 되었다.

말년에 최재한(崔宰漢, 전 최우조) 교통 겸 이사장은 일본 본부의 지시를 따르랴, 정부의 종교시책과 정책 명령을 따르랴, 이러지도 저러지도 못하다가 결국 교정을 혼란으로 끌고 갔다. 그래서 교단장직을 놓고 법정 시비가 일어 그 직을 박탈당하게 되면서 자신이 철저히 이용당하였음을 느끼면서 통분하기도 했다. 훗날 가까운 인척과 측근에게 자주교단의 필요성을 말하면서, 너희들만이라도 나처럼 되지 말고 올바른 천리교를 펴서 이 나라에 토착화할 것을 당부한다고 말한 바 있다.

첫째의 경우로서 조선포교관리소 이와다조사부로(岩田長三郎) 관리자와 지난날 친분이 있던 자, 조선교의강습소 출신 등이 주축이 되어 모임을 갖고, 그들이 떠나면서 반드시 다시 오겠다라는 말을 믿고, 어떻게 하든지 그들과 연락을 취하여 다시 옛날처럼 교류하면서 한국천리교관리소를 만들려고 했다. 그리하여 관리소 소장 이와다와 절친했던 김태봉(金太峯, 대구 초대교회장) 씨와 이와다가 설립한 계림(鷄林)선교소 출신들이 모여 천경수양원을 설립하여, 지난날 조선교의 강습소 강사였으며 계림선교소 신자인 이순자(李順子) 여사를 초대원장으로 추대했다.

천경수양원 원장은 당시 구(舊) 왕조의 왕족 중의 한 사람인 이순자(李順子, 일명 李泳媛) 여사로서 1948년 10월 14일 천경수양원을 서울 소격동에 설립하여 그해 12월 11일자로 신생 대한민국공보처에 등록하여, 공보처 제325호로 사회단체 등록 허가를 얻어 자신이 초대원장이 되고, 부원장에는 이와다조사부로의 신임이 두터운 김태봉 씨가 되었다. 창립 목적은 이 나라 천리교인끼리 모여 광복된 이 나라에 무엇인가 보탬을 주는 좋은 일을 하자면서, 불우한 자나 의지할 곳 없는 불쌍한 병자와 고아들을 도우며 그들을 갱생시키는 복지단체를 설립하는 데 있었다. 그런데 사실은 천리교라는 이름으로 활동할 수도 없었고 또 그 이름으로 사회단체 등록도 할 수 없는 처지여서 외관상 천경수양원으로 이름지어 출발했던 것이다. 실은 천리교인들과의 연락, 그리고 친목을 도모하여 그 유대를 통한 천리교의 재건에 그 목적이 있었다.

여기에 대하여 나까다(仲田) 씨가 잡지 《고에(聲)》에 기고한 글을 보면, '1948년 10월 14일에는 염원하던 교단이 결성되었다. 천리교라는 명칭을 사용해서 교단 등록을 하고 싶었지만 반일 감정이 심한 때여서 도저히 어려웠다. 그래서 수양단체로 위장하여 천경수양원이라 이름 붙여 원장에 이영원(李泳媛, 春子, 참고로 한인에게는 순자로 불리어짐) 여사를 추대하고 그(김태봉)는 부원장으로 들어가 조직활동의 제1보를 밟아 나갔다'라고 쓰고 있다. 또 '그러나 1950년에 일어난 조선동란으로 천경수양원은 대구시로 남하(대구시 시장북로 10번지)했다. 역시 이때 불행하게도 이영원 원장은 공산군에 납치되어 행방 불명이 되었다'고 쓰고 있다. 이것만 봐도 그 당시를 알 수 있다.

정부 수립 초인 1948년에 천경수양원이라 이름을 선명(選名)해 주신 분은 당시 학자이며 독립투사로 유명했던 초대 심계원장(審計院長)인 명제세(明濟世, 6·25 때 납북됨) 선생이다. 그리고 역시 법학자이며 유명한 변호사로서 독립투사에 대한 무료 변론을 하며 독립운동자를 도운 초대 대법원장인 김병로(金炳魯) 선생과 독립운동가로서 건국 초기에 이 나라 건국에 공헌이 많고 야당 당수로서 훗날 야당 대통령 후보였던 조병옥(趙炳玉) 박사 등 당대의 저명하신 3인이 고문으로 취임하셨던 기록을 볼 때, 본 사업의 취지와 규모 그리고 이순자(이영원이라고 기록되기도 한다) 원장의 인물됨을 짐작할 수 있다. 그러나 1950년 6월 15일 이 나라 이 민족의 비극인 6·25 한국동란이 일어나고 이때 미처 피난가지 못한 초대 원장 이순자 씨는 납북(극렬분자에 의해 피살되었다는 설도 있음)되어 조직이 와해되고 뿔뿔이 흩어지게 되자, 대구로 피난간 부원장 김태봉 씨는 김진조(金振祚) 씨에게 천경수양원의 재건을 요청하게 되었다. 이리하여 천경수양원에 대한 관리권과 운영 등 일체를 넘겨 받게 되었다.

### 2)초대원장 이순자 여사와 김태봉 씨의 활동

천경수양원의 창설자이며 초대원장인 이순자 여사는 이씨 왕가와 인연이 있는 자라고 전해지고 있다. 그러나 모든 기록이 6·25 전쟁으로 없어졌고, 이때 그의 비참한 죽음과 함께 모두 사라졌다. 유감스럽지만 다만 구두로 전해 온 것뿐이다.

이순자 여사는 천경수양원 설립 당시 나이가 약 50세 정도였다고 전한다. 김태봉 씨의 증언(나까다가 기고한 《고에》에서 인용)에 의하면, '전략, 이영원(일명 이순자) 여사에 관한 자세한 것은 잘 모르겠지만, 그녀는 유서 깊은 가문에서 태어나 이화대학(梨花大學) 전신인 이화여전(梨花女專)을 나온 당시 한국 최고 명문 출신이었다. 머리가 좋고 게다가 실행력을 갖춘 활동파였던 그녀는 이와다조사부로(조선포교관리소장 겸 계림교회장) 선생의 지도하에 계림교회(鷄林教會)의 열렬한 인텔리 용목(用木)이었다'라고 쓰고 있다. 또 '1950년에 일어난 한국전쟁에 의해 천경수양원은 대구시로 남하하였는데, 불행하게도 이영원 원장은 공산당원에게 납치되어 행방불명되고 말았다. 이하 생략'라고 말하고 있다.

이영원이라고 부르지만 그는 이순자로서 《조선천리교보》의 기록을 보면, '1927년 3월에 천리교 교의강습소 14기 졸업시 선어교사(鮮語教師)로서 당시 경성부 송월동(松月洞) 18번지에 살았는데, 이후 얼마간 쉬었다가 1930년 4월에 졸업한 20기부터 역시 선어교사로 근무하면서 당시는 경성부 서대문정 2정목에 살았다. 특히 1930년 10월부터 조선인만으로 입소되게 되는 제도가 되어 한인 학생만을 교육하게 되면서, 한인 통역으로 근무하여 21기를 졸업시켰다. 이때 그는 경성부 청엽정(青葉町) 2정목 104~6에 살았다'고 쓰여 있다.

그 후 광복될 때까지 강사 겸 통역으로 근무한 바 있다. 또 부산교회 초대회장인 고 김점이(金占伊) 선생의 차남 김득관(金得瓘) 씨의 말에 의하면(어머니로부터 들었다고 함), '이순자 초대원장은 조선 왕조 마지막 황태자의 4촌 누나(?)뻘이 되며, 한때 황태자비의 한글 선생도 잠시 하신 바 있는데, 그는 일본에서 명문대학을 나온 인텔리 여성이었다'라고 했다. 그리고 당시 대전시 은행동 10번지에서 중앙포교소를 개설하여 천경수양원에 참여했던 이상하(李相夏) 선생의 말에 의하면, '그의 부군(夫君)은 이왕가(李王家)의 당내관으로서 경기도청의 촉탁(囑託)으로 원예원장(園藝院長)을 하였다'고 생시에 필자에게 직접 말한 바 있다. 또 이순자 원장은 광복 전 조선교의강습소 강사 겸 통역을 한 자라 그를 아는 자는 많았으나 그분의 신상과 사생활에 대해 자세히 아는 자는 거의 없었다.

부원장으로 활동했던 김태봉 씨는, 이 나라 천리교는 일본 천리교교회본부와 연계하여 천리교 재건을 해야 한다고 항상 마음속으로 생각했던 자였다. 그래서 그는 이 일을 위해 어떻게 해서라도 일본으로 건너가 천리교교회본부의 유지(遺志)를 받고자 했었다. 그는 일본으로 가기 위해 밀항을 2번이나 시도했는데, 첫번째는 실패했고 두 번째는 밀입국자로 잡혀 일본의 오오무라(大村) 수용소에 갇히는 몸이 되었다. 그렇지만 기발한 수단으로 일본 천리교교회본부와 연락을 취하게 되었다. 그리하여 일본 천리교교회본부의 신원보증 아래 한시적으로 천리교교회본부를 방문하는 데 성공하여 이와다조사부로(岩田長三郎)를 만나게 되었다. 그리고 그곳에서 그의 용기에 감복하여 훌륭한 천리교인이라고, 당시 진주(眞柱)님의 칭찬과 함께 한 장의 모포(毛布)를 얻어 왔다. 그래서 이길의 보물로 간직하면서 언제나 진주님을 생각하면서 한국에서 천리교 재건에 힘쓸 것 등을 맹세하였고 또 독려를 받고 되돌아왔다고 자랑하였다.

이런 정황을 볼 때 천경수양원은 김태봉 씨가 일본을 다녀와서 그들과의 묵계하에 설립되었다고 볼 수 있다.

이에 대해 《고에(聲)》에 기고된 글을 보면 전기 사실을 어느 정도 뒷받침할 수 있다. 〈어버이 마음이 넘치는 보물〉이라는 소제목(題目)에서 태봉 씨는 '귀국 전 한번 더 진주님을 만날 수 있었다. 그의 가슴속에는 한국 교단의 재건을 시작하라는 터전의 소리, 어버이신님의 소리였다. 이를 듣고 귀국하여 한층 더 본격적인 재건 운동에 적극적으로 나설 예정을 하였다. 그때 2대 진주님으로부터 한 장의 모포를 받았다. 그것은 촉감이 부드럽고 따뜻한 모포였고 어버이의 사랑이 가득한 것이었다. 이 길의 신앙인에게는 보물이었다. 생략'라고 했다.

그리고 또 이런 글이 있는데, 그가 일본을 다녀와 본격적인 교단 재건을 위해 노력하였던 내용이다. 〈터전을 향한 향수(鄕愁)〉라는 소제목에서 이렇게 쓰고 있다.

'그러한 때 그의 혼은 오가며 터전을 향한 향수에 젖어 있었다. 세계의 어버이가 계시는 지바(地場, 본부)로 돌아가고 싶은 일념뿐이었다. 생각나면 즉시 해치우는 그의 성격이 곧 실행에 옮겨졌다. 당시는 혼란기여서 한국인이 일본으로 갈 수가 없었다. 생략, 그는 일본행 배를 물색했지만 정기편은 있을 리 없었다. 그러나 전쟁이 끝난 혼잡스런 시기였기에 전세 선박은 구할 수 있었다. 작은 어선은 구슈(九州)의 어느 항구로 달렸다. 그러나 불행하게도 일본 근해에서 일본 경비대에 체포되는 바람에 목적을 달성할 수 없었다. 생략, 두 번째 결행은 1947년 늦가을쯤이었을까. 일본인 인계자가 되어 인계선에 잠입할 수 있었다. 일본어가 유창한 그였기에 누구도 그를 한국인으로 생각지 않았다. 그러나 도착한 후 신원증명서 제출을 요구하는 바람에 즉시 신원이 발각되어 오오무라 수용소에 갇힌 몸이 되었다. 생략, 당시 오오무라 수용소는 미군 지배하에 있었기에 몇 번 미군 장교의 심문을 받았지만, 그는 천리교인으로서 간절히 지바로 돌아가게 해달라고 애원했었다. "나는 결코 돈을 벌기 위해 일본으로 가려는 것이 아닙니다. 일반적인 불법 입국자와는 달리 천리교 신앙인으로서 천리교 발생지라고 할 수 있는 천리시에 있는 지바에 참배하기 위해 가는 것입니다. 이 소원이 이루어지면 바로 한국으로 돌아가겠습니다. 특별히 허락하여 천리시로 가도록 해주십시오"라고 그가 필사적으로 애원하자, 미군 장교도 독실한 기독교 신자여서 그의 순수한 신앙심을 이해하고 바로 허락해 주었고, 곧바로 일본인 병사를 불러 그가 말하는 천리교교회본부로 확인 연락을 취해 수속을 밟아 주었다. 한편 연락을 받은 일본 교회본부에서는 곧 사와다(澤田善朝, 本部準員 大和朝誠分教會長)를 오오무라 수용소로 파견하였다. 간신히 조건부로 허락을 받는데 경관을 동행케 하고 태봉 씨의 양손에 두꺼운 수갑을 채우는 조건이었다. 생략, 그는 수갑을 찬 채로 이와다(岩田, 패전 당시 조선포교관리자, 본부원, 지금은 출직) 씨의 곁으로 나아갔다. 이 이상한 모습을 발견한 이와다 선생은 매우 미묘하고 착잡한 감정이었을 것이다. 두번 다시 만나지 못할 것으로 생각했던 두 사람이 현실로서 재회하고 있었던 것이다. 복잡한 감정이 교차되면서 사나이 눈에서는 눈물이 흘러내리고 있었다. 경관은 이와다 선생에게서 받은 명함을 보고 안도의 입을 열었다. 선생은 나라겐(奈良縣)의 공안위원장(公安委員長)을 맡고 계시니까 안심입니다. 이 사람의 수갑을 벗기기로 하겠습니다. 이후 한 10일 정도 자유롭게 양손을 움직일 수 있는 몸이 되어 대단히 기뻤다.'

그리고 〈어버이 어전에〉라는 소제목의 글에서는 '곧 이와다 선생에게 인사드리고 정식으로 어버이신님 교조(教祖)님에게 참배했다. 어버이신님은 일본인만의 어버이가 아닌 세계의 어버이십니다. 그 어버이 어전에 수많은 고난을 무릅쓰고 기적적으로 와서 지금 참배하고 있습니다. 어버이신님 부덕한 김태봉입니다만 힘을 주십시오. 저는 어버이신님의 명을 따라서 쓰러져 가는 한국 교단을 재건하고 싶습니다라고 오랜 시간 엎드려 빌었습니다. 이하 생략'이라고 되어 있다.

이것을 봐도 일본 천리교교회본부와 이와다 관리자와의 인간관계가 얼마나 깊었던가를 알 수 있다. 뿐만 아니라 반일 감정이 심할 때도 그는 2대 진주의 초상화를 그의 응접실에 걸어 둘 정도로 일본 본부를 섬겼었다. 그러나 그는 나름대로 이 나라 교단을 종속교단으로 통합하기 위해 노력하다가 1973년 9월 28일에 향년(享年) 65세로 출직(出直)하였다.

### 3) 대한천리교단의 태동

김진조(金振祚) 씨는 해방 후 대구시 시장북로(市場北路) 10번지를 구입하여 경심교회와 관사를 옮겨 살았다. 이 장소는 왜정시대에 대구에서 제일 큰 양약방인 마유미(眞弓)약국을 하던 일본인 부자가 살던 집으로, 꽤 넓은 땅이다. 정원에 큰 연못과 숲이 있을 정도로 넓었고 집도 2층으로 된 으리으리한 방을 갖고 있는 일본식 기와집이 여러 채 있었다. 주인 마유미 씨가 일본이 패전으로 돌아갈 때 잘 알고 지내던 김진조 씨가 연고권을 갖고 집 일부를 불하(拂下)받았다. 그때 불하받은 땅이 약 1,200여 평이었는데 500평은 즉시 떼어 팔고 700평만 갖고 경심교회를 이곳으로 옮겨 살고 있었다.

6·25 전쟁이 터지면서 서울 등지에서 피난온 천리교인들을 여기에 수용하였고, 뿔뿔이 흩어져 버린 천경수양원을 이곳에서 재정비하여 원장에는 김진조 씨가 추대되고, 부원장에는 초대 부산(釜山)교회장 김점이(金点伊) 여사가 맡아 했다. 그리하여 열심히 뛰어다니며 지난날 이 길에서 활동하던 교직자와 신도들을 전국으로 찾아다니며 세력 규합에 힘을 기울였다.

여기에서 김진조 씨는 평소 구상하며 바라던 국적 있는 교단, 자주·자립의 기치를 천명하고 그 기틀을 공고히 하는 데 혼신의 힘을 쓰며 가진 재산을 모두 내놓았다. 새로운 나라, 독립된 조국에서 참된 교조님의 가르침을 자주적으로 수립하여 실천하여 토착화를 시도하려고 마음먹고 대한천리교연합회를 이곳에서 결성하여, 정부가 수복 직후 서울로 옮기면서(1952년 말경) 이 장소를 당시 2억 7천만 원(최초의 화폐개혁 직전)을 받고 팔고 남산동에 소재한, 현재 경심교회가 쓰고 있던 장소로서 첫 예배 장소(지금은 헐어 없음)가 있던 집을 화폐개혁 직후 35만 원(350만 원)으로 사고, 이어 그 곁 땅과 집도 샀는데 모두 화폐개혁으로 평가 절하한 금액 100만 원 좀 넘을 정도였다고 한다. 그리하여 여기에 다시 교회 신축 역사(役事)를 하여 현재까지 경심(慶心)교회로 사용하고 있지만, 그 후 재단 창설시 이 교회 재산을 다시 재단 기본 재산으로 헌납하였다.

이때 팔고 남은 거액을 갖고 이 길과 자주교단 대한천리교단 창단을 위하여 청사를 구입하거나 운영비와 관리비로 거의 지출하였다. 이외에도 조상으로부터 물려받은 논밭과 양조장도 다 팔아 써버려 말년에는 가난하여 생계조차 어려웠고, 초라한 셋방에서 치료조차 제대로 받아 보지 못하고 출직하였다고, 그분의 큰사위인 박정근(변호사, 전 서울 고등법원장) 씨가 이때의 상황을 참고로 전해 주었다.

그들은 오직 자주·자립하는 독립교단 건설을 지향하며 진정한 교조모본(教組模本)을 펴며 안정되어 새 정부가 들어서길 기다리며 기회가 오기를 바라고 있었다. 그리고 천리교를 우리 스스로 이 나라에 뿌리를 내리고 또 범세계적 종교로 나아갈 것을 모색했던 진보적 지식층들이었다.

천경수양원을 재정비한 김진조 2대 원장은 이들을 주축으로 33명의 천리교인으로 대한천리교연합회를 결성했다. 마치 1919년 우리 민족이 일본에서 독립할 것을 외치며 일으킨 3·1 만세운동의 독립선언서 서명 발기인처럼, 우리들 모두가 그 옛날 역사적인 우국지사처럼 대한천리교에서도 33인이 발기인이 되어 자주교단을 할 것을 굳게 맹세하며 결성하였던 것이었다.

*참고로 《천리교 사전》(일본 천리교교회본부 발행)은 여기에 대하여 어떻게 기록하고 있는가를 살펴보자.

'조선포교관리소는 종전으로 1945년(昭和 20년) 11월 18일 당시 관리자 이와다조사부로가 매도(目標)를 갖고 조선 경성부 고시정 15번지로부터 자기 집인 덴리시(天理市) 뱃소마찌(別所町) 39번지로 옮겼다. 이하 생략.'

1947년(昭和 22년) 5월에 김기수(金杞洙) 씨가 발기인이 되어 천경수강원(天鏡修講院, 天境修養院을 잘못 기재)을 결성하고 정부에 등록했다. 이후 6·25 동란으로 천경수강원이 남하하여 대구 시장북로 10번지로 이사하였고, 초대원장 이춘자(李春子) 씨가 북조선에 납치되었기에 2대 원장으로 김진조가 추대되어 대한천리교연합회를 개칭했다고 쓰고 있는데, 일부 잘못 기재되어 있음을 참고하시기 바람.

수양원장 김진조 씨는 당시 달성군(지금은 대구에 귀속)에서 양조장을 하며 지주로서 손꼽히는 부자로 소문나 있었다. 김진조 씨의 자금으로 이 단체를 대한천리교단 창설의 모체로 만들어 나갔다.

1951년 3월 16일(1951년 1월 4일 국군의 후퇴)에 우리 국군이 서울을 재탈환하고 얼마 후 정부가 수복되어 어느 정도 안정을 갖게 되자, 그 이듬해인 1952년 12월 14일에 대구에 자리하고 있던 천경수양원을 모체로 33명이 발기인이 되어 창립대회를 열어 대한천리교연합회(大韓天理敎聯合會)로 개칭하여 발족했다. 이때 참석자는 김진조·김선장(金善長, 미선교회)·김태봉(金太峰, 대구교회)·김점이(金点伊, 부산교회)·하용득(河用得, 경대교회)·김태주(金泰柱, 순선교회)·박용래(朴容來, 경심교회)·김판순(金判順, 경심교회)·김태홍(金兌洪, 성서교회)·조정숙(趙貞淑, 응원교회)·이옥선(李玉先, 보원교회)·이상하(李相夏, 중앙포교소) 씨 등 30명이 참석했는데 진해교회장 김순염(金順廉) 여사는 어린 아들 라상기(羅尙琪)까지 데리고 참석하였다.

여기에서 처음으로 천리교라는 말을 대내외적으로 공공연하게 쓰게 되었다.

참고로 패전 후 일본 천리교교회본부는 전후 처리를 어떻게 하고 있는가를 살펴보자.

점령군 맥아더 사령부에서는 9월 2일 일본 천황으로부터 항복문서에 조인을 받았다. 이로써 국가신도와 부속 유사단체가 모두 폐지되고 보니, 천리교교회본부에서는 종교단체법의 폐지에 대비하여 교규수정준비위원회가 조직되었고, 얼마 후인 12월 28일 신종교법인령을 공포하여 구 법규를 폐지했다. 천리교교회본부에서도 얼마 동안 패전으로 의기소침하였지만 얼마 후인 1945년 10월 29일부터 3일간 열린 제12회 교의강습회를 개최하여 2대 진주가 복원이란 말로써 이 길의 진로를 제시하였다. 그리하여 계속하여 별석을 재개하는 등 교의 복원과 관계 규정을 위한 개혁을 추진했다.

이 기간에 《천리교 교전》의 공포에 따른 유달 제1호(1949년 10월 26일)를 발포했다. 사실 2대 진주를 중심한 복원운동이 본격적으로 진행되고 있었다. 그 중에서도 여지껏 사용하고 있던 교전, 즉 1903년에 만든 《천리교 교전(소위 명치교전)》을 '외부용으로 교외 사람들에게 보이기 위한 것'이라 표현하고 있었다. 이러한 상태여서 1949년에는 '표리 없는 교전'임을 염원하면서 편찬한 교전이라면서 발표하였는데, 이 교전은 '우리들 신앙생활에 있어서 기쁨의 기준이 되는 것'으로서 본래의 가르침으로 돌아간다는 의미에서 '복원 교전'이라 불리게 되었다고 발표했다.

이때 공포된 《천리교 교전》의 맨 앞장에 보면 다음과 같이 적혀 있다.

'본서는 《친필》, 《신악가》, 《지도말씀》에 의거, 천리교교회 본부에서 편술한 것으로 천리교 교규가 정한 바에 따라 이것을 《천리교 교전》으로 제정한다.'

참고로 《친필》, 《신악가》, 《지도말씀》은 본교의 원전이다. 이 원전에 의거하여 《천리교 교전》이 발표되면서 교의의 기준이 분명해짐으로써 원전의 위치가 명확해졌다. 여기에서 원전이라는 말을 처음으로 쓰게 되었다.

이상과 같이 일본 천리교에서도 변혁의 시기를 맞아 나름대로 개혁을 서두르고 있었지만 교의를 제외한 조직과 제도는 구태의연한 채 거의 손을 대지 못했다. 그리고 한·일간 천리교의 정상적인 교류가 거의 없었고, 대한천리교에서도 나름대로 《친필》, 《신악가》, 《지도서》를 근간으로 교의를 번역하여 복원을 시도하고 한국토착화를 진행하고 있었다.

*참고로 복원이란 무엇인가?

복원(復元)이란 말은 2대 진주가 1925년 그가 취임봉고제에 처음으로 썼다. 그러나 실행치 못하고 1945년 패전 후 일본 천리교교회본부에서 다시 복원이란 말을 쓰기 시작하였는데, 다음해 봄인 1946년 4월 18일 교의 및 사료 집성부에서 《복원》지가 창간되었다. 그 후 복원에 관해서 1952년 11월 1일의 유달 제1호에 구체적으로 명시한 것을 보면, '복원이란 으뜸으로 되돌아가는 일이다. 근본으로 되돌아가는 일이다. 어버이신님께서 일러주신 가르침의 근본으로 되돌아가는 것이다. 더욱이 구체적으로 말하자면 그것은 결코 옛모습으로 되돌아가는 것이 아니다. 그것은 마음을 으뜸(元)으로 되돌림과 함께 모습을 새로이 하는 일이다. 그것은 오로지 한결같은 신앙생활을 통하여 몸도 마음도 교조님께서 가르쳐 주신 대로 다스려 즐거운 생활을 누리는 것이다. 모든 일을 교리에 의해 판단하고 생활의 기쁨을 곧 신앙의 기쁨으로 하는 일이다' 라고 명시하고 있다.

## 3. 대한천리교단의 창단과 그 개황

천경수양원을 해산하고 처음으로 교단명에 천리교라는 이름을 붙일 수 있게 되었다. 그리하여 최초로 대한천리교연합회라 칭했다. 그러나 이것으로는 광복된 이 나라에서 강력한 구심점이 되는 교단이 될 수 없다고 생각하여, 이후 대한천리교본원 또는 총본부 등으로 자주적이며 자립하는 교단임을 대내외에 알리며 차츰차츰 교단 골격을 만들어 나갔다. 하지만 원로들의 생각은 서로가 달랐다.

그들 지도자들은 정부 수립 후 사회단체 등록법에 의해 합법적으로 설립한 자주교단 대한천리교총본부라는 우산 밑에서 보호받으면서, 그들 3개 그룹들은 끊임없이 자파들의 주장을 펴며 필요할 때는 협조하고 그렇지 못할 때는 비협조적이었다. 그러면서 임의대로 연합하고 거슬리면 헤어지는 등 이합집산을 거듭했다.

이렇게 되면서 교단의 정체성(正體性)이 흔들리고 교정은 일관성을 잃어 혼탁을 벗어나지 못하고 때로는 이전투구(泥田鬪狗)를 자행하여 온 것이 이 나라 천리교의 역정(歷程)이라 할 수 있다.

광복 후 쫓겨난 일본 천리교교회본부에서는 나름대로 복원을 진행하면서, 다시 이 나라에 천리교를 부활시키려고 매우 부심하고 있었다. 한국의 천리교가 아직도 지도자들이 나름대로 자기 주장을 펴며 통일하지 못하고 이합집산하는 것을 보고, 일본 천리교교회본부에서는 이를 빌미로 끊임없이 접선을 시도하고 있었다. 한국의 혼란이 그들에게 호기를 제공하게 되면서 차츰차츰 과거로 환원하는 결과로 되어 갔던 것이다.

자주·자립하는 범세계적 종교를 지향하는 대한천리교단에 대하여 노골적으로 분열을 조장하고 또 통합을 방해하며 광복 전 신도 천리교의 조직으로 환원하고 부활하려 했다. 그들 생각은 이 나라 천리교는 일본 천리교교회본부에 종속되어야 올바른 천리교가 되지 그렇게 되지 못할 때는 이단(異端)이요 천리교가 아니라면서, 지난날 연관이 있던 자들을 서서히 찾아다니며 세뇌시켜 대립의 골을 깊게 만들어 갔다. 그러더니 끝내 자주교단 대한천리교단을 부인하고 배척하는 종속교단파를 결성케 했고 또 그들을 지원했다.

## 가. 교단명을 대한천리교연합회라 칭함

천경수양원을 모체로 피난지 대구에서 1952년 12월 14일 교직자 33명이 모여 천경수양원을 발전적으로 해체하고 대한천리교연합회(大韓天理教聯合會)를 결성하였다.

그때마다 김진조(金振祚) 씨와 뜻을 같이하는 자들이 모여, 많은 재산을 투입하여 피눈물 나는 노력을 하여 마침내 자주교단 대한천리교단의 기초를 만들어 냈다.

이렇게 되면서 해방 후 처음으로 '천리교'라는 이름을 대외적으로 사용하게 되었다. 오랫동안 활동을 못하고 숨어 지내던 천리교인에게는 무척 감격스런 일이었다. 그리하여 회장에는 김진조(경심교회 창설자) 씨가 추대되고, 그 이듬해 1953년 4월 14일에 김점이(金点伊, 부산교회 창설자) 여사가 부회장으로 추대되었다. 그리고 명예회장에 김선장(金善長) 씨 등이 되면서 범교단의 모임체의 모습을 갖추게 되었다.

이리하여 지하에 숨어 있던 교직자와 신도들을 동분서주하여 다시 모으기 시작하면서 천리교가 다시 활성화되면서 급속히 팽창하게 되었다.

한편 이보다 좀 앞서 경성대교회계 서울의 해운(海雲)교회(후에 혜성교회로 바꿈) 교회장 김기수(金杞洙) 씨를 중심하여 1947년 5월에 서울 퇴계로 엠버서더호텔에서 발기했던 천리교연합회가 활동도 제대로 못해 보고 그만두게 되었다.

이 경성대교회 계통을 주축으로 김기수 씨가 독자적으로 주도하고 있는 천리교연합회가 바로 전술한 바 세 번째 그룹이 된다. 그의 지론은 각급 소속 계열 교회들이 상급교회의 리(理)적인 종속을 인정하고, 다만 이 나라에서 포교활동 등을 함에 있어 정부기관을 상대하거나 대외적인 사안에 대하여 공동 보조, 공동 대응을 취하기 위한 조합 형식인 연합체를 만들자는 생각이었다. 즉 대한천리교교회연합회를 구성할 것을 주장하였다.

전술한 이상의 3개의 큰 흐름이 서서히 형성되어 가고 있었는데, 얼마 후인 1953년 4월에 김기수 씨가 대한천리교단에 참여함으로써 이른바 이 나라 천리교 최초의 대통합이 이루어졌다.

비참했던 6·25 민족전쟁도 이해 7월 27일 미·소 양국의 협의에 따라 우리 국민의 반대에도 불구하고 정전(停戰)키로 합의하여 휴전협정이 조인되면서 어느 정도 사회가 안정되자 곳곳에서 국토재건 및 부흥운동이 서서히 벌어졌다.

그런 가운데 1953년 10월 14일에 전국교회장 회의를 소집하게 되었다. 여기에서 대한천리교연합회 정관을 만들고, 1954년 7월 13일 전국교회장 회의를 개최하여 연합회 사무소 설치 장소를 놓고 부산으로 하자 서울로 하자느니 논쟁이 있었으나, 결국 서울로 이전키로 결의하여 본격적인 교단활동을 모색하게 되었다.

그리하여 1954년 8월 30일에 서울시 종로 6가 20의 1번지(현 이화여자대학 부속병원 근처)에 대지 260평(건평 미상)을 김진조 씨가 중심이 되어 구입했는데, 이때 웅원(雄元)포교소장 조정숙(趙貞淑) 여사가 적극적으로 참가하여 자금을 대며 크게 활동을 했다. 이렇게 되어 대한천리교연합회 사무소가 만들어지고 대구에서 서울로 이전하였다.

참고로 종로 6가의 사무소 자리는 방소아과 병원을 운영하던 자의 아버지 집으로서, 왜정 당시 고관으로 벼슬을 하며 살던 아버지 집이라 크고 넓었다. 6·25사변이 터지고 인민군이 서울을 점령하여 그의 부자와 가족은 모두 납북해 감으로써, 그 집은 며느리 3명만 남아 지키고 있었다. 이를 알게 된 조정숙 여사가 교통 김진조 씨와 상의하여 구입키로 했는데, 이 3명의 과부들이 쉽게 팔려고 하지 않는 것을 설득하여, 그때 돈 150만 원으로 흥정을 하고, 100만 원을 빌려 우선 계약을 치렀다. 이 100만 원도 조정숙 여사의 신도 중에 돈놀이를 하던 조모 씨에게 빌려 먼저 치르고, 그녀는 급히 계(契)를 만들어 스스로 계주가 되어 즉시 100만 원을 갚았다. 그리고 잔금 50만 원은 김기수 씨에게 포교를 위해 전에 사준 흑석동의 집을 팔아서 정리했다. 이때 그녀와 김진조 씨는 김기수 씨를 이곳에 들어와 살면서 관리해 줄 것을 부탁한 바 있었다고 하였다.(조정숙 씨의 생전에 받아 둔 육성 녹음 중에서 수록함.)

이때 참여한 주요 교회의 명단은 다음과 같다.

*참고로 기타는 주소가 불명하거나 이전이 많아 누락되기도 함.

| 경북 대구시 남산동 249 | 경심교회 | 김판순(金判順) |
|---|---|---|
| 부산시 보수동 1가 52번지 | 부산교회 | 김점이(金点伊) |
| 경남 마산시 오동동 154번지 | 미선교회 | 김도홍(金道洪) |
| 경남 진해읍 충의동 42 | 진해교회 | 김순염(金順廉) |
| 제주도 제주시 이왕리 196 | 제주교회 | 현병생(玄丙生) |
| 경남 고성군 고성읍 송수동 108 | 고성교회 | 이영수(李英秀) |
| 경기도 이천군 이천읍 관속리 82의 5 | 이천교회 | 강양주(姜良柱) |
| 경기도 수원시 매교동 136 | 수원교회 | 장우순(張又順) |
| 부산시 범일동 5동 9통 3반 | 중앙교회 | 김필순(金畢順) |
| 경남 진주시 평안동 9 | 영융교회 | 김보금(金寶金) |
| 경남 사천군 삼천포읍 동리 206 | 삼천포포교소 | 김경모(金敬模) |
| 부산시 보수동 3가 74 | 보원포교소 | 이옥선(李玉先) |
| 전남 여수시 고소동 25반 | 여수포교소 | 김득수(金得水) |
| 경남 밀양군 하남면 수산리 15 | 수산(守山)포교소 | 유선호(兪善昊) |
| 경남 김해군 진영읍 여래리 | 진영포교소 | 박성규(朴成奎) |
| 대전시 대흥동 3구 13번지 | 대전교회 | 어득수(魚得水) |
| 대전시 은행동 10번지 | 중앙포교소 | 이상하(李相夏) |

## 나. 대한천리교단을 자주교단 기치로

1954년 10월 14일에 대한천리교연합회를 다시 대한천리교본원(本院)으로 개칭하여 자주·자립하는 강력한 중앙집권적인 하나의 독립교단의 길로 들어섰다. 그러자 반대파들의 반발이 다시 시작되었다.

### 1) 대한천리교본원(大韓天理敎本院)

#### ㄱ)자주교단 체제로 정비

대한천리교본원 원장에는 김진조 씨가, 부원장에는 김점이(金点伊) 여사가 다시 피선되었다. 그리고 최고심의기구로서 이사회를 두고 상무이사와 서기장을 선임하여 운영하였다. 또 처음으로 대의원제도(代議員制度)를 도입하여 시행키로 하였다. 그리고 교의강습(敎義講習)을 실시하여 포교사 양성 및 초신자 교육을 목적으로 대한천리교본원에서 교의강습을 실시하기로 했는데, 일정한 장소가 없어 1955년 2월에 우선 순회강습(巡廻講習)을 실시하기로 결정했다. 그리하여 다음달 3월 5일부터 시작하였다. 그리고 1955년 4월 14일 전국대의원대회를 개최하여 초대의장에 박용래(朴容來)가 되고 최고심의기구로서 이사회를 구성하였다.

#### ㄴ)교직자 양성을 위한 순회 강습 실시

체제 정비와 함께 교직자, 포교사 양성 및 초심자(初心者) 교육을 목적으로 대한천리교본원에서 교의강습을 실시하는데 일정한 장소가 없어 1955년 2월 중순에 모여 의논을 했다. 이때 순회 강습을 실시하기로 결정하여 우선 수양과(修養科)를 개설하기로 합의하였다.

그리하여 1955년 3월 5일부터 교의강습을 서울 본원에서 처음으로 시작하였다. 이것이 해방 후 천리교 교의(教義) 교육으로는 최초가 된다. 당시 박복만(朴福萬, 문화교회 초대회장) 씨와 최옥순(崔玉淳, 홍능교회 초대회장) 여사 등 50여 명이 이때 입소(入所)하였다. 이들이 제1회 교의강습 수양과 졸업생이 되는데 그 수료일은 1955년 6월 8일이었다.

이후 대구와 부산 등을 순회하면서 강습을 했다. 이때 일본어로 된 《신악가(神樂歌)》나 《원전(原典)》을 그대로 사용할 수가 없어 강사들이 우리 나라 말로 그때그때 번역해 가며 가르쳤다.

최초의 《신악가》는 1952년 11월에 대한천리교연합회가 발족되면서 즉시 발간한 것을 본부와 교회에서 제전과 행사 때 사용하였다.

그 후 1954년 10월 본원이 되면서 《신악가》를 다시 개정하여 만들어 사용하였다. 이 《신악가》를 기준하여 강습소에서 가르쳤다. 그리고 1956년 7월 30일에 편찬한 《성전선집(聖典選集, 지금 教典)》과 대한천리교교조전(大韓天理教教祖傳)》, 《대한천리교교사(大韓天理教教史)》 등이 발간되어 이를 갖고 가르쳤다. 이후 차츰차츰 《친필(親筆)》과 《지도서(指導書)》 등을 우리 손으로 완역하여 사용했는데, 총본부 시대인 1966년 7월에 《원전(原典)》이라 하여 발간되었다. 후술하겠지만 이렇게 하여 5회까지 순회 강습을 실시하였다.

이때의 시간표를 보면 교조전(教祖傳) 성전선집(聖典選集), 교전(教典), 원전(原典), 개유(開喩), 신악가(神樂歌), 원본(原本) 해설, 교화(教話), 교회사(教會史), 신무(神舞), 근행연습(勤行練習) 등으로 짜여져 있었다.

이때의 강사는 김진조(金振祚) 선생과 김기수(金杞洙) 선생, 김태봉(金太峰) 선생, 하용득(河用得) 선생, 오경환(吳敬煥) 선생 등이었다. 이들이 주로 《교의학(教義學)》과 《원전》 등을 가르쳤고, 간혹 여러 선배 선생을 초청하여 기타 강화(講話)나 감화(感化)를 듣기도 했다. 그 중에 이광연 선생과 지(池, 당시 치안국 근무)선생이라는 분이 와서 가르친 일도 있었다. 그들은 《신악가》와 《친필》, 《지도서》를 나름대로 번역하여 가르치고 있었다. 그리고 외부의 한학자나 종교학에 조예가 깊은 자를 초대했는데, 특히 불교계의 학승까지도 초청하여 종교학의 기초가 되는 개론(概論)을 경청했다고 한다.

그리고 순회 강습은 6회부터 없애고, 6회부터는 경남 진해에 대한천리교 교의강습소를 만들어 여기에서만 실시하기로 결정했다. 즉 모든 강습생을 여기에 모아 하나로 일원화하기로 결의하여 실시하기로 하였다.

ㄷ)자주교단 체제에 대한 반발

1955년 4월 14일 전국대의원대회를 개최하여 독립 교단의 체제가 갖추어지자 해운교회(海雲教會)의 김기수 씨가 반발하여 주동이 되어 미선교회(美鮮教會) 김선장(金善長)과 부산교회(釜山教會)

김점이(金占伊) 등과 함께 이날 이탈하여 또다시 대한천리교연합회를 결성하였다.

역시 같은 날 진해를 중심으로 진해시 여좌동(如佐洞)에 대한천리교교리실천회(大韓天理教教理實踐會)를 발족하여 회장에 김태봉 씨가 되었다. 그리고 위원장에 박용래(朴容來), 부위원장에 이영주(李永柱)·김정호(金正浩)·이봉희(李鳳嬉) 씨가 주축이 되어 독자적으로 세력을 구축하여 활동을 개시하였다.

이렇게 되어 처음으로 교단의 형태를 두고 최초로 분열이 일어났다. 즉 철저한 독자적인 자주교단이냐, 식민지 시대의 조선포교관리소처럼 종속교단이냐, 각 계열별로 리(理)를 연결하고 다만 교회간 연합 형태를 갖추어 대정부의 창구만 일원화해야 한다고 생각하는 3개 부류가 서서히 표면에 나타나기 시작했다. 그러면서도 무슨 일만 있으면 대한천리교단 산하 행세를 했다. 말하자면 마치 이중 국적을 취득한 것과 같은 행동을 했고, 필요에 따라 방계(傍系) 단체처럼 보이도록 처세하였다.

*참고로 《천리교 사전》에는 '1953년(昭和 28년) 10월 14일 대한천리교연합회가 본원(本院)으로 개칭, 서울 종로구 6가 20-1로 이전. 그 후 1955년(昭和 30년) 4월에는 당원(當院)으로부터 30개소의 일부 교회가 분리·이탈하여 대한천리교총본부(서울특별시 성동구 신당동 107)로 해서 발족함. 이하 생략'이라고 잘못 쓰고 있다.

### 2) 대한천리교총본부(大韓天理教總本部)로 개칭

1956년 1월 26일 춘계대제를 맞아 모든 교역자가 모여 제전을 집행했다. 이때 제전 집행 순서를 여기에 소개하면서 당시의 상황을 살펴보자.

### 대한천리교 진흥대제전(振興大祭典) 차례

집례(執禮) 박경천
一. 일동 착석 주악(奏樂)(구악기)
一. 개회사 김태봉(金太峰)
一. 국민 의례 애국가 봉창 일절 주악
一. 교지(教旨) 삼개훈(三個訓) 팔계명(八戒命) 낭독 황문호
一. 교가(教歌) 주악 이광영
一. 교통 등단 주악(구악기)
一. 대제고사(大祭告辭)(제전고축) 참배 교외 일명 저음 주악
교내(고봉용)
一. 국군장병 위령고사 참배 교외 일명 저음 주악
교내 김순염(金順廉)
一. 애도가(哀悼歌) 김사정 주악(구악기)
一. 근무 팔수까지 박자 김점이 수 반정숙 신무 별지
一. 교통인사 및 설교
一. 내빈 축사
一. 교진흥실천요강 제창 안정권
1)우리는 신앙으로 뭉쳐서 조국에 충성하자.
2)우리는 청소작업으로 국토미화에 이바지하자.
3)우리는 국군장병의 영을 적극 봉상하자.
一. 경축가 작곡 선생 주악

一. 만세 삼창

1)대한민국 만세 삼창 최우조(崔又祚)

2)이대통령 만세 삼창 김성연

3)대한천리교 만세 삼창 내빈측

一. 교통 하단

一. 폐회사 김기수(金杞洙)

一. 일동 퇴장 주악(구악기)

一. 기념품 증여 하성원

一. 공로자 표창 김신성 박용래

이상과 같이 진행하였음을 볼 때 교파신도 천리교 시대의 제전 모습은 찾아볼 수 없고 모든 의식과 제전을 우리 고유문화와 전통을 습합하려 하고 있음을 볼 수 있다. 특히 교복은 한국 도포를 개정한 듯한 교직자의 옷과 일반 신도는 우리 나라 두루마기와 같은 옷을 입고 있었으며, 주악은 우리 나라 전래의 아악의 일종으로서 궁중의 중요한 연례와 무용에 연주되던 관악으로 연주를 했는데 제목은 〈수제천(壽齊天)〉과 같은 음악이었다.

그리고 교통이 마치 교주처럼 누런 도복을 입고 나와 권위를 상징해 보이며, 이 나라 천리교는 자주교단임을 과시하려고 했다. 하지만 일부 참석자 중에 못마땅해 하는 자가 더러 있어 분위기가 매우 무거웠다고 한다.

여기에서 대한천리교 교가(敎歌)를 소개한다.

# 교 가

一軒 作詞
竹軒 作曲
장중하게 ♩= 60
수화—풍—토 운——기타서 사——람이—— 점지되—니
소 천——대—천 다 르—것 —만 규 모 에는 대동하리
천 리 — 는 융 화 하 — 여 한 서 우 로 섭 리 하니
그본—밧—은 이—인—생—들 생성화육이 소 이 할 뿐
억조창생만인간에 구세주는허락했다 마 지 — 막 — —
나 타 나 서 민 족 기 백 더 빛 내 리

# 경 축 가

쾌활하게
세 상만 물 그가—운데 천 신—이 유 의하사
이인간—을 — — 높 으게—도 마 련하다
사 —람마 —다 가 진—심 —신 근 —본—에 따 르려고
일 거일 —동 — — 신 과함 —께 길 거우리
어 —제오 —늘 내 —일날—은 때 를잊—는 이치로 세
어 화좋 —군 — — 천 대만 —대 무궁하리

# 애도가

비장하게
서 로 만 나— 반 가—움 이— 가 는뜻 을— 이 름이 요
오 고 가 고— 하 는—천 리— 누 구라 —— 막 을손 가
존 — 비 —— 귀 —천— —— 히 —비 —— 고 —락—
사— 라 저— 없 어—짐 도 생 을미 리— 고 함이 라
저세 상 에— 지 은—인 연 이 세상 에— 마 련되 고
형— 이 상— 형 이—하— 진 —리 에— 귀 의되 어
생 — — — 사 — 에 도 연 분 이 라 ——
이 — — — 세 — 상 에 쌓 은 덕 은 ——
공 — — — 수 — 래 — 공 수 거 로 ——
맛— 나 도— 이 별 —도 연 분의 소 치로 다
다— 음 —— 세 상 —— 맛 ——나 렸— 다
천— — —— 신 앞 —— 가 ——시 렸— 다

ㄱ)교헌(教憲) 제정, 기구(機構) 재편

이 제전(祭典) 직후인 1956년 1월 26일 오후 교헌을 개정·시행키로 결의하고, 이에 근거하여 교헌을 개정하였다.

그리하여 1956년 4월 14일 전국대의원대회를 개최하여 다음과 같이 확정·결의하였다.

그 주요 내용을 보면,

첫째, 대한천리교본원(大韓天理教本院)을 교회총본부(教會總本部)로 개칭한다.

둘째, 이사회를 교정위원회(教政委員會)로 개칭한다.

셋째, 대의원회를 중앙교의회라 개칭한다.

그리하여 초대 의장에 박용래(朴容來)를 선출한다.

제3장 교법(教法)

제9조 본교는 원전(原典)을 경전(經典)으로 한다.

제11조 본교는 본과(本科)·전수과(專修科)·수양과(修養科) 3과를 두고 이로써 신도 교화의 근간으로 한다.

제5장 교정 기구

제20조 본교 발전 수행상 고문 약간명을 취하고 교정의 최고 자문에 응함.

제21조 본교는 교회총본부에 좌의 기구를 둔다.

ㄱ.집행기관;교통(教統)·교정부(教政部)·교화부(教化部)·심사부(審査部)·교구청(教區廳).

ㄴ.합의기관;교정위원회(教政委員會), 결의기관 중앙교의회, 교구의회(教區議會).

제7장 교정위원회

제29조 3. 분령전수(分靈傳授) 및 수훈(授訓)에 관한 사항
4. 위계사정(位階査定)에 관한 사항

제30조 분령전수 및 수훈은 교정위원회 임석하에 교통이 이를 수여한다.

제9장 교회총본부(敎會總本部)

제37조 교단의 최고 집행기관으로서 교회총본부(이하 본부라 함)를 둔다.

제38조 본부에는 교정부와 교화부 및 심사부를 둔다. 단 국(局)의 필요에 의하여 과(課)와 계(係)를 둘 수 있다. 교정부에 좌기 국을 둔다. 교무국(敎務局)·포교국(布敎局)·재무국(財務局)·사업국(事業局).

제40조 교화부에는 좌기 국(局)을 둔다. 교육국(敎育局)·문서전도국(文書傳道局).

제41조 심사부에는 좌기 국(局)을 둔다. 감사국(監査局)·징계국(懲戒局).

제42조 각 국의 담당 사무는 좌기와 여하다. 교무국 이하 생략.

제52조 교직(敎職)의 위계는 준교사·교사·소강의·중강의·대강의·교정으로 나눈다.

제53조 본과·전수과·수양과 출신은 교화부의 인정에 의하여 교통이 준교사·교사의 자격을 부여한다. 전항 외의 자로서 교회장의 추천으로 소정의 자격이 있다고 교통이 인정하는 자는 준교사로 임명할 수 있다.

제54조 소강의·중강의·대강의·교정은 교정위원회의 추천으로서 이를 교통이 임명한다. 또 부칙 65조 본헌(本憲) 시행에 있어

서 원장 · 상무이사 · 서기장은 각각 이 교헌에 의한 교통 · 교정부장 · 교화부장으로 하고 부원장은 교정위원회의 수반(首班)으로 한다.

단 초대 심사부장은 교통이 이를 임명한다로 되어 있다. 그리고 이의 시행은 1956년 1월 26일부터 시행한다고 되어 있다.

참고로 박용래 씨는 경심교회 역원회장으로 일본 모대학을 나온 인텔리로서 대구에서 사료공장을 하던 부유한 용재이다.

그리고 당시 교헌을 좀더 상세히 검토해 보면 완전히 자주교단을 표방하고 강력한 중앙집권적인 제도와 조직을 하고 있음을 볼 수 있다. 그러나 현재 교단본부에서 사용하고 있는 교헌은 이를 근간으로 시작하여 작성되었으나 중도에서 조금씩 변경하여 가장 중요한 분령전수(分靈傳授) 및 수훈(授訓) 그리고 교직(教職)의 위계와 용재(用材)의 교육 및 임명 그리고 자격 규정 등을 적당히 배제하고 없다. 이에 대하여는 일본 천리교교회본부에 의지하도록 변경되고 있었음을 감지할 수 있다.

ㄴ)임원의 개편, 교단장을 교통으로 칭함

1956년 6월 1일에 본부 사무소를 서울시 종로구 원서동(苑西洞) 179번지로 이전하였다.

그달인 6월 14일 중앙교의회에서 새로운 임원을 선출 또는 개편했다.

그리고 교단 임원 개편을 했다.

교단장인 교통에 김진조(金振祚), 교정부장에 최우조(崔又祚), 교화부장에 김태봉(金太峰), 심사부장에 김기수(金杞洙)가 되었다.

그리고 새로이 중앙교의회가 구성되었는데 의장에는 박용래(朴容來, 경심교회 역원), 부의장에는 김정호(金正浩, 포항교회장)가 선임되었다.

ㄷ)교직자 양성을 위한 교의서(敎義書)의 번역 사용

이때 김진조 교통 등이 《신악가》와 교전(원전 일부) 등을 오래 전부터 심혈을 기울여 한국어로 번역하여 교직자들의 양성에 힘을 기울였다. 그리하여 이때 최초로 《교의서》 등을 발간했다.

김진조 선생은 당시 학덕이 있는 각계의 학자와 한학자 그리고 유식한 자들을 자비(自費)로 초빙하여 번역케 하고, 또 번역을 하는 데 자문을 얻기도 했었다고 한다. 그런 분 중에는 당시 학승(學僧)으로 50세 정도의 얼굴이 둥글고 건장한 이장우(李彰宇)라는 스님이 있었다.

일설에 의하면, 김진조 선생이 1929년 일본에 처음 건너가 교의강습을 받고 10월에 교사(教師, 천리교의 교직명)로 배명받을 때 같이 교육을 받으면서 알게 된 자로서, 그 후 그는 불교로 전환하였다. 그리고 오랫동안 소식이 없다가 다시 만나게 되어 계속 상호 교류하게 된 자였다고 전해지고 있다. 그는 대구 근교의 절에 기거한 일이 있는데, 6・25 당시 진해 해군본부 군종(軍宗) 불교승(군목 같은 것)으로 근무를 하면서 교단 제일(祭日) 때면 자주 해군장교 복장을 하고 나타나는 것을 본 김진조 씨의 며느리인 배을란(裵乙蘭, 현 3대 경심교회장)과 그녀의 남동생인 배석모(裵錫模) 씨가 그때 본 상황을 증언하고 있다.

두 분들이 서로 교류하면서 천리교 《원전(原典)》과 《신악가(神樂歌)》 등을 처음부터 번역하는 데 상의도 하고 종교·철학적인 면에서 의견을 구하기도 하며, 특히 불교 용어와 같은 낱말 등의 번역에 많은 힘이 되었다고 전해지고 있다. 그리고 때때로 그 스님이 불교학과 종교 일반에 대한 강의도 한 바 있었다고, 당시 본 교단에서 실시한 제3회 교의강습을 받은 바 있는 배을란 현 경심교회장과, 제4회 수료생인 경기도 이천(利川)교회장의 양녀이며 그의 후계자였던 이간난 여사가 또 증언을 하고 있다. 이때 발간하여 가르친 경전을 보면 아래와 같다. 여기에서 책명과 목차만 쓰겠다.

1. 성전선집(聖典選集):정확한 책명은 《대한천리교성전선집》인데 지금의 교전과 비슷하다. 발행은 단기 4289년(서기로는 1956년) 7월 30일 대한천리교본부로 되어 있다. 내용의 목차를 보면,

제1장 창세(創世)

제1과 천신(天神)

제2과 창조(創造)

제3과 발달(發達)의 경로(經路)

제2장 천계(天啓)

제4과 교조(教祖)

제5과 입교(立教)

제6과 감로대(甘露臺)

제7과 구제(救濟)

제3장 어버이 마음

제8과 어버이 마음

제9과 대차물(貸借物)

제10과　참회(懺悔)
제11과　보은감사(報恩感謝)
제12과　신의봉상(神意奉上)
제13과　인연해탈(因緣解脫)
제4장 신앙(信仰)
제14과　리(理)
제15과　용목(用木)
제16과　근무(勤務)
제17과　전도(傳道)
제18과　양기생활(陽氣生活)
이상과 같이 되어 있다.

2.대한천리교 교조전(教祖典)

차　례

一　탄생(誕生)
二　유시(幼時)
三　출가(出嫁)
四　입교(立教)
五　구제(救濟)의 기초(基礎)
六　포교(布教)의 성적(聖跡)
七　질투 방해(嫉妬妨害)
八　교기 확립(教基確立)
九　관헌(官憲)의 간섭(干涉)
十　존명(存命)의 리(理)

이상이 그 목차다.

3. 대한천리교 교사(教史) : 천리교사(天理教史)로서 입교(1)로부터 24분(分), 전략, 1948년에 천경수양원을 조직하여 그해 10월 14일에 군정당국에 등록하고 애국애족의 정신을 핵심으로 하여 형식과 의전 일체를 혁신하고 대한천리교로서 신발족을 보게 되었다. 이하 생략-이라고 기록하고 있다. (참고로 1948년 8월 15일에 대한민국 정부가 수립 선포되었는데 그 두 달 후에 군정 당국에 등록 운운함은 착오인 듯하다.)

이상 모두가 1956년 7월 30일 대한천리교본부 간행으로 되어 있다.

이후 총본부에서 교화 서적을 계속 발행하였는데 진해 연합회측에서도 교리 책자로서 (1)고민을 해결하는 길 (2)신악가(神樂歌) (3)마음의 행로와 기타 교화 서적 등을 발행·배포하였다.

그리고 대한천리교본부에서는 새로이 교직자를 위한 교회장 자격 검정강습회를 실시하였다. 제1회는 1965년 4월 23일 시작했다. 이때 양정남(후에 대성교회장이 됨) 씨와 탐라포교소 소속 고대식 씨 등 100여 명이 수료를 했다. 그리하여 3회까지 실시하였다.(당시 교회장자격검정위원장 김진조)

이후 계속하여 《원전》 등을 번역하였다.(별도 항을 두고 그 과정을 상세히 기술함.)

## 다. 초창기의 주요 교직자 및 교회들

### 1)불운의 선각자 초대 교통 김진조 씨

초대 교통이 되신 김진조 씨는 전 1편에서 술한 바 있어 중복되는 것을 생략한다.

김진조 씨는 대구 부청(府廳)에 다니면서 신앙을 했다. 부청을 그만두고는 달성군 성서에서 탁주 양조업을 경영하면서 수리조합 일에도 관여한 동네 유지였다. 그는 한학에도 통달하였고 특히 국악에 관심을 가졌을 뿐 아니라 조예가 깊었다. 광복 후 국립국악원에서 1962년 1월 15일부터 24일까지 실시한 국악강습회 1기를 수료하여 수료증서를 받은 바 있다. 그가 남긴 이력서 등을 보면 1922년 9월 15일에 당시 대구에서 포교하던 아즈마대교회(東 大教會) 산하 포교사 시미즈도요기찌(清水豊吉, 후에 동경교회장이 됨) 선생의 감화를 듣고 천리교 교의(教義)에 감동되어 입신하였다. 그리하여 1929년에 일본으로 건너가 10월에 교사 검정시험에 합격하고, 1930년 5월 14일 천리교 관장 나까야마쇼젠(中山正善)으로부터 보권훈도(補權訓導)를 배수받았다. 그리고 1936년 1월 26일 보훈도(補訓導)로 승격되었다. 그 후 1939년 5월 19일에 교회본부 제8회 교의강습회를 수료하였다.

그는 입신하여 알게 된 김판순(金判順, 1906년 5월 5일생) 여사를 일본에 먼저 보내어 천리교교의강습을 받게 하였다. 그리하여 김판순 여사는 김진조 씨보다 1년 앞선 1929년 10월 4일에 보권훈도가 되었다. 그 뒤 보훈도는 김진조 씨와 같은 날 같이 받을 뿐 아니라, 본부 8회 교의강습회도 같이 가서 받았다. 그들은 동거(1953년 1월 9일에 후처로 입적)하면서 전도 포교에 전념하였다.

김진조 씨는 부청 직원으로 있으면서 김판순 여사와 함께 경북 경산(慶山)에서 한때 같이 포교를 했으나, 부청 직원으로 대구를 벗어날 수 없어 그는 혼자 대구에 남아 포교를 하였다. 1929년 12월에 대구시 원대동(元垈洞) 1464번지에 원대동집담소(院垈洞集談所)를 설치하여, 혼자 자취를 해가며 토요일 오후나 일요일을 제외하고는 평소에는 밤에만 포교를 하였다. 이때 첫 신자가 초대 대구교회장이 된 김태봉(金太峯) 씨였다고 술회하기도 했다.

신앙의 동반자로서 부인이 된 김판순 여사는 원래 현풍(玄風) 사람으로 현풍심상소학교를 나온 재원(才媛)으로, 신심(信心)이 돈독하여 경북 경산(慶山)에 단독 포교를 나가 경심(慶心)포교소를 설치하고, 약 6개월간 하루도 쉬지 않고 대구(상급교회인 동경교회가 있는 봉산정 64 흔들바위가 있는 곳)까지 첫딸을 등에 업고 비가 오나 눈이 오나 쉬지 않고 오르내리면서 열심히 포교하였다. 그는 박도학(朴道學, 여)과 정태임(鄭泰任) 등을 입신시키고 또 이들을 일본으로 강습을 보내기도 했다. 그리고 결핵으로 입신한 전인수(全寅洙)와 나병환자 등 4~50호 정도로 많은 사람을 구제하였다. 대구부외(大邱府外) 내당동(內唐洞)으로 돌아와 1928년 5월 9일에 경심(慶心)선교소를 설립하고, 1929년 10월 31일에 인가를 받는데 그의 부인 김판순 여사를 담임(擔任)으로 하였다.

김진조 씨는 교회를 부인인 김판순 여사에게 맡기고, 자신은 1927년 5월 16일부터 시미즈(淸水) 선생을 도와 동경여숙(同慶女

塾)을 운영하는 데 돕는다. 후에 이 여숙이 동경여학원이 되는데 그가 후원회장을 하면서 가난하고 불우한 자녀와 못 배운 여성을 위한 직업교육에 자신의 재산을 많이 투자하였고 그 관리에 전념하기도 했는데, 한때 5개반이나 될 정도로 규모가 커지는 등 번창했었다고 한다.

그리고 해방이 되자 그도 교회 간판을 내리고 전도 포교활동을 중단하였다.

김진조 선생은 대구시 시장북로(市場北路)에서 마유미(眞弓)약국을 하던 거부였던 일본인과 평소에 잘 알고 지낸 연고로 그의 거대한 저택의 일부, 약 1,200평을 불하받아 여기에 경심교회를 옮겨 놓았다가 6·25 사변으로 온 나라가 전쟁에 휩쓸리고 정부가 대구로 피난을 올 때 천경수양원(天鏡修養院)도 이곳으로 피난을 오게 되었다. 여기에서 그는 이름뿐인 천경수양원을 재정비하여 2대 원장으로 취임하여, 흩어지고 부실한 이 단체를 재건하여 다시 간판을 달고 본격적인 세 규합(糾合)을 하기 시작했다. 그는 오래전부터 이 나라 천리교는 자주·자립하는 교단이 되어야 한다고 했다. 그래서 그는 그 꿈을 이루기 위하여 나름대로 틈틈이 《원전(原典)》을 우리 손으로 번역을 하고 있다가 이 기회에 천경수양원을 인수하면서 그의 꿈을 펴고자 했다.

그리하여 대한천리교연합회가 결성되어 서울로 이전할 때 그 집을 당시 약 1억 2,000만 원이라는 거액을 받고 팔아 현재 경심교회가 있는 남산동(南山洞) 249번지로 옮겼다. 이때 경심교회 땅을 100여만 원에 매입하여 교회 역사를 했다.

경심교회가 있는 대지는 153.8평으로 건평은 89평 7홉 6작으로써 신전은 꽤 넓은 편이다.

그리고 남은 돈으로 교단 창단과 발전에 모두 사용했다. 당시 왜색종교 운운하는 천리교를 주무부서인 문교부에 법인 인가 신청을 하면서 친인척과 여러 인맥을 동원하고 많은 자금을 쏟으며, 1963년 10월 14일에 교단 유지재단(維持財團)인 재단법인 대한천리교단을 문교부로부터 법인 인가증을 받아 명실상부하는 법적 보호를 받게 되는 교단으로 만들었다. 그리하여 초대 이사장으로 취임하였다. 이때 그가 이룩한 경심교회와 그 부속 재산마저 재단법인 대한천리교단을 위해 기본 재산으로 기증했다.

훗날 교통이 되신 후에도 계속 자비를 들여 유능한 학자나 선생을 초빙하여 번역 사업을 나름대로 진행하였다. 또 김진조 씨는 자주·자립정신이 강한 선각자로서, 자주교단 대한천리교단을 하루속히 만들어 이 나라에 토착화시켜야 한다고 역설하시면서 몸소 그 일을 위해 일생을 일관되게 노력하였다. 그리고 남은 전답과 양조장 등 전 재산을 이 길의 진흥에 투입했다. 또 교단 유지는 물론 복지시설을 위해 노력했지만 그가 이 길로 인도한 전모(全某)라는 당시 재단 상무이사가 교단의 자금을 임의로 배임 행령함으로써 재단 이사장인 김진조 씨도 같은 혐의를 받고 고생하였다. 그리하여 그가 꿈꾸던 자주교단과 여러 가지 복지계획은 수포로 돌아가고, 그 책임을 같이 뒤집어쓰는 등의 수모를 겪느라 고생을 많이 하였다. 그 후 재판 결과 김진조 씨는 무죄가 되었지만, 이 일로 교권을 잃고 그의 꿈은 좌절되고 말았다. 한편 부인인 김판순 여사는 서울 근교를 옮겨다니며 단독 포교를 하면서 남편 김진조 씨를 돕다가 초라한 봉천동 연립주택의 셋방에서 고생하다가 지병으로 1972년 11월 14일에 먼저 출직했다. 김진조 씨도 말년에 재산도 없이 심신의 괴로움과 노환으로 자주교단의 기틀의 완성을 보지 못하고, 마포의 초라한 한칸 셋방에서 고생하다가 빈몸으로 1974년 6월 9일에 한을 남긴 채 출직하였다.

전모의 배임 횡령의 공범으로 그를 같이 고발한 것은 그를 이사장직에서 쫓아내고 이 길에서 매장하려고 사전에 꾸민 사건이었다고 말하는 자도 있었다.

그는 전형적인 양반이면서 당시 현대교육을 받은 지식인으로 만사에 세밀한 성품이지만, 부하를 위압적으로 관리하며 냉정할 정도로 권위주의적이다. 그러니 얕은 정을 줄줄 모르는 자라 따르는 자가 적었다고 말하는 자도 있다.

경심교회는 그의 아들인 김태홍(金兌洪, 1923년 12월 2일생) 씨가 계승하였다. 그는 달성공립보통학교를 졸업하여 일본으로 가 천리중학교를 다니다가 중퇴하여 조선교의강습소를 수료하여 포교에 전념하였다. 한때 아버지의 유업인 양조장을 경영하면서 단독 포교를 시작하여 1957년에 성서포교소를 개설하기도 했다. 그는 21세에 배을란(裵乙蘭, 1925년 2월 19일생) 여사와 결혼을 하고 1970년에 경심교회 후계자가 되었다. 58세 되던 해 3월 27일에 출직하고, 3대 회장에는 교통의 자부이며 김태홍 씨의 부인인 배을란 여사가 맡아 운영하고 있었다. 그녀는 1940년에 대구 서부국민학교를 졸업하여 광복 후 대한천리교 순회강습 3기를 1955년에 수료하였다. 부군을 도와 포교에 전념하다가 부군의 출직으로 1980년 4월에 경심교회 3대 회장이 되어 현지하고 있으며 1980년 8월 7일에 재단법인 대한천리교단 이사로 취임하여 활동하고 있다.

### 2)초기에 교회연합회만을 주장했던 김기수 교통

김기수(金杞洙) 씨는 원적(原籍) 및 출생지는 제주도 남제주군 서귀포읍(西歸浦邑) 서호리 684번지로, 광산 김씨인 부(父) 김익현(金益鉉) 옹과 모(母) 고익(高益) 여사와의 사이에서 1902년 4월 3일에  4남 중 장남으로 태어났다. 이곳은 불교의 고승인 서경보(徐京寶) 스님의 고향으로서 김기수 교통과는 동향(同鄕)이다.

1920년 3월 제주농업학교를 졸업하고 서울로 올라와 1925년 3월에 당시 경성법정학교(京城法政學校) 법학과를 수료하였다. 그리고 그해에 김덕준 여사를 배필로 맞아 결혼하여 슬하에 윤범(允範)·정범(鼎範)을 두었다. 그 후에 경성지방법원에 서기로 근무한 바 있다. 김기수 씨는 31세 되던 1932년에 안질 등의 신상으로 이 길에 입신하였다. 그는 신경쇠약으로 시력이 나빠지고 거기에다 불면증이 생기고, 여타 잔병으로 고생을 하면서, 병원에도 가보고 한약·양약을 가리지 않고 복용했지만 별 효과가 없었다. 한때는 절에도 가고 성당 등에도 가보는 등 온갖 방법으로 수양도 했지만, 병은 더욱더 깊어져 죽을 날만 기다리고 있었다. 그러던 1933년 가을 어느 날 천리교 포교사의 권유로 이 길에 입신하게 되는데, 권유하던 그분이 바로 해운교회(海雲教會) 초대 교회장 한성관(韓成官) 씨였다고 한다.

그리하여 1934년 4월 23일에 일본으로 건너가 천리교 교의강습소(教義講習所) 32기를 수료하였다. 이후 귀국하여 전도 포교를 열심히 하면서 신상의 수호(守護)를 많이 받았다. 그리하여 1937년 5월 5일에 당시 경성시(京城市) 고시정(古市町, 현 동자동)에 있는 조선교의강습소(朝鮮敎義講習所)에 통역 겸 사감(舍監)으로 취임하고, 1938년 4월 1일에는 상기 강습소 강사로 배명(拜命)받아 태평양전쟁(일명 대동아전쟁)이 종전(終戰)되어 일본 제국이 패망될 때까지 근무하였다.

김기수 씨는 해방이 되는 해인 1945년 11월 5일, 전술한 바와 같이 한성관(韓成官) 씨가 설립하고 관리하던 해운교회를 폐쇄하고 예배의 목표물을 상급교회에 반납한 것을 알고, 상급교회인 경성대교회장을 찾아가 그 리(理)를 승계받았다. 당시 일본인이 살던 을지로에 있는 모리마쯔(森松技宅)의 집을 빌려, 여기에서 11월 7일에 교회를 다시 부활시켜 본격적으로 포교를 시작하였다. 얼마 후 그 집이 적산(敵産)으로 국가에 넘어가자, 얼마 동안 활동을 중지하고 있다가 다시 변두리인 흑석동(黑石洞)에 조그마한 방 하나를 빌려 옮겨 가서 포교를 시작하였다. 그 후 신님의 수호로 경성대교회계의 월남(越南)한 신도 조정숙(趙貞淑) 여사가 당시 40만 원을 주고 흑석동에 집을 사서 김기수 씨가 포교할 수 있도록 도와주었다고 한다. 이 집은 여념집이 아니었고 옛날에 객사로 사용했는지 방이 넓고 기둥도 크고 튼튼했다. 그리고 건물도 크고 넓어 무슨 객사였을 것이라고 조정숙 여사가 당시를 회고하며 말한 바 있다. 그때가 1947년 5월경이었는데 200평의 대지와 50평의 건물이었다. 김기수 씨는 6·25 전쟁이 발발하여 모두 피난을 갔었으나 신님을 지킨다면서 그 집에 혼자 남아 있다가 수복 후 다시 우리와 합류했다고 조정숙 여사가 전했다. 그리고 그해 5월에 종로 5가로 옮겼다.

그리고 혜운교회는 신당(新堂) 5동에 일본집 2층을 교우인 조정숙 여사의 돈을 빌려 옮겨 포교를 시작하였다. 그 후 1959년에 다시 서울시 성동구 흥인동(興仁洞) 198의 10번지에 이전하여 교회명을 혜원교회로 고치고, 열심히 활동하여 교세(教勢)를 늘리면서, 1965년 1월에 서울시 성동구 인창동(仁昌洞,상왕십리동으로 동명이 바뀜) 25번지로 옮겼다. 지금은 성동구 상왕십리동 25번지로 바뀌었다. 이곳에 1979년 10월 5일에 교회를 다시 증축하여 교회명을 혜성교회(慧星教會, 한때 慧省교회라고도 함)라 개칭하여 오늘에 이르고 있다. 그는 1966년에 혜성고등공민학교를 설립하여 15년간 1,000여 명의 졸업생을 배출하기도 했다.

그는 외유내강한 성품으로 매우 온화한 듯하나 고집은 꽤 세었다고 한다. 그는 교리에 밝았고 언제나 지나칠 정도로 매사에 서두름이 없이 느긋했으며, 좀처럼 화를 내지 않으며, 불필요한 말을 삼가며, 묻는 말 이외에는 별로 말이 없으며 책 읽기를 좋아하였다. 시비에 대하여 가타부타 말이 없어 답답할 정도였다. 그러나 한번 먹은 마음은 좀처럼 포기하지 않았다. 80킬로가 넘는 거구에 부처님과 같은 커다란 귀를 갖고 있으며 귀 속에 털이 무성하였다. 그래서 별명이 돌부처라고 불리기도 했다.

여기에서 그가 포교를 하면서 남긴 유명한 체험담을 잠깐 소개해 본다.

그는 우리 나라의 유명한 소설가인 춘원(春園) 이광수 선생을 천리교에 입신시킨 일이 있었다. 세상에서는 대부분 춘원이 불교신자였음을 알고 있다. 김기수 씨가 서울역 앞 동자동에 있던 천리교 조선포교관리소 내 교의강습소 강사로 있을 때 일이었다. 일본군이 연합군에 밀리던 어수선한 시국이었지만 그는 틈만 있으면 시내 여러 곳과 병원으로 돌아다니며 포교를 하고 있었다. 1944년 초봄 어느 날 지금의 경복궁 옆 의전병원에 전도차 들어갔다가 우연히 그를 만났다고 한다. 그때 그는 집게손가락을 붕대로 감고 있었다. 그래서 알아보니 손가락이 썩어 가는 병이었다. 그래서 내가 천리교 특유의 개유(開喩, 천리교에서는 사도시라 한다)를 했다. '그 고통의 원인을 말씀해 드리지요. 그 손가락은 동서남북의 방향을 가리키는 것입니다. 그런데 당신은 그 손가락 사이로 쓰는 펜으로 국민의 방향 감각을 밝게 제시해 주지 못하고 우왕좌왕하고 있어요. 그러니 그 손가락이 썩어 갈 수밖에 없어요라고 했더니 깜짝 놀라더군요. 병고(病故)의 원인을 말하고 수훈기도(授訓祈禱)를 계속 했더니 사흘 만에 손가락이 나았어요. 이런 치병 기적을 체험한 그는 해방 직후 천리교 신자가 되었지요. 그는 나에게 나도 이제 천리교 신자가 되겠습니다. 몸을 바쳐 헌신하도록 노력하지요라고 말을 했고, 6·25 때 납북되기까지 돈독한 천리교 신자였습니다. 그는 올바른 신자가 되려고 노력도 하였지만 아깝게도 납북되고 말았습니다'라고 1991년 3월 27일 당시 주간 종교신문 김주호 국장과 김기수 교통과의 신춘 대담에서 에피소드 비슷하게 말한 바를 필자가 옆에서 듣고 김국장은 이를 기사화했다.

해방 후 김기수 씨는 모든 교회를 연합하는 교회 연합운동을 벌였다. 아직도 신도천리교(神道天理教) 시대부터 이어온 조직을 유지하고 있는 일본 천리교교회본부와 상급교회의 지시에 구속받아야 하는 현실을 인정하고, 교회를 다만 조합 형식으로 묶어 하나의 협회를 구성한다는 것이었다. 다만 이 나라에서 포교활동을 하는데 최소한의 공동 보조를 취하자는 것이 김기수 씨의 지론(持

論)이었다. 그리하여 연합회를 구성하려고 무척 노력하였는데 그는 그 집착을 쉽게 버리지 않았다.

1955년 4월 대한천리교본부를 이탈하여 대한천리교연합회를 다시 결성하였다. 이때는 미선교회(美鮮教會) 초대회장 김선장(金善長) 씨와 부산교회(釜山教會) 초대회장 김점이(金点伊) 씨도 참여하였다. 그리고 그 자신이 회장에 취임하였다.

그 후 1960년에 다시 대한천리교본부에 합류하여 교정부장(教政部長)에 취임했는데, 그가 부장으로 있을 당시인 1964년 8월에 사이비종교 운운하며 천리교에 대한 강력한 탄압이 있어 고생을 많이 했었다.

*참고로 당시 문교부의 종교단체 운영에 관한 지시 등이 내려왔는데 그 내용을 보면, 주로 군국 일제시대의 잔재인 친일 종교 행위를 아직 하고 있고, 그간 정부에서 왜색(倭色) 일소(一掃)와 함께 국적 있는 신앙을 요구하며 이의 시정을 요구하였음에도, 교단에서는 이러한 지시에 대하여 소극적이며 반응이 없자 문교부 종교심의회의 강력한 경고 처분을 받기도 했다. 이때 치안국(治安局, 지금 경찰청)에 출두 지시를 받고 교단을 대표하여, 그달 8월 27일에 출두한 바도 있다. 뿐만 아니라 그 후 1965년 7월초에는 소음(騷音) 및 안면(安眠) 방해로 고발되어 청량리경찰서에서 5일간 구류 처분을 받은 바 있다.

당시 내무부(內務部, 당시 楊燦宇 장관)에서 천리교는 민심을 현혹시키는 유사종교로서 민족 주체성을 망각하는 등의 행위를 하고 다니고 있으니 이에 대한 단속과 함께 취체 명령을 전국에 내리기도 했었다. 이로 인해 그는 더욱 고생을 많이 하였다.

그 후 단속이 좀 완화되자 그는 다시 1969년 4월 6일에 또 전국의 교회장 및 신도에게 공문을 발송하여 대한천리교 교회연합회를 결성하였다. 여기에서 연합회장에 김기수 씨, 교회장회(教會長會) 회장에 김태봉 씨, 중앙교의회 의장에 강석수(姜錫守) 씨가 되었다. 그러나 그것도 잠시였지 제대로 활동도 하지 못하고 말았다.

1973년 2월 5일 도일하여 천리교교회본부에 교회장 대표 5명 중 한 사람으로 참석하여 해외포교전도부 관계자와 몇 차례 회합을 통하여, 그가 한국교단 대표자가 되는 일, 강습소의 통일문제, 번역위원회 설치, 전도청 설치 등에 대한 협의를 하고 오기도 했다. 그리고 한국전도청의 설치를 용인하고 그들의 철저한 사주(使嗾)에 의해 1974년 12월 대한천리교 최고협의회를 결성하여 자신은 최고위원 겸 수강원장(修講院長)에 취임했다. 그는 김진조 씨의 자립·자주교단에 철저히 반하는 행위를 해 왔었다. 그는 일본 천리교교회본부와 상급교회의 말이라면 잘 순응하고 신심이 돈독하다고 하여 그들에게 신임이 두터웠다. 그래서 그들이 그를 철저히 이용하기도 했다.

1979년 11월 22일에 최고협의회와 중앙사무국이 폐쇄되어 결국 대한천리교본부로 다시 대통합하게 되면서 얼마 동안 교정에서 물러나 있다가, 1983년 8월 13일 혜성(慧星)교회장 김기수 씨가 대한천리교 5대 교통으로 추대·선출되었다. 그러면서 그는 지난날의 고집과 집념을 버리고 남은 생애를 대한천리교의 창립 이념인 자주·자립교단을 위해 노력할 것을 천명하고, 1973년 9월 20일에 신탁된 청파동 재산을 기증하였다.

*참고로 이 재산은 원래 정릉초대교회장 민임희 여사가 대한천

리교연합회 유지 발전을 위해 기증했던 것인데, 김기수 씨가 실질적으로 관리 사용하고 있었다. 그것은 서울시 청파동(靑坡洞) 1이 121의 3번지 등 공유 지분으로 되어 있던 대지 약 800평과 그 지상 건물 일체이다.

그는 대한천리교본부 청사를 짓기 위해 상기 땅과 건물 일체를 재단 기본 재산으로 전환할 것을 제의했다. 그리하여 자주·자립 교단의 토대로 만들어 중심지로 삼았다. 이 나라 천리교의 토착화를 위해 자기 혼자서라도 교단본부 청사를 반드시 완성하겠다고 작정하였다. 그러나 당시 전도청장의 반대와 종속파의 방해와 돈 내기를 싫어하는 일부 영남 쪽 사람들이 온갖 비방과 모략으로 반대를 했지만, 그는 결코 굽히지 않고 역사(役事)를 강력하게 추진하였다. 그 후 1987년 6월 18일에 제6대 교통으로 연임되면서, 오늘날 대한천리교본부 청사를 완성시키고 1987년 2월 6일에 준공을 마쳤다. 이에 대한천리교 창단 이래 처음으로 우리 손으로 지은 지하 1층, 지상 4층의 백색 콘크리트 건물, 건평 2275.00평방미터의 웅장한 교단본부 청사를 갖게 되었다.

이리하여 자주교단으로서 떳떳하게 교정을 펴나가게 되었고, 전도청과의 관계 설정이 확고히 정해지기까지 전도청과의 교정 관계도 중단시키며 무분별한 교류를 지양하게 하였다. 그는 교단 자체에서 독자적으로 검정강습회(檢定講習會)를 재개하고, 예배의 목표였던 신각(神閣)을 내리고 그 대신으로 목조 감로대(甘露臺)로 다시 복원(復元)을 했다. 당시 혜성교회 신각을 철수할 때 상급교회장 오꾸마(大熊) 회장에게 알리고 매도(目標)를 철거했다. 그때 문제의 신경(神鏡, 야다노가가미)이 나왔을 때 김기수 씨는 오꾸마

씨에게 돌려주면서 '이런 것이 이 나라 신도들에게 불신과 혐오감을 주니 앞으로 이런 식으로 하지 말기'를 부탁하였다. 당시 곁에서 보필하던 허두 청암교회장에게 자기 대에 자주교단을 못하면 너희들 대에서는 반드시 성취해 달라는 등을 부탁한 바 있었다고 한다. 이상과 같이 그는 여러 가지 개혁 조치를 과감히 취했다.

안타까운 것은 말년에 연로하여 치매 현상이 심해지면서 그의 개혁이 중단되었다. 김기수 교통은 이후 서서히 교정에 대한 판단력이 흐려지고 관리 능력도 잃어버렸다. 이렇게 되자 그가 이룩한 혜성교회의 몇몇 사람들이 주동이 되어 교통의 명의(名義)를 도용하여 소위 교령발동(教令發動) 사건을 일으켜 교정을 파국으로 몰고 갔다.

결국 교단에서는 더 이상 방관할 수 없어 교정기구(教政機構)에서 부득이 김기수 교통을 면직하고, 1993년 2월 4일부로 새 교통을 선출하게 되었다.

교통 김기수 씨는 초년에 생각했던 이 나라 천리교의 진로에 대한 생각을 달리하여, 말년에는 자주·자립교단이 되어야 한다는 신념으로 의식을 바꾸면서 대한천리교본부에 새로운 기풍을 진작시키면서 마지막 열정을 갖고 토착화에 많은 업적과 공덕을 남겼다. 혜성교회는 1987년 8월에 손주인 김웅선(金雄善)에게 넘기고 그는 교단 일에만 전념했지만, 말년에 치매 현상이 심해지자 이를 악용한 몇 사람의 혜성교회 역원의 잘못으로 교단사에 크나큰 오점을 남기는 비운을 맞으며, 오랜 지병 끝에 1996년 2월 27일 밤 11시 30분경 출직하였다. 그때가 향년 95세였다.

### 3)전환기의 풍운아, 이와다조사부로의 분신, 김태봉 씨

일본의 패전과 이 나라 광복이라는 역사의 전환기에 한인 천리교인으로 크게 활약한 김태봉(金太峰) 씨는 조선포교관리소의 폐쇄를 보았고, 광복 후 교단 창단에도 깊이 관여하여 이 나라 천리교의 진로에 많은 영향을 주었다.

김태봉 씨가 1961년 5월 31일 교단에 제출한 이력서를 보면, 1908년 4월 7일생으로 본적은 경상북도 대구시 원대동(院垈洞) 1464번지이고, 당시 주소는 대구시 봉산동(鳳山洞) 13번지로 되어 있었다. 1918년 4월 1일 대구달성보통학교에 입학하고 1921년 3월 25일 전기 학교를 졸업하였다. 1932년 11월 1일에 조선교의강습소(朝鮮教義講習所)에 입소하고 1933년 3월 30일 26기로 수료하였다. 그리하여 대구(大邱)포교소를 1933년 8월 25일 설립하고 그가 포교소장에 취임했다고 쓰고 있다.

그리고 당시 교회 카드를 보면 1945년 4월 11일에 대구교회로 승격하고 교회장으로 취임한 것으로 되어 있다.

그리고 전술한 바 있지만 그는 1948년 10월 14일 천경수양원(天鏡修養院) 부원장에 취임하였고, 1955년 4월 14일에 경남 진해시 여좌동에 대한천리교교리실천회를 발족하여 스스로 회장이 된 바 있다.

그 후 1956년 6월 14일에 대한천리교총본부 교화부장에 취임하였다.

그러나 김태봉 씨의 부모에 대해서는 알 수가 없다.

*참고로 이 길의 입신에 대한 사항 등에 대하여, 초대 교통 김

진조 씨의 생시의 감화와 그 자부(子婦, 경심교회 3대 회장 배을란 여사)의 증언과 또 김진조 씨의 신도였고 당시 서울시 원서동(苑西洞) 총본부 시대 감사국장으로 재직했던 이창희(李昌熙, 현 영락교회장) 씨가 김진조 교통의 감화를 듣고 증언한 것을 간추려 기록하면 다음과 같다.

'그분은 원래 부모를 알 수 없는 천애 고아로서, 김진조 씨가 1923년경 대구시 내당동(內堂洞)에서 포교할 당시였다. 김 교통님이 하시는 말에 하루는 달성공원을 한 바퀴 돌아 전도를 하며 원대동 쪽으로 지나가는데 14, 5세쯤 되어 보이는 거지 같은 아이가 대로변에 누워 자고 있는 것을 보고 가엽게 여겨 그 애 옆으로 다가가서, 왜 이런 곳에 누워 자고 있느냐고 물었더니, 그 소년은 아버지와 어머니가 없는 고아라고 하면서 오갈 데가 없어 여기에서 자고 있다고 하므로 불쌍하게 여겨 집에 데려와 밥을 먹이고 목욕도 시키고 옷도 갈아입혔다. 그리고 양자로 삼고, 또 이 길의 용재(用材)로 훌륭하게 키우려고 부인과 상의하여 데려와 같이 살기로 하였다. 그런데 알고 보니 그에게는 김홍련(金紅蓮)이라는 누이동생이 또 있는지라 같이 데려오도록 하여 양자와 양녀로 삼았다.'

여기에서 교통의 자부 배을란 여사가 이를 시인하면서 또 증언을 했다.

'당시 김진조 씨와 김판순 부인이 김태봉 씨의 이름도 모르는 선친과 조상에 대한 위령제를 모셔 주게 되었는데, 당시 제문(祭文)도 정성스레 쓰고 두 자녀를 김씨가(金氏家)의 양자와 양녀로 삼게 되었음을 고(告)하오니, 부디 지난날의 안타까움과 못다한 사랑과 미련을 버리시고 다 잊으시옵소서. 그리고 이제 안심하시옵소서. 이들의 앞날에 더욱더 잘 되게 가호(加護)하여 주시옵기를 간절히 바라옵나이다라고 고하였더니 기이하게도 은연히 구슬픈 소리로 홍련아, 홍련아라고 부르는 소리가 3회 정도 회오리치듯 들려 오는데 모두 놀랐다고, 당시 이 위령제에 참석했던 박도학(朴道學) 씨와 정태임(鄭泰任) 용재 등이 말을 하는 것을 직접 들었고, 또 이 사실이 이 사람 저 사람 입으로 공공연하게 감화로 전하여 왔었다.'

그리고 김태봉 씨가 조선포교관리소장 이와다조사부로 씨를 알게 된 것은 김태봉 씨가 1933년 3월 조선교의강습소 26기를 졸업하여 잘 알고 있었지만, 이와다 관리소장이 시미즈(清水) 씨가 운영하는 동경여숙(同慶女塾)에 자주 오게 되면서 더욱 친면이 있었고, 거기에다 김진조 씨의 배려로 관리소의 사환(使喚, 청년 근무라고 하는 봉사원)으로 근무하게 되어 후에 친자식처럼 가까워졌다고 했다.

여기에서 《고에(聲)》에 쓰여진 김태봉 씨의 〈신앙〉이라는 글에 보면, '김태봉 씨의 신앙은 오래 전 종전부터였다. 어릴 때 양친을 사별하여 아무도 없는 천애 고아의 몸이었다. 한때 경심교회(동대 계통)에 몸을 의탁하고 있었지만 후에 경성에 있는 조선포교관리소에 청년 근무를 하였고, 종전 후까지 당시 관리자 이와다조사부로 소장의 수하가 되어 같이 일을 한 자라, 말하자면 고생도 많이 하였고 누구보다 실정도 잘 아는 사람이다. 태봉 씨는 물론 일본어를 퍽 잘하였으며, 체구는 작고 얼굴색은 까무잡잡하였지만 그의 입에서 나오는 변설은 참으로 예리하여 많은 사람을 매혹시키기도 했었다. 예리한 감성과 신속한 행동력은 그의 신조였었다. 정말로 열혈의 투사라는 말이 딱 들어맞는 사람이었다'고 쓰고 있다.

그는 관리소에서 결혼하고 관리소의 방 하나를 얻어 거기에서 신혼 살림을 시작하였다. 이후 8·15 해방이 되어 관리소가 폐쇄될 때까지 근무하면서 조선포교관리소의 운명을 마지막까지 지켜보았다. 그리하여 그 당시의 상황을 상세히 말할 수 있는 몇 사람 안 되는 자가 되었다. 그래서 중요한 증인이며 또한 자료가 되기도 하였다. 패전 후 관리소를 나와 살던 곳이 서울시 용산구 청파동2가 111번지로써, 지금 그 자리에 음식점 벽제 쌍계탕 집을 하고 있다고 그의 아들 김영제 대구 2대 회장이 말하고 있다.

그리고 김진조 씨의 가문에 양자로 입적하여 신앙적으로 제자인 그가, 자신이 이룩한 대구교회를 김진조 씨의 경심교회의 상급인 동경(同慶)분교회의 직접 산하가 되어 경심교회(慶心敎會)와 형제 서열이 되었다.

*참고로 이에 대하여 전술한 이창희 씨의 말에 의하면, 그는 일본 천리교교회본부를 자주 왕래하면서 김진조 씨와는 교단문제로 의견 대립이 심화되면서 각자의 신앙 노선이 현격하게 틀림을 알고, 본부 요로에 호소하고 있었다고 전한다. 여기에서 일본 천리교교회본부 해외포교전도부에서 수양과 히노끼싱 담당자로 근무하던 하라다(原田平吉, 한국 사람으로 본명은 李平九 씨로서 일본에 귀화하여 동경분교회 역원으로 있는 자) 씨로부터 일본에 갔을 때 직접 들은 이야기라면서 이창희(李昌熙, 현 영락교회장) 씨가 전해 주었는데 다음과 같다.

김태봉 씨와 최우조(崔又祚) 씨가 일본 본부를 자주 내왕하고 있었는데 일본에 가면 하라다 씨와 대화를 많이 하였다고 한다. 어느 날 김태봉 씨가 동경분교회 초대 회장과 3인이 자리를 하게 되었다. 거기에서 그가 말하기를 김진조 씨는 지금 교단 운영을 제멋대로 끌고 가려 할 뿐 아니라 그가 가려 한 이념과 신앙심이 우리와 맞지 않아 도저히 그와 함께 신앙할 수 없고 또 따를 수 없으니 동경분교회 직속으로 해줄 것을 청하니 승낙해 주기를 바란다고 간청을 하게 되었고, 이를 동경교회장이 받아들여 얼마 후 경심교회를 벗어나게 되었다는 것이다.

한편 1968년 10월 11일 첫째 아들인 김영준(金英俊) 씨가 천리교 청년회 한국 대표 등을 하는 등 한때 후계자로서 교정에 참여하나 뜻도 펴지 못하고 일찍 출직하고 말았다.

또 《고에(聲)》에 이렇게 쓰고 있다.

'김태봉(金太峰) 씨는 한때 4파로 나누어져 있던 교단을 하나로 통합하기 위해 동분서주하다가 결국 병을 얻어 쓰러져 입원을 하였다. 그가 죽기 8일 전에 최재한(崔宰漢) 씨와 나까다다께히꼬(中田武彥) 전도청장이 문병을 왔을 때, 그는 고통 속에서도 마지막으로 교단이 하나가 되기를 바라면서 정좌를 하고 합장하여 수훈의 리를 받았지만, 끝내 1973년 9월 28일 출직하고 만다.'

구 교회 카드에 의하면, 2대 교회장으로 그의 부인인 남무현(南茂賢, 1918년 9월 22일생) 여사가 잠정적으로 이어 맡아 하다가 그의 둘째 아들인 김영제(金英濟, 1939년 1월 14일생) 씨에게 승계하였다. 대구교회 신 카드에 의하면, 1976년에 일본에 건너가 교회장 검정 강습을 받고, 1978년에 교회장 임명 강습을 받아 1978년 10월

11일자로 2대 교회장을 계승하였다. 그녀는 아들의 뒤에서 돌보다가 노환으로 2000년 6월 22일 새벽에 출직하였다.

사실적으로 말하면 3대째가 되지만, 2대 김영제 씨가 1991년 6월 28일에 제출한 이력서에 의하면, 1960년 3월 대구 청구대학 상과를 졸업하고 1967년 7월 대한천리교교의강습소를 수료하여 포교에 임하였고, 1976년 12월에 대구교회장에 취임하였다. 그리하여 현재하고 있다. 그는 1979년 12월에 대한천리교 교정위원장에 취임했고, 1980년 8월에 재단법인 대한천리교단 이사로 피명되었다. 그리고 1981년 11월 27일 대한천리교 교무원장에 취임하고 1984년에 교의회의장으로 피선되는 등 대한천리교에 적극 참여하여 주요 교직을 두루 맡은 바 있었으나 현재는 그렇지 않다.

### 4)기타 주요 교직자와 교회들

우리 나라 교단사(教團史)에 직·간접적으로 많은 영향을 준 초기의 교직자와 교회가 많이 있다. 그 중 중요한 교회와 인물을 여기에 소개한다.

#### ①교단 재건을 위해 동분서주한 여장부 김점이(金点伊) 여사

김점이 여사의 고향과 출생지는 충청남도 공주이다.

공주 사람인 부(父) 김창기(金昌基) 옹과 모(母) 배기남(裵基南) 여사와의 사이에서 장녀로 1896년 6월 25일에 태어나 1912년 5월에 부산 괴정(槐亭)에 사는 김홍근(金弘根) 씨와 결혼하였다.

부군이 1916년 9월에 일본으로 직장을 얻어 가게 되자, 같이 일본 시모노세끼(下關)로 건너갔다. 그는 거기서 재제공장(材製工場)에 근무하고 있었는데, 장남 김득수(金得水)가 급성 폐암으로 신음하자, 이를 구제받기 위하여 1920년 3월에 천리교 나가쓰(中津)대교회계의 유우깐(勇關)분교회에 입신하였다. 그러다가 1932년 2월에 이번에는 3남 김득상(金得相)이 뇌막염을 앓게 되었다. 이로 인하여 고심하다 포교사가 될 것을 결심하고, 1939년 4월경에 당시 경성(京城)에 있는 조선교의강습소에 입소하여(6개월 과정) 그해 10월에 39기로 수료하여, 일본으로 되돌아와 1939년 11월에 일본 야마구찌겐(山口縣) 시모노세끼시(下關市 上新地町)에서 관선(關鮮) 포교소를 개설하였다. 그리하여 열심히 인간구제에 전념하다 1945년 8월에 일본이 패망하고 우리 나라가 식민지에서 해방되자, 그해 10월에 귀국하여 부산으로 돌아왔다. 귀국해서는 포교활동을 중지하고 있다가 3남 김득상의 좌골탈골(坐骨脫骨)의 가르침을 받게 되자, 1949년 9월부터 부산시 중구 보수동(寶水洞) 3가 74번지에서 다시 전도 포교를 시작하였다.

김점이 씨는 소탈하고 검소하였으며 매사에 거리낌이 없이 행동하며 적극적이었다. 또 누구에게나 쉽게 접촉하며 언제나 농 섞인 욕설로 말을 하지만 밉지가 않았다고 한다. 그래서 모두들 욕쟁이 할머니라고 부를 정도로 유명하였다.

그는 1951년 2월에 천경수양원 부원장 겸 부산지원장(釜山支院長)으로 취임하면서 전국에 산재한 일정 시대부터 신앙하던 자들을 찾아다니며 다시 신앙토록 설득하고 인도하여 천리교의 재건에 참여케 하였다. 그 당시 나이가 56세의 늙은 몸임에도 불구하고 추우나 더우나 가리지 않고 동분서주하여 그들을 찾아다니며 대구에 있던 천경수양원에 등록하여 참여시켰다. 패전으로 새 세상이 되면서 신앙심과 용기를 잃고 이 길을 포기하거나 숨어 살던 용재(用材)들을 일일이 찾아다니며 참다운 대한천리교를 만들자면서 설득하고 호소하여 다시 결집시킨 그의 업적은 매우 크다 할 수 있다. 그리하여 이 단체가 모체가 되어, 1953년 4월에 대한천리교 연합회가 되자 다시 부회장으로 추대되어 취임하였다. 그리하여 자주교단을 위해 많은 노력을 하지만 후에 김진조 씨의 노선을 반대하여 김기수 씨의 교회연합회에 참여한 바 있었다. 그러나 그 후 교정활동이 거의 없었다.

그는 1953년 7월에 부산시 중구 보수동 1가 52번지로 옮겨 부산교회라 개칭하고 현재까지 이어왔다. 1970년 4월 8일에 장남 김득수 씨에게 교회장직을 승계하고, 그 후 1976년 4월 2일 11시에 80세를 일기로 출직하였다.

그의 부군인 김홍근(金弘根, 천리교교회본부 별과 54기 수료) 옹을 위시해서 장남 김득수(조선교의강습소 41기 수료), 2대 회장 장녀 김덕련(金德連, 조선교의강습소 41기 수료), 차녀 김득남(金得男, 별석), 3녀 김민자(金敏子, 별석. 수강원 8기 수료), 차남 김득관(金得灌, 천리교교회본부 수양과 278기 수료), 관선(關鮮)교회장 3남 김득상(金得相, 수강원 2기 수료) 씨, 4녀 김말내(金末乃, 수강원 8기 수료) 등 네 분의 따님들도 모두가 이 길에 들어와 열심히 신앙하였다. 그리고 지금 부산교회장은 2대 김득수 선생의 장남인 김창욱 씨로서 3대를 계승하고 있다. 또 2대 회장 김득수 선생도 어머니의 정신을 이어 자주교단 발전에 정진하였다.

김득수 2대 회장의 약력을 간단히 소개해 본다.

1913년 9월 11일생으로, 1940년 10월 15일 조선교의강습소 별과(6개월) 41기를 수료하여 1940년 11월 4일 별석(別席)을 받고 교인등록을 하였다. 광복 후 1954년 12월 1일 전남 여수시로 단독 포교를 나가 1955년 4월 1일 여수(麗水)포교소를 설립하고, 1957년 10월 1일 여수교회(麗水教會)로 승격하였다. 그 후 1969년 4월 8일 부산교회 2대 회장으로 취임하면서 여수교회는 역원에게 승계시켰다. 그는 1974년 11월경 한때 대한천리교 교무원장과 재단이사 등의 주요 요직을 두루 맡으면서 자주·자립교단을 위해 부단히 노력하였다. 그 후 1981년 3월 23일 부산교회 2대 회장을 퇴임하면서 그의 장남 김창욱에게 부산교회를 전승하였다. 그리하여 그는 1987년 3월 27일 75세를 일기로 출직하였다.

②최고(最古)의 미선교회(美鮮教會)와 김선장(金善長) 씨

우리 나라 사람으로 이 나라에서 제일 먼저 교회를 이룬 김선장 선생의 미선교회는 이미 《대한천리교사》 제1권에서 그 상황을 대강 기술하였기에, 여기에서 그 부분은 생략한다.

미선교회는 교회에서 보내온 자료(연혁)를 보면, 1921년 10월 26일에 천리교 미선선교소를 윤허받아 1922년 1월 26일 총독부의 인가를 받았다. (참고로 조선포교관리소 명칭록에는 당시 주소가 마산시 오동동 154의 1번지로 되어 있슴.) 이후 1926년 3월 10일에 천리교 미선교회로 승격하였다.

우리 나라 사람으로 최초로 교회를 설립한 자로서 광복될 때까

지 열심히 포교하였다. 그러나 광복이 되면서 왜색종교라는 이유로 핍박을 받게 되자 얼마 동안 활동을 중단했다가 최초로 교단이 창단되면서 참여하였다. 김선장 씨는 원래 연로하여서 크게 활동한 바는 없지만, 교단 원로로서 1952년 3월 13일에 창설한 대한천리교연합회 명예회장으로 추대되었을 뿐 크게 활동한 흔적은 없다. 2년 후 미선교회 2대 회장으로 장남 김도홍(金道洪) 씨에게 승계하였다.

2대 교회장 김도홍은 초대 회장의 장남으로 1903년 7월 8일생이다. 1954년 1월 1일자로 2대 회장으로 취임한 그는 광복 후 교회활동을 내놓고 못할 때 위장병 환자들을 찾아다니며 체 내리기 등으로 생활하며 은밀히 포교활동을 하고 다녔다고 전한다. 그는 대한천리교 창설에 잠시 참여하였으나 크게 영향을 미치지 못했다. 그러나 그는 1971년 3월 14일에 진해에 있는 대한천리교 실천회에 참여하여 심의원장을 취임하여 활동한 바 있다. 그는 연로하여 1976년 2월 30일에 차남에게 교회장직을 넘기고 활동을 중단했다가 1985년 1월 30일에 출직하였다.

그리고 3대 교회장 김동길(金東吉)은 1934년 10월 6일생으로 2대 회장의 차남으로 태어났다. 마산상고를 나와 중앙대학교 문리과대학(교육학과)을 1960년 2월 21일에 졸업하여 1965년 2월에 국민(초등)학교에서 교편을 잡고 일하다가 1969년에 교사직을 사퇴하여 1969년 10월에 대한천리교 미선교회장에 취임하였다. 그리하여 1976년 6월에 대한천리교단 이사로 취임하고 1983년 1월에 대한천리교 경남교구장에 취임했다고 그의 제출한 이력서에 쓰여 있다.

교회 카드에 의하면, 1976년 3월 1일에 3대 회장으로 취임하였고 재단 이사와 대한천리교 경남교구장과 수강원장, 그리고 교의원, 교정위원 등 교단 요직을 두루 지낸 바 있다.

오랜 전통을 가진 교회라 산하 교회가 많았었다. 1999년 1월 1일 현재 미선교회에서 제출한 자료에 의하면, 진해교회(鎭海敎會)를 위시하여 50개소의 교회와 107개소의 포교소를 갖고 있다. 그러나 활발하게 활동을 못하고 있는 실정이다.

③경이적인 교세를 이룬 고성(固城)교회 초대회장 이영수(李英秀) 씨

오늘의 거창한 원남성교회를 이루는 데 크게 일익을 했다고 할 수 있는 고성교회 초대회장 이영수 씨는 본적과 출생이 경남 고성군(固城郡) 영현면(永懸面) 신분리(新分里)이다. 그는 1910년 10월 4일 부(父) 이승윤(李承允) 옹과 모(母) 윤옥이(尹玉伊) 여사와의 사이에서 독자로 태어났다. 고성 송계보통(초등)학교를 졸업하여 17세에 고성군 마암면 보전리 조동부락 최필 여사와 혼인하였다. 그리하여 얼마 후 그도 청운의 꿈을 갖고 도일(渡日)한다. 그리하여 일본 히로시마(廣島市 庚午町 19組)에 거주하면서 채소나 과일장사를 하면서 때로는 노동도 하는 등 열심히 살고 있었다. 그러나 간이 나쁘고 폐결핵에다 위궤양, 피부병, 치질에 심한 노이로제 등에 시달리며 고생을 하였다. 그 무렵 그의 나이가 42세 때인 1952년 6월 1일에 일본 후꾸오까겐(福岡縣 福岡市 大字箱崎 2281의 3번지)에 있는 원박분교회(元博分敎會, 회장 崔宰漢)에 입신하였다. 그 길로 교회본부로 가서 1952년 6월 13일 별석의 초석을 받고 같

은 해 7월 4일 천리교교(天理教校) 수양과에 입학하여 그해 9월 27일 제135기를 수료하였다. 이듬해 2월 초순에 귀국하여 2월 하순부터 마산으로 나와 마산시 성남동의 바라크 가건물에 방 한 칸을 얻어 신님을 모시고 처음으로 포교를 시작하였다. 처음에는 외롭고 부끄러워 하루에 두 집 또는 세 집을 전도할 정도였다. 그러나 한 사람 두 사람 모여 오면서 2개월도 안 되어 40여 명의 신자들이 모여 들어왔다. 이때 처음 신자가 충무교회 초대 교회장이 된 김철암(金鐵岩) 씨였다고 술회한 바 있다.

1953년 10월 22일에는 고성군 고성읍 서외동 145번지로 교회를 이전하였다. 그리고 1957년 8월 22일에는 대지 520평 위에 구 건물을 헐고 목조 건물로 신전 50평, 사택 15평을 신축하였다.(일설에 의하면 처음 고성으로 돌아와 조그마한 초가집에서 3년 가까이 전도 포교에 열심히 하여, 33평 건물에서 다시 70평 건물로 늘어나면서 점점 교세가 확산되었다고 한다.)

*참고로 《야기(八木)대교회사》에 의하면 1957년 10월 22일에 초대교회장(한국 정부 공인)으로 배명된다.

그 후 신도가 자꾸 늘어나면서 1962년 4월 22일에 다시 교회 역사를 시작하여 신전 100평에 기숙사 100평의 2층 목조 건물을 완공하여 동년 8월 22일 교회 신축 낙성봉고제를 올렸다. 그리하여 1963년 3월 15일(교회 카드에는 1965년 10월 22일로 명시) 교회 명칭을 받았다.

이후 고성군 고성읍 서외동 162번지에 대지 870평을 1969년 6월 1일에 매입하게 되는 수호를 받아 교회 역사를 시작하여 같은 해 10월 10일 교회 낙성봉고제를 봉행하는데, 신전이 140평에 사무실

21평, 기숙사 58평, 용재 숙소와 사택 56평 등 총 연건평 275평을 갖춘 웅장한 교회를 세웠다. 그리고 열심히 전도 포교를 하여 1976년도엔 전국에 산하 교회수가 9개소에 포교소수가 67개소가 넘는 교세를 갖추었다.

고성교회는 1959년 청년회를 창립하여 1966년부터 1969년까지 고등공민학교를 운영(야간학교 학생수 95명, 교사 5명)한 바 있고, 1967년 새마을 장학회를 설립하여 고성군, 소재의 중·고등학교 학생을 선발하여 1975년까지 130명에게 장학금을 지급하기도 했다. 이때 이영수 씨가 1971년 4월 5일에 대한천리교 교무원장에 피임되어 1972년 7월 27일까지 근무하였다. 그는 체중이 80킬로를 넘는 거구에 성품이 온화하며 너그러워 남에게 가슴 아플 정도로 말을 함부로 하는 법이 없었고, 또 교회에 와서도 쉬지 않고 무엇을 하든지 부지런했다. 그리고 이친(理親) 앞에서는 큰소리로 대답 한 번 해본 일이 없고, 더구나 그 앞에서 시비를 가려 본 일이 없었다고 전한다. 그는 신앙의 신조(信條)로서 상급 선생에게 감히 대들거나 해서는 안 되는 줄로 알고 있었다고 한다. 그 자신이 언젠가 불만을 얘기했더니 자신에게 즉시 신님의 가르침이 있었으며, 또 반드시 가르침이 있다고 믿고 있었다. 그는 상급교회의 역사와 소속교회의 순교 등 포교에 전념하다가 향년 66세를 일기로 1976년 4월 13일 출직하였다. 장례식은 대한천리교 부산교구장(教區葬)으로 하였다.

2대 회장은 그의 아들 이병석(李炳錫, 1940년 3월 28일생) 씨가 승계하였다. 그는 초대교회장의 4남 1녀 중 차남으로 1976년 5월 22일에 2대 회장으로 취임하였다. 그는 고성에서 중·고등학교를 졸업하고 부산대학을 수료하였다. 그리고 1980년 4월 15일 별석을 받고 5월 24일 교인 등록을 하였다. 그리고 1976년 6월 26일 2대 회장으로 명칭의 리(理)를 받았다. 그는 1978년 10월 20일부터 1983년 8월까지 부산교구장으로 근무한 바 있다. 그가 재직 중 1980년에 교회 부지 1,600평을 매입하여 교육회관 145평, 기숙사 96평을 신축하였고, 1984년 9월 26일에는 경남 진주시 이현동 2320번지에 대지 200평, 기숙사 95평, 수용 인원 20명 규모의 계성학숙(桂星學宿)을 설립하여 진주 지역에 재학 중인 용재 신자 자녀들에게 숙식을 제공하는 등 복지 후생사업을 하였다. 그리고 1986년 3월 10일에 은혜유치원을 설립하여 부인 박융자(1942년 1월 17일생) 씨가 원장이 되어 계속 활동을 하였다. 2대 교회장 이병석 씨는 사정이 생겨 1987년 5월 7일 그 직을 사임하고, 그의 부인 박융자 여사가 1987년 9월 17일에 제3대 회장을 취임하여 현재 하고 있다.

박융자 회장은 경남 고성군 고성읍 동외동 35번지에서 태어나 고성여중·고를 졸업하여 1965년에 이병석 씨와 결혼하여 착실히 내조하여 고성교회 부인회장을 역임하는 등 활동을 많이 하다가 3대 회장이 되었다. 현재 천리교 한국교단에 적을 두고 있다.

④진해교회 초대회장 김순염(金順廉) 여사와 라상기(羅尙琪) 씨

광복 이래 예속 교단의 온상이 되었던 진해시 여좌동에 있는 구 대한천리교 교의강습소와 나란히 있는, 진해(鎭海)교회의 김순염 씨는 여걸로서 광복 후에 포교활동을 시작하여 급속히 교세를 진작시켜 경이적인 발전을 한 몇 안 되는 교회로 발전시켰다. 진해

교회는 우리 나라 사람이 세운 최초 교회인 미선교회(美鮮教會) 산하로, 1953년 3월에 경남 진해시 광화동(光化洞) 14번지에서 진해포교소라는 이름으로 출발하여 1956년 4월에 진해교회가 되었다고 기록하고 있다.

그리하여 진해시 여좌동(如佐洞) 1가 108번지에 교당을 만들었다. 원래 이곳은 일제시 화장터와 함께 납골(納骨)을 모시던 절이 있던 것을 불하받아 교회를 만들고, 한쪽은 교단에서 매입하여 교의강습소로 쓰게 되었다. 이곳이 후에 자주교단 대한천리교단에 대항하는 하나의 지방 세력의 거점이 되기도 했다. 초기에 일본천리교 관계자의 거점이 되었고, 점점 전도청의 구실도 하고, 일본 본부의 교구청, 그리고 종속교단의 주요 역할을 하며 항상 교단에 반하는 장소가 되어 오기도 했다. 한때 대한천리교의 경남교구가 되기도 했지만, 거의 교단본부와는 대립되는 위치에 있었던 곳이다. 결국 지금은 본 교단을 이탈하여 천리교 한국교단의 본거점이 되었다. 여기에 나란히 붙어 있는 진해교회의 영향이 매우 컸다. 진해교회 창설자인 초대회장 김순염 씨는 본적과 출생이 마산시 남성동 58번지(1961년 5월 31일에 교단에 제출된 이력서에 의하면 부모의 본적이 경남 마산시 중성동 157번지라고 하여 당시 그의 본적이 전적된 것임)이고, 부(夫)는 김해 김씨 영한(榮漢) 옹과 모(母) 김일래(金日來) 여사와의 사이에서 8남매 중 장녀로서 꽤 부유한 집안에서 1909년 3월 14일(음력 2월 4일)에 태어나 젊어서는 아쉬움 없이 살아왔다고 한다. 그녀는 1927년 2월에 진주여고(이력서에는 진주일신여학교 2년 수료)를 나와 1929년 2월에 경성미술전문학교(京城美術專門學校)를 졸업한 재원으로 되어 있으나, 전기 이력서에는 2년 수료하고 같은 해 4월에 서울보육전문학교에 다시 입학하여 1931년에 수료한 것으로 되어 있다. 부군은 일본의 동경제국(東京帝國)대학에 유학 중인 당시 인텔리층에 속한 라영백(羅英伯) 씨로서, 둘이 1930년 4월에 결혼하여 남부럽지 않은 생활을 누렸다. 그런데 집안의 사정과 함께 자신을 소녀시절부터 괴롭히던 중이염과 축농증으로(어머니 김일래 씨와 함께 어린 날 마산시 오동동에 있는 미선교회에 입신하였지만) 결혼 후인 1935년 6월에 조선포교관리소 내 교의강습소에 입학하여 수양과 6개월의 과정을 마치고, 1937년 5월에 성지(본부)를 참배하여 수훈의 리를 받았다. 그러나 오랫동안 평신앙만을 하고 있었다.

그러다가 1951년 4월 부군 라영백 씨가 6·25 동란으로 행방불명이 되고, 장남 라상기 씨의 급성결핵성뇌막염으로 쓰러지는 등으로 신상과 사정이 있자, 그는 용재가 되어 포교할 것을 결심하여 마산시 산호동(山湖洞) 마산상고 옆 주거지에 가정신님을 모시면서 전도 포교에 나섰다.

이후 진해로 나아가 단독 포교에 임하던 중 1953년 3월 진해시 광화동(光化洞) 14번지에 있는 동광교회(東光敎會)에서 배대봉(裵大奉) 초대회장님과 그 부인의 이해와 협조로 천리교 진해포교소를 개설하고, 두 달 후인 5월에 진해시 충의동(忠義洞) 42번지의 대지 약 100평, 건평 14평과 부속 건물 8평을 사서 교회를 옮겼다. 그리하여 1954년 7월에 다시 주위 전답 250평을 더 매입하여 교당 확장 공사를 하여 1956년 2월에 진해시 여좌동(如佐洞)에 현재의 교당을 마련하는 역사(役事)를 시작하여, 1956년 4월에 낙성봉고하고 진해교회라는 명칭을 받고 교회장으로 취임하였다. 이렇게 하여 빠른 기간 내에 오늘의 교회로 크게 성장시켰으며, 또 불우한 자녀를 위한 야간중학교인 정선(正善)학교를 1964년 4월에 설립하여 한때 운영하기도 했다.

그리고 김순염 교회장은 이와다조사부로(岩田長三郎)와는 극친한 사이로 군사혁명 후인 1961년경 처음으로 내한하였는데, 이때 그와 동행한 시미즈구니오(清水國雄, 당시 아세아과장)와 나까다다께히꼬(中田武彦, 당시 도우사 기자 자격으로) 등 일행을 크게 환영하기도 했다. 이후 그들의 왕래가 빈번하여 일본과의 창구 역할을 해왔다. 그 영향으로 종속의 길을 끝까지 가기 시작했다. 그는 대한천리교실천회를 대구교회 초대회장 김태봉(金太峰) 씨와 함께 발족하여 적극 참여하여 지원했다.

그 후 그는 1958년 6월 3일, 1차 교단 분열시 대한천리교연합회 기성회(期成會)에 참여하였고, 1958년 6월 24일 연합회 발족과 동시에 교화부장으로 피선되어 활약하기도 했다.

특히 장남 나상기 씨는 일본 천리교청년회의 한국청년회 대표가 되기도 하는 등, 일본 천리교교회본부에서 모르는 사람이 없을 정도로 일본 본부의 신임이 꽤 두터웠다. 그들은 그를 이 나라 천리교의 다음 세대의 주도적 인물로 키우려고 생각했었다고 한다. 특히 조선포교관리자였던 이와다조사부로와는 의부(義父)로 삼을 정도였으며, 나까다다께히꼬 전도청장도 아꼈던 자라고 한다. 그는 일본 해외전도부에 파견되어 이때 《신악가》등 《원전》을 한국어로 번역하는 일에 적극 참여하기도 했다.

*참고로 나까다(中田) 씨가 잡지 《고에(聲)》에 기고한 글에 잘 표현하고 있다.

〈찬연히 꽃을 피웠다가 보람되게 뿌리다〉라는 글 중에 '한국 신악가'에 보면, '그런데 라씨에 관한 이야기를 하면, 6개월간의 지바(地場, 성지)에서의 지냄은 그에게는 꿈만 같았다. 그리하여 한국에 돌아와서도 그의 활동은 허약한 몸임에도 불구하고 아찔할 정도로 열심이었다. 지바 신앙으로 연결하는 교단 통일을 지향하는 데 온힘을 쏟고 있었다. 이것은 그에게 있어 교조 80년제의 비원(悲願)이었다. 생략'라고 쓰고 있다

그리고 또 '1971년 10월 부산·대구·진해·고성·충무 등에서 청년 간부들을 중심으로 하여 히또즈노 가이(하나의 모임)'를 결성했다. 그리하여 지바 신앙의 철저화를 계획하여 교리 연구를 탐구하는 것을 주안(主眼)하였다. 역시 이것이 일부에서는 파벌 활동으로 보게 되어 수포로 돌아가게 되었다. 생략'라고 쓰고 있다.

그리고 '전략, 이미 그의 약한 몸으로는 교정상의 격무를 진행하는 것은 도저히 불가능한 일이었다. 남모르게 그는 후임 인재를 추천하였고, 다만 일하는 데만 전념하였다. 1973년 1월부터 《신악가》등 교의 해석을 위해 지바에서 심혈을 경주하였다. 이것은 3년 후에 맞게 되는 교조 90년제를 목표로 하여 마지막 힘을 쏟고 있었다. 이것으로 그가 신앙자로서 총결산이 되는 셈이라고나 할까. 이때쯤에서 교단 통일문제는 하나로 결론이 나서 적극적으로 움직이고 있었다. 생각해 보건대 종전 후 30년 격동의 길을 걸어온 교단을 금년 들어서면서 조금씩 구름이 개이듯이 보이기 시작했다. 그가 하다 남긴 것은 《원전》 번역 문제다. 물론 이것은 연장자인 황기완 씨의 도움으로 착착 번역을 진행하여 지반을 구축하였다고 하지만, 다시 그의 뜻을 이은 황씨의 지도를 바탕으로 하여 마지

막 완성 단계에 들어가게 되었다. 인연이 깊은 한국교단에서는 이것에 혼과 정성을 다 쏟는 것은 역시 《원전》의 번역에 착수하여 완성하는 데 있다고 하여 《신악가》의 번역에 들어갔다. 이《신악가》는 두 개로 번역되어 있어, 이것이 또 교단 통일을 저해하고 있었다. 이것이 크나큰 원인의 하나가 되고 있었다. 그래서 이것을 하나로 제대로 만들기 위하여 노력하였다. 현지(한국)에서는 황씨를 중심으로 하여  스태프들이 한덩어리가 되어 움직이고 있었고, 한편 그는 지바의 뜻에 맞도록 상호 호응해 가며 《신악가》 번역을 멋지게 실현시키고 있었다. 이렇게 하여 1973년 10월 26일을 맞아 하나의 《신악가》를 한국 교우의 입으로 부르게 되었다'고 쓰고 있다.

또 《고에》 5월호에 '이때에 그의 모습은 조금씩 죽어가고 있었다. 확실히 그는 죽음에 고민을 하고 있었다. 이렇게 하여서 이 길을 밝히려 하였고 오늘에 와서 《교전》, 《교조전》 그리고 《지도서》(검정강습회에서 사용하고 있는 지도서의 초안), 교조전 일화편을 착착 번역, 완성을 보게 되었다'고 쓰고 있다.

또 '그는 1973년에 지바에서 1년간 해외포교전도부의 번역과에 근무한 일이 있었다. 언제나 병든 몸이었지만 생명이 있는 한 최선을 다한다는 비장함을 보여주고 있었다'고 《고에》에 쓰고 있다. 그리고 이때에 '그는 《신악가》와 《친필(親筆)》등의 번역에 노고를 하였다. 그러나 그는 결국 지병으로 1976년 1월 15일 향년 46세로 일찍 출직하고 만다'고 쓰고 있다. 이상을 보더라도 그들은 진해교회와 라상기 씨를 이 나라 천리교의 종속화의 징검다리로 이용했는지를 알 수 있다.

이후 1977년 4월에 2대 교회장으로 2남 라석기(羅石琪, 1937년 8월 10일생) 씨가 승계하였다. 그는 1959년에 서라벌예술전문학교 연극영화과를 졸업하여 다시 1959년에 중앙대학 문리대에 진학하여 3년을 수료하였다. 그 후 1969년 3월 6일 단독 포교를 나가 정선(正善)포교소를 개설하여 1972년 3월 6일 교회로 승격하였다. 그 후 진해교회장이 되면서 정선교회는 부인에게 넘기고 그는 대한천리교 교의원 등 여러 직위를 갖고 활동하다가 조카에게 그 직을 물려주고 진해교회에서 관리해 오던 노인복지를 위해 설립한 감사양로원(경남 함안군 칠서면 회산리 안기동 소재)을 운영하고 있다.

지금은 3대 회장으로 장손인 라상갑(羅相甲) 씨가 1997년 11월 3일 취임하여 활동하고 있으며, 라상갑 씨는 부 라상기 씨와 모 김상희(金相嬉) 여사의 사이에서 1남 2녀 중의 둘째로서 1959년 6월 5일생이다. 그는 영남대학 일어과를 졸업하였다. 그는 1988년 7월 18일에 경남교의강습소 130기를 수료하고 교회장 검정강습을 1997년 6월 19일에 수료하였다. 그리하여 1997년 11월 3일에 취임하여 현재 활동 중이다.

김순염 초대회장은 2000년 1월 11일 오랜 지병으로 고생하다가 출직하였다.

⑤동광교회(東光敎會)와 초대회장 배대봉(裵大奉) 씨

배대봉 씨는 본적이 경남 진해시 여좌동(如佐洞) 792번지로, 일찍이 청운의 꿈을 꾸며 일본 와까야마(和歌山)시로 건너가 노동을 하는 등 여러 가지 일을 하며 살아갔다. 부인 김봉례(金鳳禮)의 신상과 처남의 권유로 1940년 10월경 일본 와까야마시에 있는 시끼시마(敷島)대교회 산하인 와가가와(和歌川)분교회에 입신하여 열심히 신앙하다가 해방을 맞아 귀국하였다. 그리하여 얼마 동안 생업에 열중하다가 다시 사정으로 1955년 2월 4일에 진해시 광화동 18번지에 동광포교소를 개설하고 다시 신앙에 전념하였다. 1957년 1월 4일에 진해시 화천동(和泉洞) 27의 1로 이전하여 동광교회로 승격하였다.

그는 광복 후 대한천리교에 참여한 바 있었으나 그 후 교단본부를 이탈하여, 1958년 6월 진해 대한천리교연합회를 결성할 때 대한천리교연합회 기성회 멤버로서 최재한(崔宰漢)·김태봉(金太峰)·김순염(金順廉)·김태주(金泰柱) 등과 함께 참여하였다. 그 후 1963년 9월 12일 김진조(金振祚) 교통 사임 파동으로 최재한 씨가 교통으로 피선되면서 교정위원으로 위촉된 바 있었고, 이후 1965년 10월 26일 임기 만료하여 최재한 교통이 재임하면서 교화부장으로 잠시 피명되기도 했다. 그러나 오히려 지역적으로 영남(嶺南) 진해 쪽 종속교단과의 유대를 많이 하게 되는데, 그의 산하에 김해 금성교회(金城敎會) 조문봉(曺文峰) 회장의 활약과 구포교회 등 산하 교회의 뒷받침으로 교세를 크게 확장할 수가 있었다고 전한다.

그 후 동광교회장의 아들이며 후계자인 배석수(裵錫守) 씨는 1938년 10월 6일생으로 1960년 4월 18일 영남수강원 수양과 16기를 수료하고, 1965년 2월 8일 동국대학교 불교대학 철학과를 졸업하여 1967년 3월 1일부터 대한천리교교의강습소 수양과 종교사 강사를 약 1년간 하였다. 그 후 1968년 4월 5일에 2대 회장으로 취임하였다.(참고로 그는 1979년 6월 15일 일본본부에서 교회장 검정강습 58기를 수료하였다.)

2대 배석수 회장은 1969년 2월에 교회 부속 동광유치원을 설립하여 부인이 현재 운영 중에 있으며, 1978년 1월부터 1997년까지 월간 《도우》사 편집인으로 근무하였고 오랫동안 발행인으로 활약하였다.

또 진해시 체육회에 관계하는 등 지역사회 활동에 적극 참여하고 있다. 그는 1980년 4월에 최고협의회 중앙사무국이 해산되어 다시 대한천리교로 흡수 통합될 때 대한천리교 중앙교의회 의장 등 교직을 연임하였고 그 외 교정위원 등 주요 교직을 맡기도 했다.

1986년 3월에 대한천리교 교단을 이탈하여, 종속교단인 한국천리교연합회를 창설하는 데 적극 참여하였고, 이후 이 단체가 천리교 한국교단으로 개칭하는 데 그는 천리교 한국교단의 2대 교통 겸 이사장으로 선임되어 현재 근무하고 있다.

그는 회장 취임 후 진해시 여좌동 792에 있던 교회를 진해시 석동(石洞) 565의 4번지에 대지를 매입하여 그 지상에 교회를 현대식으로 신축하여 이전하였다. 동광교회 산하에 금성교회와 구포·웅동·동명·수성·대연·청도·칠성·칠산·불암·신망·경주교회 등 이외에도 교회가 있어 십수 개 교회가 된다. 그리고 30여 개소가 넘는 포교소 등의 교세를 가진 중신 대교회로 활발하게 발전하고 있다.

⑥순선교회(順鮮教會)와 초대회장 김태주(金泰柱) 씨

김태주 씨는 본적이 서울시 서대문구 노고산동 102번지로 되어 있다. 그는 돈을 벌기 위해 일찍이 직업을 따라 만주에 건너갔다. 거기에서 신상으로 입신하였는데, 그분의 감화 내용에서 자신의 입교 동기에, 치아(齒牙, 덧니)가 자꾸만 길어져 나와 마치 맹수의 송곳니처럼 솟아 보기가 흉할 뿐 아니라 생활에도 불편하여, 빼도 다시 나오는 이상한 병으로 고생하던 중, 고지(高知)계통의 무순(無順)교회장 후까다무네꼬(深田棟子) 선생을 만나, '이는 전생에 선한 마음을 쓰지 못하고 악한 마음을 쓰고 항상 순하고 약한 사람만 갈취하려 하는, 마치 맹수가 연약한 짐승을 보면 마구 잡아 죽이듯이, 사리에 어긋나는 일들을 다반사로 하는 인연과 같은 이치이니, 지금부터 남을 위하고 선한 일을 하고 올바르게 살아간다면 반드시 수호가 있을 것이다'라는 감화를 받고, 이 길에 인도되어 수호를 받아 만주에서 포교를 시작하였다. 그리하여 광복 전에 귀국하여 서울에서 순선교회를 개설하여 열심히 전도하여 산하에 순경교회(順京教會)와 순한교회(順韓教會), 조남교회(朝南教會), 동덕교회(東德教會) 등 교회를 많이 만들었다. 하지만 패전으로 활동을 중단하고 지하에 숨어 있다가 대한천리교단이 창단되자 다시 포교활동을 시작했는데, 당시 그는 경상남도 마산시 두월동(斗月洞) 3가 4의 2에 살고 있었다. 그분이 제출한 이력서(1961년 5월 31일 제출)에 의하면, 1899년 6월 10일생으로 1918년 3월 25일에 평북 창성공립학교 보통과를 졸업하고 1928년 천리교교(天理教校)에 입학하여 1929년 3월 15일 졸업한 것으로 되어 있다. 그리고 1933

년 1월 20일 순선교회(順鮮敎會)를 설립하여 교회장이 된 것으로 되어 있다. 일제 시대 만주에서 귀국하여 포교하면서, 당시 마포에 살고 있던 유종봉(柳宗奉, 순경교회 초대회장) 선생과 그의 며느님 정용우(鄭龍雨) 여사를 이 길로 인도하여 조선교의강습소 41기생으로 입소시켜 용재의 길을 가게 하여, 서울 마포구 아현동에 순경(順京)포교소를 개설케 하는 등 해방 전까지 활발하게 포교를 하였다. 광복 후 김태주 씨는 오랫동안 포교활동을 중단하고 있다가 천경수양원 발기 당시부터 교단에 참여하였지만, 교단이 1차 분열 당시인 1958년 6월 3일 경남 진해시 여좌동에서 대한천리교연합회기성회가 결성될 당시 기성회 위원으로 참여하였다.

그리고 1958년 대한천리교연합회(회장 최재한)가 발족되면서 심사부장이라는 직책을 맡는 등 종속파에 적극 가담하여 활동을 하였다. 그 후 1963년 9월 12일 최재한 씨가 대한천리교총본부 교통이 되면서 교정위원으로 위촉되고, 총본부 심사부장으로 임명되기도 하였다. 그 후 1965년 12월 2일에 새 교정위원 구성시 교정위원으로 다시 위촉받고 활약하지만, 그가 설립한 교회는 후계자인 자식 김달수(金達洙) 씨가 교회장직을 계승하려 하지 않자, 일단 순한교회장인 최명이(崔明伊) 여사가 승계하지만 무슨 이유인지 그만두었다. 그러자 조남교회장이었던 강준경(姜俊卿) 씨가 계승하지만 얼마 후 그가 교회를 팔고 이 길을 떠남으로써 한때 순선교회는 사정 교회가 되어 버렸다. 그래서 순한교회로 이름을 바꾸고 그 산하 교회인 순경교회, 조남교회, 동덕교회장 등은 모두 일본 무순교회(撫順敎會) 직속으로 되어 버리는 등 많은 문제를 남기게 되었다. 그리고 산하에서 열심히 포교하여 온 서울 용산구 효창동 소재 조남교회도 말년에 교세가 위축되더니 경기도 양평으로 교회를 옮기고 얼마 후인 1999년 12월 2일 권병수(權炳壽) 교회장이 출직함으로써 후임자(자식이 계승하지 않으려 하므로)가 없어 교회가 폐쇄되었다고 한다.

⑦속선교회(速鮮敎會)와 초대회장 이의호(李義鎬) 씨

이의호 씨는 본적 및 출생지가 경남 창원군 북면(北面) 상천리 640번지로, 부(父) 인천 이(李)씨 근실(根實) 옹과 모(母) 문남이(文南伊) 여사의 5남 2녀 중 장남으로 1911년 7월 27일에 출생하였다. 그는 소년기인 14세 때 잠깐 마산에 있는 천리교 미선교회(美鮮敎會)에 다닌 적이 있었다고 한다. 그 후 그가 19세 때인 1930년 4월에 청운의 꿈을 갖고 도일(渡日)하였다. 그는 먼저 일본으로 건너가 목재상(木材商)에서 일하고 있는 동생을 만나 동생과 함께, 오오사까시 다이쇼구(大阪市 大正區 南恩加島町 1번지)에 거주하면서, 목재 공장에 일을 하려 했으나 몸이 안 좋아, 잡화상 상점에 취직하여 점원으로 일하게 되었다. 그런데 그가 근무 중 1개월도 안 되어 신상(身上, 나병)을 얻어 고민 중에 있을 때, 동생이 근무하는 목재상 사장이며 하시하야(橋速)분교회 전 교회장 다나까젠다로(田中仙太郎, 당시 역원회장)에게 인도되어 1931년 2월 8일 입신하게 되었다. 그리하여 4년간 교회에 들어가 실천하였다. 그리고 신상의 수호를 받게 되자, 다시 강습비 180엔과 용돈 200엔을 교회장이 주면서 강습을 보내주어, 1935년 1월 10일 일본천리교 별과에 입학하여 그해 7월 10일 수료하였다. 그 후 교회에 돌아와 포교사로서 포교를 시작하였다. 1935년 11월 25일 보권훈도(補權訓導)가 되고 얼마 후인 1936년 1월 6일에 보(補) 훈도(訓導)가 되었다. 그리하여 1940년 6월 10일에 오사까(大阪)에서 내선(內鮮)포교소를 설립하여 인가를 받고 포교활동에 전념하였다. 그러다가 해방 직전인 1944년 5월에 고향인 창원으로 돌아와 근 10년간 포교활동을 중지하고 농사를 짓고 살다가, 해방 후인 1955년 3월 14일에 경남 마산시 회원동(檜原洞) 464번지의 33에서 속선교회(速鮮教會)라 이름하여 다시 포교를 시작하고 대한천리교단 창단에 참여하였다. 초기에는 특별히 활동한 실적은 없으나, 후에 교정위원 등을 역임하다 연로하여 후계자로 그의 아들인 이영곤(李永坤, 1938년 1월 20일생) 씨에게 1979년 11월 2일에 인수 인계하고 회장직을 퇴임하였다.

그 후 오랜 지병으로 1999년 9월 23일 향년 89세로 출직하였다.

이영곤 씨는 1953년 3월 19일 마산중학교를 졸업하고 1956년 2월 22일 북부산고등학교를 졸업하였다. 그리하여 1964년 3월 1일 영남수강원 32기를 수료하여 포교에 임하다가 1980년 4월 2일에 2대 교회장 명칭을 받았다. 그는 대한천리교 교의원 등 주요직을 맡고 활동한 바 있으나 교단에 대하여 적극적인 참여가 없다.

⑧이천교회(利川教會) 초대회장 강양주(姜良柱) 여사

교단 설립 초기부터 재정 지원을 많이 한 강양주 여사는 나니와(浪華)분교회 계통의 야마무라도시(山村年)라는 여 포교사에 의하여 이 길에 인도되었다. 야마무라도시 여사는 1930년에 한국에 건녀와 화선(華鮮)포교소를 설치하여 열심히 포교하였다. 화선포교소는 현재 없어졌지만, 당시 야마무라(山村) 포교사에 인도된 이천(利川)교회장 강양주 여사는, 원적이며 출생지가 평안남도 평양시 해운면 죽산리로서, 당시 평양에서 대동차부(大同車部)를 운영하던 7대 부자였던 부(父) 강신우(姜信友)와 모(母) 김병덕(金丙德) 사이에서 2남 1녀 중 고명딸로 1905년 2월 5일에 태어났다. 그리고 귀여움을 받고 자라 18세 때 역시 8대 부잣집 아들인 윤동빈씨와 결혼하였으나 결혼한 지 얼마 안 되는 21세 때 남편을 사별하고 상심하다가 결국 폐병을 얻어 고생하였다. 그는 병의 치유를 위해 당시 경성(京城, 서울)에 있던 세브란스 병원에 1933년경 입원하여 3년여 동안 병원에서 가료를 받았으나 큰 효험 없이 지냈다. 그런데 이때 병원으로 전도하러 온 나니와(浪華)분교회 포교사인 야마무라 선생의 감화를 받고 인도되어 1936년 7월 14일에 이 길에 들어왔다. 그리하여 1939년 4월에 경성에 있는 조선포교관리소의 교의강습소에 입소하여 그해 10월에 39기로 부산교회 초대회장 김점이(金点伊) 여사와 함께 수료했다고 한다.

훗날 강회장 자신의 입신 동기에 대한 감화 중에, 그가 강습소에 입소하게 되자 야마무라 선생이 강선생에게, 폐병 환자는 마음씨가 매우 교만하고 무슨 일에나 안하무인에다 자기만 옳고, 생활태도나 음식에 대하여 자기만 깨끗한 체 남을 얕잡아보며, 게으르고 제멋대로 하려 하며, 또한 물질에 인색한 성격자가 이 병의 인연이니, 이 병의 수호를 받으려면 수강 중에 학생들의 신발을 반드시 정돈해 주고, 쉬는 시간이나 틈만 있으면 쉬지 말고 마루를 닦고, 그리고 남보다 일찍 일어나 변소 청소를 하며, 수강 중에는 좋은 음식은 아예 먹지 말고 언제나 남이 먹다 남은 음식이나 부엌의 구정물 통의 밥티나 찌꺼기를 건져 먹어야 한다며 그 실천을 강력하게 시켰다.

이에 강회장이 야마무라 선생의 말을 어김없이 실천하였더니, 입소 당시만 해도 몸이 너무 허약하여 성냥 개비 하나 들 힘도 없던 것이 수강 3, 4개월 만에 힘이 생기고 남들처럼 거동할 수 있게 되는 수호를 받았다. 그리고 수료시에는 완전히 회복할 정도로 몸이 좋아졌다고 술회한 바 있다고, 그분의 신앙심을 누구 못지 않게 존경하며 따르던 배을란(裵乙蘭) 경심교회 3대 회장이 전했다. 이 고마운 수호에 강회장은 수료 즉시 서울 이태원 보광동(普光洞)에 집을 한 채 매입하여 야마무라 선생에게 드리고 여기에서 포교를 시작하게 하였다. 야마무라 선생은 종전이 될 때까지 여기에서 포교활동을 하다가 일본으로 돌아갔다. 강양주 교회장은 이 나라가 광복이 되고 얼마 후 남북이 분단되면서 경기도 이천군 이천읍 관고리(官庫里) 82의 5로 옮겨 살게 되었다. 그리하여 여기를 본적으로 정했다.

해방 후 얼마간 포교활동을 할 수 없어 중단했다가 1946년 3월 8일에 경기도 이천읍 창전(倉田) 5리 288번지로 옮겨 이천(利川)포교소를 설립하나 활동을 할 수 없었다. 1948년 천경수양원이 발족되면서 다시 전도 포교를 시작하여, 1950년 4월 8일에 교회로 승격하여 대한천리교 창단에 적극 참여하였다. 그러나 강양주 교회장에게는 유일한 혈육으로 윤옥렬(尹玉烈)이라는 당시 국민학교(초등학교) 교사를 하고 있던 딸이 있었는데, 그 딸이 1951년 1·4 후퇴시 24세의 젊은 나이로 사망하게 되었다. 그래서 그는 자신의 인연이 기구함을 다시 한번 깨닫고, 더욱 전도 포교하여 인간구제에 매진함으로써 많은 신자를 구제하였다. 그때 이미 조석근행(朝夕勤行)에 200여 명이 참집(參集)할 정도로 번성했다고 한다.

그는 지역사회나 교단에 좋은 일이 있다면 재산을 아끼지 않고 내놓았고, 교역자 중 어려움이 많은 자가 와서 부탁을 하면 서슴지 않고 지원을 하였다고 한다. 그에게는 가족이 전혀 없어 혼자 외롭게 지내는 것을 보다 못해, 당시 신도회(信徒會) 부회장의 소개로 경기도 광주군 광주읍 태전리(胎田里)에 사는, 역시 같은 교회 신도인 이태봉 씨의 막내딸 이간난(당시 17세)을 양녀로 삼고, 대한천리교에서 초기 시행 중인 순회강습소(당시 종로 6가 소재)에 보내어 용재로 만들어 후계를 잇도록 물심양면으로 도우며 양육하였다. 양녀가 된 이간난 여사는 1957년 6월 15일에 순회강습 제4기를 수료하였다. 그리하여 교회에 들어와 교회 일을 돌보게 하여, 오늘까지 다정한 모녀처럼 살면서 96세(2000년 당시)의 노회장을 보필하고 있다. 지금 교회는 양녀의 큰아들인 김상규(金相奎) 씨가 맡고 오래 전부터 강양주 교회장을 대리하여 교회를 이끌고 있는데 교회가 매우 침체되어 있다. 그리고 그 후계자는 교단에 전혀 참여 않고 있다.

⑨영남(嶺南)교회 초대회장 김봉의(金鳳儀) 여사

김봉의 여사는 본적이 대구시 북구 침산(砧山)동 158번지이며 1905년 12월 24일생이다. 경주 김씨인 김봉의 여사는 부산부 보수정에서 출생하였다. 1916년에 어머니를 잃고 아버지가 재혼을 하자 가정도 전과 같지 않아 배움을 중단하게 되었다. 그리고 아버지가 정해 준 사람과 억지 결혼을 시키려 하자 그는 결혼을 앞두고 도망하려고 일본 나고야(名古屋)의 지인(知人)에게 부탁하여 일본으로 건너갔다. 그리하여 제국연사(帝國燃絲) 주식회사에서 고용인으로 일하게 되었다. 이때 그의 나이가 16세로서 1920년 2월경이었다고 한다.

그는 과로한 노동 속에서 무리하게 공부까지 하느라 1922년에 실명을 하게 되었다. 부득이 그는 1923년에 우리 나라로 돌아오게 되는데 그때 어떤 노인을 알게 되어 그의 손에 이끌려 부산으로 돌아왔다. 그녀의 고통스런 모습을 보고 이웃에 사는 다리시(田尻) 쯔네라는 자가 전도하러 왔다. 김봉의는 이름 있는 의사의 노력도 아무런 보람이 없었는데 신앙으로 쾌유할 수 있다고 권유하는 그의 진지하고도 친절함에 이끌려 쯔네를 따라 절영도(絶影島) 선교소에 따라가게 되었다. 그리고 그 교회에서 참배하게 되었다. 여기에서 다까다(高田) 소장으로부터 교리를 듣게 되고 감명을 받아 열심히 신앙할 것을 마음으로 맹세하게 되었다. 그리하여 매일 일참(日參)을 계속하게 되고, 이러는 가운데 먼저 어깨의 통증과 불면증의 치유가 되는 수호를 받게 되었다. 그리하여 1924년 4월에 다시 일본으로 건너가 가가와(香川)분교회에 들어가 여자 청년으로 근무하였다. 이때 그의 나이 21세였다. 가가와 초대회장에게 안마를 해주는 즐거움으로 용솟음치며 근무하게 되면서 눈이 조금씩 나아졌다. 그리하여 다음해인 1925년 2월 4일 수훈의 리를 받고 눈으로 글자를 읽을 정도로 좋아졌다.

그는 우리 나라로 다시 돌아와 경성에 있는 조선포교관리소에 노력 봉사하러 들어갔다. 그리하여 1926년 4월에 조선포교관리소(별과와 같은 6개월간 수양과)에 입소하였다. 졸업 후인 1926년 12월 16일에는 경북(慶北)선교소 역원 차덕진(車德鎭)과 결혼을 했다. 그는 양복점을 운영하며 재주도 많았으나 색정 인연이 있는 자로 성생활이 문란함을 보고 그녀가 실망하여 고민 중에 있을 때, 1929년 니시야마(西山吉之丞)가 봉의에게 인연 자각과 인간구제 방도 외에는 길이 없다고 생각하여 교회 설치를 권하고 포교에 전념하여 인연 납소(納消)할 것을 말했다.

그녀는 지난날 일찍이 일생 동안 '구제한줄기로 가거라'라는 다까다기꾸마스(高田菊松)로부터 들은 말이 생각나면서 결심을 하게 되어, 1929년 4월 28일에 교회 설치 허가를 받았다. 1931년 1월 28일 경상북도 달성군 성북면 침산동(砧山洞) 158의 3에 이전 건축하고 열심히 포교를 하였다. 1942년 7월에 차덕진과도 협의 이혼하고 해방을 침산동에서 맞았다. 해방이 되어 반일 선풍이 불면서 혼란해지자 그는 신병의 안전을 위해 대구시 중구 완전동(莞田洞)에 무단 이전을 하며 조용히 숨어 살아갔다. 그러다가 어느 정도 사회가 안정되자 1954년경 대구시 중구 삼덕동 3가에 큰 집을 빌려 다시 포교를 시작하여 초기부터 교단 창단에 참여하였다. 1960년 5월 19일에 현재 살고 있는 대구시 중구 동인동(東仁洞) 4가로 옮겨 열심히 포교를 하였다.

그 후 1983년 3월 26일에 2대 교회장으로 생질 김진환(金振煥)에게 교회를 넘기고, 그는 1985년 9월 5일에 향년 80세로 출직하였다. 김진환 씨는 1935년 1월 16일생이며 본적은 대구광역시 북구 침산동 158번지이다. 1952년에 경남공업고등학교를 졸업하고 1957

년 8월 24일 영남수강원을 수료하였으며, 1983년 2월 15일엔 교회장 검정강습을 수료하고 3월 14일 임명 강습을 받았다. 그리하여 1983년 4월 10일에 교회장에 취임하여 교단의 교의원 등 주요 요직을 맡은 바 있다.

### ⑩올바른 천리교를 부르짖던 충무(忠武)교회 초대회장 김철암(金鐵岩) 씨

자주교단과 교의 복원을 주장한 김철암 선생을 말하지 않을 수 없다. 김철암 씨는 관향이 금령(金寧) 김씨다. 본적은 경남 사천군 사남면 아천리(牙川里) 1071번지이며, 1912년 9월 24일에 부 김원일(金元逸) 옹과 모 최구계(崔九季) 여사 사이에 차남으로 태어났다. 선조 대대로 내려오는 전래의 농가로서 고향에서 제법 잘산다는 중농 집안이었다. 김철암 씨는 양친의 총애를 받으면서 7세 때 벌써 한학을 배워 《소학》·《대학》·《논어》를 배웠고, 1926년 2월 15일에 고향인 사남보통(초등)학교를 졸업하였다. 농사를 하는 집안이라 가사를 돕고 살면서 그가 20세가 된 1931년 11월 18일 최경남(崔景南) 여사를 맞아들여 행복한 삶을 누리다가, 42세 때에 십이지장암으로 고생을 하였다. 그런데 엎친 데 덮친 격으로 농폐암에다 건성습성늑막염, 그리고 신경노이로제와 암수치질 등 5가지의 질병으로 5년 동안 중병으로 사경에 가까운 투병 중에 있었다. 그때 1952년 12월 10일경 이웃에 살던 원남성 초대교회장의 형수(최효진의 어머니)가 병문안을 와서 천리교를 믿을 것을 권유하면서 이 길을 알게 되었다. 당시 경남 마산시 구마산 역전 뒤에서 포교를 하던 당시 고성포교소장 이영수 씨를 찾아가 입신하였다. 고성포교소장 이영수 씨가 일본에서 귀국시 최재한(崔宰漢) 씨의 부탁으로 '한국에 돌아가거든 나의 조카가 역시 문둥병으로 고생하니 그를 구제하라'는 부탁을 받아 그를 구제하게 되었다. 그 최효진 씨의 어머니가 이번에는 김철암 씨를 이 길로 인도하게 된 것이었다. 즉 이때가 1953년 4월 28일이라고 한다.

그는 돈독한 신앙심으로 포교에 전념하여 중병의 신상을 9개월 만에 구제받고, 감사한 마음으로 신님께 은혜 보답코자 1955년 7월 26일 44세 때 천리교 통영(후에 충무)포교소를 통영(충무)시 항남동 52번지에서 단칸방 하나를 얻어 개설하여 포교를 시작했다. 이후 불과 3개월 만에 신자 30여 명을 이 길로 인도하여 신앙하게 하였다. 이 당시 일본에서 귀국하여 통영에서 포교를 하던 최재한(후에 원남성교회장이 됨) 씨가 통영에서 한 칸 집을 매입하여 포교 거점으로 하여 통영교회라는 명칭을 갖고 포교활동을 열심히 하고 있은 지 한 달 정도쯤 되고 있었다. 그런데 그해 10월 갑자기 만나자고 하여 만났더니 최회장이, 타지방으로 포교지를 옮기겠으니 이 교회를 맡아 열심히 하라는 것이었다. 그는 처음에는 사양했으나 그의 강제에 가까운 설득으로 인수받았다. 그리하여 1956년 10월 21일 충무시 북신동에 3칸짜리 집을 얻어 여기에서 통영(충무) 교회를 인수 형식으로 교회 승격을 하였다. 이때 이미 신도수가 80명이 넘었다고 한다.

그는 교회로 승격된 후 1년 뒤인 1959년 1월 18일 진해교의강습소 수양과 제16기를 수료하였다. 이해 4월 21일 그가 45세 때에 직할 신도수만 해도 300명이 넘었고 포교소가 6개소가 되었다. 그래서 교회가 비좁아 도저히 신자를 수용할 수 없어 넓은 집을 물색하던 중에, 항남동에 교회로 쓸만한 적당한 집을 매수하여 신전을 설계하고 수리하여 이전하였다. 그러나 자꾸만 늘어나는 신도수를 감당할 수 없어 현재 하고 있는 명정동 426의 4번지에 대지 306평을 매수하여 1966년 4월 21일 월차제를 마치자, 전신도들의 참가리에 공사 기공식을 거행하여 6개월이 걸리는 공기를 그해 10월 21일에 전신도들의 감격리에 낙성봉고제를 성대히 하였다. 이때의 건물 규모는 블록조 슬레트 지붕 평가건 일동 100평(신전), 블록조 슬레트 지붕 평가건 1동 40평(신자실), 철근조 슬레트 지붕 평가건 1동 20평(회장 사택)이었다. 그러나 세월이 가면서 자꾸만 신도수가 불어나 10년이 지나자 이 장소도 비좁아 인접 대지 290평을 매입 확장하고, 이어 1979년 5월 5일 구 신전을 헐고 신전 신축기공식을 집행하였다. 그리하여 1년 6개월 만인 1980년 10월 21일 신전 낙성봉고제를 성대히 하였다. 이의 규모는 신전 철골조 슬래브 3계건 연건평 220평, 2층 신전 건평 149평, 1층 강당 건평 53평, 지하 물치장 건평 20평에다 부속 건물 신자 숙사 철골조 슬래브 3계건, 1층 35평, 2층 35평, 3층 35평, 회장댁 철골조 슬래브 2계건, 1층 20평, 2층 20평이 되었다. 김철암 씨는 1973년 5월 26일 일본에 건너가 천리교교회본부에서 교회장 검정강습을 수료하였다. 그리하여 열심히 인간구제에 임하여 1977년 5월 20일까지 봉직을 하다가 그의 아들 김동연(金東淵)에게 2대 회장을 물려주었다. (이상은 2대 회장이 보내준 자료에 의함.)

*참고로 《야기(八木)대교회사》를 보면, 김철암 회장은 1982년 5월 22일 일본에 가서 교회장 자격검정 강습 및 교회장 임명 강습

을 이수하여 1982년 7월 26일 교회 설립의 리(理)를 배수받아 1982년 8월 17일 야기(八木)대교회장이 제주(祭主)가 되어 진좌제를 집행하였다. 그리하여 다음날 본부의 인허를 받아 회장 취임봉고제를 했다고 쓰고 있다.

김철암 씨는 1961년 4월에 진해 경남교구 운영위원장을 역임하였고 1965년 10월 대한천리교본부 중앙교의원에 피임된 바 있다.

그는 철암이라는 이름에서 보듯이 너무나 완고하여 불의나 부정을 참지 못하고, 또 한번 정한 일이나 주장을 좀처럼 굽히지 않으며 오직 신한줄기 인간구제 전도포교에 전념하였다. 특히 새벽 일찍 일어나 근행을 마치면 비가 오나 눈이 오나 하루도 빠짐없이 충무 시내를 돌아다니며 전도하며, 틈만 있으면 담배꽁초나 쓰레기를 줍는 등 조금도 쉬지 않고 청소와 봉사활동을 하였다. 그래서 통영에서 모를 사람이 없을 정도로 유명하게 되었다.

그는 전술한 바와 같이 충무시 명정동 4264에 거대한 충무교회를 신축하여 이전하여 1층에는 학생을 위한 도서관을 개설하였고 또 부속건물로 유치원을 만들어 지역주민을 위해 헌신하였다.

그는 천리교에서 신봉하는 예배의 상징으로 신각 속에 들어 있는 것이 일본 천황가의 상징인 야다노가가미(八咫鏡)가 들어 있었음을 후에 알고, 우리 나라 사람과 이 민족을 얕잡아보며 속이고 있음을 도저히 용납할 수 없는 처사라고 하면서, 스스로 신전에 안치되어 있던 목표물을 확인하여 철수하였다. 그리고 모든 교회나 포교소에서도 이를 수거하여 이 길의 가르침의 상징인 감로대를 설치하여 이 길의 이상인 감로대 세계건설이라는 것을 상징하는 감로대로 즉시 대체하였다. 그리고 교단 산하 모든 교회는 예배의 대상으로 감로대로 환치하자면서 교리복원편찬위원회 발기준비위원회를 발의하여 교단에서도 1985년 8월 5일 교리복원편찬위원회를 결성하였다. 그리고 1985년 11월 13일 교령 제4호로 교단 비상대책위원회를 발족할 때 그의 교회 후계자인 김동연(金東淵) 충무교회 2대 회장이 적극 참여하면서 위원장이 되어 교의 복원운동의 선봉에 서 있는 아들을 뒤에서 도우면서 과감하게 집행을 하였다. 그러나 일부 교직자들이 미온적인 태도와 비협조로 나와 더 이상 진전이 없자 그 직을 사직하였다.

그는 교단본부청사 신축 역사가 한창 진행되어 서울특별시 용산구 청파동 1가 121의 3 대지 위에 거단적으로 참여하여 건축을 할 때, 교단이 비좁으니 더 넓은 장소를 매입하자면서 여론을 역으로 돌리자 그도 역사(役事) 반대파의 고차원적인 모금방해운동의 하나인 교단본부 부지매입위원회에 속아 1987년 4월 18일에 위원장으로 추대되어 전국으로 대지 매입을 위해 돌아다니면서 헛수고를 했다. 지금 생각하면 '내가 철저히 그들에게 이용당했었다'고 후에 필자에게 고백한 바 있다.

그 후 그는 극단적인 교단 개혁을 주장하다 그의 뜻대로 안 되자 교단에 일체 참여치 않고, 말년에 그는 스스로 독자 노선으로 나갔다. 그리하여 일본 아즈마(東)대교회계를 이탈하여 독자노선을 걷고 있는 야지마히데오(八島英雄)의 교리와 교의 해석을 근간으로 서울 장위동에 양기진(陽氣盡)교회라 명명하여 교회를 설립하여 활동하다가, 뜻을 이루지 못하고 1997년 11월 24일 향년 86세를 일기로 출직하였다.

2대 회장 김동연 씨는 호적상 1941년 1월 2일(실제는 1940년 12월

5일생)생으로 초대 김철암 씨의 차남이다. 그는 1958년 2월 7일 보문중학교를 졸업하여 1960년 10월 18일 교의강습소를 수료하였으며 1971년 4월 23일 광주로 단독 포교를 나갔다. 여기에서 포교활동을 하다가 1977년 5월 21일에 충무교회 2대 회장에 취임하여 교단에 적극적인 참여를 했으나, 교단이 개혁과 토착화 등에 적극적이 아니라 하여 근간에 교단에 발길을 끊고 독자 활동을 하고 있다.

⑪보원(寶元)교회 김만수(金萬守) 회장과 이옥선(李玉先) 여사

부산교회 초대회장을 도와 천경수양원 시대부터 참여한 보원교회 이옥선 여사와 부군인 초대 회장 김만수 씨는 합심하여 신앙을 하였다. 신앙면에서 볼 때 부인 이옥선 여사가 남편 김만수 씨보다 먼저 이 길에 입신하였다. 이 여사는 경북 영일군 송라면 중리 출신으로 왜정시대에 조선교의강습소 수양과에 입소하여 1939년 10월에 40기로 6개월 과정을 수료하였다. 그는 상급인 부산교회 초대회장 김점이(金点伊) 여사의 1기 후배가 되는 셈이다. 남편 김만수 씨는 관향이 김해 김씨로 본적과 출생이 경북 포항시 우현동 129번지로 고향에서 포항초등학교를 졸업했다. 그리고 돈을 벌기 위해 청운의 꿈을 갖고 일본으로 건너가 시모노세끼(下關)에서 노동을 하며 살아갔다. 거기에서 부인 이옥선 여사를 알게 되어 고향에 돌아와 결혼을 하고 다시 일본으로 건너갔다. 그런데 부인인 이옥선 여사가 신상(연주 나력)으로 고생하게 되면서 이 길에 입신하게 되었다. 그때가 1936년 3월경으로 일본 시모노세끼에 있는 나까스(中津)계통의 유우깐분교회에 입신하였다. 그런데 그가 한

국 사람이라는 이유로 한국인 김점이 여사가 세운 관선(關鮮)포교소로 옮겨 신앙을 하게 되었다. 그녀는 열심히 신앙하여 질병의 수호를 많이 받았다.

그 후 일본이 패전하자 그들은 고국 부산으로 귀국하였다. 그리하여 얼마 동안 신앙을 중단하고 있다가 새 정부가 들어서고 천경수양원이 발족하고 대한천리교연합회가 결성되면서, 김점이 선생이 세운 부산교회에 나가 다시 신앙을 하기 시작했다. 부군인 김만수 씨는 해방 후 1955년 6월 8일에 부산에서 실시하는 순회강습에 입소하여 10월 7일에 제2기 순회강습을 수료하여 본격적으로 포교를 시작하였다.

1952년 2월 20일에 부인 이옥선 여사와 함께 부산시 서구 동대신동(東大新洞) 2가 375번지에 보원포교소를 개설하였다. 김만수 씨도 강습소를 수료하자 합류하여 열심히 포교하여 1960년 10월 20일에 보원교회로 승격하면서 교회장이 되었다. 특히 보원교회 이옥선 여사는 천경수양원 시대부터 부산교회장 김점이 여사를 도와 복지자금과 활동자금을 지원하는 등 활동을 많이 하였다.

지금은 그의 아들인 김종철(金鐘喆) 씨가 2대를 맡아 활동을 하고 있다. 그는 1939년 1월 9일생으로 1968년 5월 8일 부산교회 순회강습 50기를 수료하고 단독 포교를 경주 방면으로 나가, 1976년 2월 9일에 경림(慶林)포교소를 개설하여 약 10여 년간 포교활동을 하다가 일본에 건너가 천리교교회본부에서 교회장 검정강습을 받고 1986년 3월 17일 수료하였다. 그리고 초대회장 출직으로 경림포교소는 역원에게 인계하고 보원교회를 맡아 잠시 대무자로 근무하다가 1992년 11월 7일에 2대 회장을 계승하였다. 현재 산하에 교회가 1개소, 포교소가 7개소가 된다. 그리고 현재는 천리교 한국교단에 소속하고 있다.

⑫영융교회(永隆教會) 2대 회장 김보금(金寶金) 여사

광복 후 처음 교단 창설기부터 활약한 김보금 여사는 1905년 4월 3일생으로 원적과 태어난 곳은 함경남도 단천군(端川郡) 이중면(利中面) 후산리(厚山里) 760번지이며, 지금 본적은 경상남도 사천군 곤양면(昆陽面) 성내리 14번지라고 되어 있다. 교단사(教團史) 《식민지 시대의 신도천리교》에서 영융교회 초대 김영준(金榮俊) 회장과 함께 이미 입신과 포교 과정을 기술한 바 있어 그 부분은 생략한다.

영융교회는 식민지시대에 진주군 진주읍 본정(本町) 536번지에서 부(夫) 김영준(金榮俊) 명의로 1937년 12월 15일 영융선교소의 명칭을 받았다. 이때 이미 교회제도가 개정되어 해외교회는 선교소를 폐지하고 교회로 호칭하게 되어 이때부터 영융교회라 부르게 되었다.

일본의 패망으로 이 나라가 독립이 되자, 한때 사회가 혼란해지면서 일본에 대한 적개심과 일본 종교에 대한 증오심을 가진 자들이 교회에 나타나 난동을 부리고, 특히 교회장 부부에 대한 앙심을 갖고 흉기를 들고 미행할 정도였으니, 부군 김영준 회장은 이러한 상황에 처해지게 되자 자포자기가 되어 이 길의 신앙을 버리고 다시 옛날로 돌아가 악인연에 헤매게 되었다.

김보금 여사도 부 김영준 씨의 탈선과 해방 후의 혼란으로 위해

(危害)를 느끼면서 더 이상 견딜 수가 없어, 예배의 대상인 매도(目標)를 내리고 교회를 버리고 남편과 헤어져 마산과 부산으로 전전했다. 그리하여 나라가 어느 정도 안정되자 1955년경에 김보금 여사는 혼자 진주시 평안동(平安洞) 18번지에 천리교 영융교회를 다시 열고 포교를 시작했다. 그리하여 천경수양원이 발족되고 대한천리교교단이 창립되자 적극 참여하여 전도 포교 활성화에 많은 자금을 지원하는 등 공헌을 하였다. 한편 초대회장인 김영준 씨가 1965년 4월 10일에 출직하였다.

김보금 여사는 일본에 건너가 1967년 11월 30일자 영융교회 2대 회장의 명칭을 받고 취임하여 1968년 1월 14일에 취임 봉고제를 하였다. 그리고 진주군 진주읍 본정(本町) 536번지에서 진주시 평안동(平安洞) 8번지로 정식으로 이전 윤허를 받아 1월 13일에 이전 봉고를 하였다. 산하에 영신교회(永信教會, 張永順)와 영명교회(永明教會, 張又順), 영대교회, 대영교회, 영보교회, 의령교회, 성림교회, 신진교회, 영진교회, 자산교회 등 15개소와 포교소 12개소가 기록되고 있으나, 방계까지 합하면 실제는 현재 43개소가 넘고 있다고 전한다. 특히 산하인 영신교회 장영순 회장과 영명교회 장우순 회장은 자매간으로 교단 창설 초기에 교단에 적극 참여하였다.

이후 천영수(千永守, 1950년 10월 27일생) 씨가 3대 회장으로 취임하였다. 2대 회장 김보금 여사에게는 아들이 없었다. 그리하여 후계자를 얻고자 본적을 사천군 곤양면 성내리 14번지이며, 당시 진주시 옥봉동에서 살며 제법 부유한 천윤금(千允金) 씨의 재취로 1950년초에 들어갔다. 그리하여 외아들인 천영수 씨를 맡아 키우며 후계자로 삼았던 것이다.

천영수 씨는 1968년 그가 18세로서 삼천포고등학교 재학시 서울 신당동에 있는 교의강습소 제2수강원에서 수양과 53기를 수료하고 포교사가 되었다. 그리하여 고등학교를 졸업하였다. 그가 21세 때 영융교회에서 직영하던 진주시 옥봉동 236번지에 소재한 정신요양원(대지 190평, 건평 100평, 수용 인원 50명 정도) 부원장이 되어 용재로서 본격적인 활동을 하였다. 그는 진주시 상봉동에 사는 최수연(崔守連) 여사와 결혼하여 현재 세 아들과 딸을 두고 있다. 그녀도 서울 제2강습소 142기를 수료하여 교회 살림을 맡아 내조를 하고 있다. 그 후 1978년에 대한천리교 교화부 포교과장으로 3개월 정도 근무하면서 대한천리교중앙청년회 조직에 일조를 하기도 했다. 이후 1980년 8월 15일 교회장 검정강습회를 수료하고 8월 19일에 교회장 자격검정시험에 합격하여 1984년에 9월 26일에 영융교회 3대 회장으로 취임하여 활동 중이지만 교단에 적극적인 참여는 하지 않고 있다.

⑬대전교회를 설립한 어우봉(魚又峰) 씨와 이음전(李音田) 회장

어우봉(일명 어득수)은 초기 천경수양원과 대한천리교연합회부터 교단 창립에 관여한 사람으로 그에 대한 공과는 많이 있다. 그는 본적이 서울시 종로구 인사동 54번지에서 부 함종(咸從) 어(魚)씨 재창(在昌) 옹과 어머니 밀양 박씨인 박희(朴熙) 여사와의 사이에서 1916년 4월 27일에 장남으로 태어났다. 1990년 2월 15일에 제출한 이력서에는 1934년 3월에 서울시 수하동 상업전수학교를 졸업하고 신상이 있어 1936년 4월에 이 길에 입신(해운교회)하여 일본

천리교교회본부 교의 전수과를 1937년 4월에 수료하였다.

그리고 1940년 4월 경성 조선교의강습소에 입소하여 그해 10월에 수료하였다. 이후 1951년 3월에 충남 대전시 대흥동 35번지에 대한천리교 대전교회를 창립하였다. 그러나 그 교회는 부인 이음전 여사에게 넘겨주고, 다시 서울에 올라와 1970년 5월에 서울시 성북구 성북동 177-1에 대한천리교 서흥(瑞興)교회를 설립하여 교회장에 취임하였다. 1973년 12월 3일 최고협의회가 창설되자 서울 제1교구장에 취임하여 활동을 했다. 그리고 서울 제1수강원 부원장으로 취임했다. 이후 그는 1980년 4월 18일에 재단법인 대한천리교단 재단 상무이사에 취임하였고, 1988년 2월 1일에는 대한천리교 교의강습소 소장에 취임하였다. 그해 6월 18일에 재단법인 대한천리교단 이사에 재취임한 것으로 되어 있다. 사실 그는 대한천리교 서울교구장과 교무원장은 물론 재단 상무이사 등의 주요 요직을 두루 지냈을 뿐 아니라, 김기수 씨를 따라 교단을 이탈한 대한천리교연합회의 창설에도 깊이 관여했다. 말년에 김기수(金杞洙) 씨가 교통이 되면서 그를 도와 대한천리교본부 청사 건축을 할 때 주동이 되어 청사 신축을 완수하기도 했다. 그는 1999년 5월에 출직하고, 그의 후처인 황수련(黃水蓮) 여사가 서흥교회 2대 회장직을 계승하고 있다. 한편 대전교회는 장남인 어태공(魚泰功) 씨가 3대를 맡아 계승하고 있다. 현재 두 교회 모두가 교단에 참여 않고 있다.

⑭웅천(熊川)교회와 초대회장 오경환(吳敬煥) 씨

오경환 씨의 고향은 경남 창원군 웅동면(현 진해시 서중동) 142의 17번지로 1912년 2월 3일생이다. 그는 교향에서 당시 웅동(熊東)국민(초등)학교를 졸업하여 교장의 주선으로 일본으로 건너갔다. 그리하여 일본에서 양복 기술학원 원장집에서 기거하면서 양복 기술을 배워 훌륭한 기술자가 되었다. 그러나 얼마 못 가 갑자기 다리가 아파지더니 하반신에 마비가 왔다. 이 신상으로 이 길에 입신하게 되었다고 그의 아들이며 2대 회장인 오대성 씨가 전했다.

당시 그를 인도한 선생은 헤이신(兵神)계의 시끼도(飾東)분교회의 포교사였다. 그의 사도시(開喩)를 들을 때 '너는 집을 나섰을 때 부모에게, 나는 돈을 많이 벌기 전에는 절대로 집에 연락도 하지 않을 뿐 아니라 또 돌아오지도 않겠다고 한 일이 있었는데, 너가 그러한 독한 마음을 쓰며 부모와 인연을 끊고 살았기 때문에 그러한 질병이 온 것이니, 지금이라도 참회하여 부모에게 사과하고 또 자주 편지를 쓰며 수시로 안부를 전하고 돈도 보내드리라' 고 하기에 크게 깨닫고 그 일을 실천하였더니 얼마 후 씻은 듯이 다리가 나았다고 했다. 그리하여 그는 일본 천리교교회본부 별과 55기를 수료하였다. 거기서 훌륭한 선생을 만나 교의를 잘 배워 포교사가 되었다.

그는 귀국하여 부산시 광복동(현 로얄호텔 자리)에 자리를 잡고 1940년 1월 28일에 웅천포교소를 설립하여 열심히 포교하다가 해방을 맞아 고향인 경남 진해시 서중동 142의 17로 옮겨 교회를 개설하였다. 그리고 1957년 3월에 진해 교의강습소가 설립되면서 교의 강사로 이름을 떨쳤다. 그는 6기부터 34기까지 강사를 하였는데, 교정에는 일체 관여치 않고 오직 용재교육에만 일생을 바쳤다. 특히 십전(十全)의 원리 강의는 너무나 유명하여 사도시 박사라는 별명을 들을 정도로 잘 맞추었다고 한다.

그 후 그의 장남 오대성(吳大成, 1950년 7월 2일생)이 2대 회장이 되는데, 그는 1969년 2월 28일 경남공업고등학교를 졸업하였다. 1982년 4월 8일 수양과 105기를 수료하여 1982년 5월 12일에 웅천교회장이 되었고, 그 후 교회 가까이에 있는 웅천극장을 매입하여 개수하여 훌륭한 교회를 만들어 이전하여 열심히 활동하고 있다. 그도 현재 천리교 한국교단에 소속돼 있다.

그 외에 교단 창립 초기에 이상하(李相夏) 씨와 최병학(崔炳學) 씨, 그리고 김태홍(金兌洪) 씨, 박용래(朴容來) 씨, 추말순(秋末順) 씨, 김정호(金正浩) 씨 등 천경수양원 시대부터 활약한 사람들이 많이 있었다.

당시 여러 교회와 교직자들의 명단은 다음과 같다.

(1955년 본원에서 이탈하여 활동한 1960년말의 통계이나, 이 명단은 본원 참여교회 명단과 같으며, 양측에 적을 두고 있어 서로가 자기 파 소속이라고 하고 작성한 교회 명단임을 참고하시기 바람.)

| 교 회 명 | 대 표 자 | 소 재 지 |
|---|---|---|
| 혜원(惠圓)교회 | 김기수(金杞洙) | 서울시 성동구 홍인동 198의 10 |
| 순경(順京)교회 | 정용우(鄭龍雨) | 서울시 마포구 공덕동 49의 2호 |
| 영등포(永登浦)포교소 | 김여옥(金麗玉) | 서울시 영등포구 대방동 90 |
| 공덕(孔德)포교소 | 구묘순(具妙順) | 서울시 마포구 공덕동 79 |
| 명륜(明倫)포교소 | 임광희(任光熙) | 서울시 영등포구 구로동 90 |
| 금화(金花)포교소 | 권홍성(權興成) | 서울시 영등포구 신길동 700 |
| 왕십리포교소 | 이갑순(李甲順) | 서울시 성동구 하왕십리 975의 3 |
| 동선(東善)포교소 | 반정숙(潘貞淑) | 서울시 종로구 동숭동 10의 1 |
| 조남(朝南)교회 | 강준경(姜俊卿) | 서울시 서대문구 현저동 177의 89 |
| 백진(白秦)교회 | 진성녀(秦姓女) | 서울시 성북구 돈암동 |
| 서울교회 | 최붕진(崔鵬鎭) | 서울시 성동구 신당동 341의 66 |
| 순암(順岩)포교소 | 김순암(金順岩) | 서울시 영등포구 구로동 |
| 순노(順盧)포교소 | 노익도(盧益道) | 서울시 마포구 공덕동 134의 17 |
| 순희(順熙)포교소 | 김희순(金熙順) | 서울시 마포구 공덕동 342의 9 |
| 수원(水原)포교소 | 장우순(張又順) | 서울시 동대문구 청량리동 산33 |
| 순권(順權)포교소 | 권병수(權炳洙) | 서울시 마포구 대로동 |
| 순동(順東)포교소 | 이영자(李永子) | 서울시 영등포구 대방동 |
| 순태(順泰)포교소 | 윤태희(尹泰熙) | 서울시 경기도 화성군 반월면 평사리 |
| 도림(道林)교회 | 노재훈(盧載勳) | 서울시 영등포구 도림동 |
| 순구(順具)포교소 | 신차순(申且順) | 서울시 서대문구 아현동 |
| 웅원(雄元)교회 | 조정숙(曺貞淑) | 서울시 종로구 원남동 |
| 흑석(黑石)포교소 | 박밀양(朴密陽) | 서울시 영등포구 흑석동 79의 2 |
| 해운(海雲)교회 | 최병학(崔炳學) | 서울시 동대문구 창신동 519 |
| 마포(麻浦)교회 | 어득수(魚得水) | 서울시 마포구 버스종점 |
| 백초(白草)포교소 | 김태홍(金泰興) | 경기도 시흥군 남면 부곡리 |
| 이천(利川)교회 | 김미경(金美京) | 경기도 이천군 이천읍 82의 5 |
| 순병(順柄)포교소 | 유병철(柳炳喆) | 경기도 시흥군 모세 |
| 인천(仁川)교회 | 이운봉(李雲鳳) | 인천시 숭의동 425 |
| 인천(仁川)포교소 | 반상열(潘相烈) | 인천시 송림동 99 |

| 교 회 명 | 대 표 자 | 소 재 지 |
|---|---|---|
| 대전(大田)교회 | 이음전(李音全) | 대전시 대흥동 3구 13 |
| 중앙(中央)포교소 | 이상하(李相夏) | 대전시 은행동 10 |
| 경대(慶大)교회 | 하용득(河龍得) | 대구시 삼덕동 184 |
| 경심(慶心)교회 | 김진조(金振祚) | 대구시 남산동 292 |
| 대구(大邱)교회 | 김태봉(金太峰) | 대구시 봉산동 1구 13 |
| 영남(嶺南)교회 | 김봉의(金鳳儀) | 대구시 삼덕동 477 |
| 수성(壽城)교회 | 이만호(李萬鎬) | 대구시 남산동 3 |
| 성서(城西)교회 | 김태홍(金兌洪) | 대구시 이곡동 2구 734 |
| 명심(明心)포교소 | 박노원(朴老元) | 대구시 포정동 |
| 대안(大安)교회 | 안봉수(安鳳洙) | 대구시 대신동 |
| 대봉(大峰)교회 | 김우련(金又連) | 대구시 남산동 |
| 명성(明星)포교소 | 박경천(朴敬天) | 대구시 상서동 42 |
| 포항(浦項)교회 | 김정호(金正浩) | 경북 포항시 비원동 162의 1 |
| 안강(安康)포교소 | 박대현(朴大鉉) | 경북 월성군 안강읍 안강 2리 |
| 영천(永川)포교소 | 박복순(朴福順) | 경북 영천군 영천읍 |
| 경산(慶山)교회 | 김덕춘(金德春) | 경북 경산군 경산읍 |
| 남성(南星)교회 | 최우조(崔又祚) | 부산시 영도구 청학동 6의 7 |
| 영도(影島)포교소 | 최기효(崔基孝) | 부산시 영선동(瀛仙洞) 1이 93 |
| 부전(釜田)포교소 | 박미자(朴美子) | 부산시 부전동 2동회 산의 1 |
| 신성(新星)포교소 | 이성권(李成權) | 부산시 중구 대창동 2가 38 |
| 수성(水星)포교소 | 정문수(鄭文秀) | 부산시 동구 수정동 1이 109 |
| 남일(南一)교회 | 정미자(鄭美子) | 부산시 동구 범천1동 2동회 2통 7반 |
| 한일(韓一)포교소 | 김달겸(金達謙) | 부산진구 범천동 1동회 127 |
| 적기(赤崎)포교소 | 김복술(金卜述) | 부산진구 우암동 산의 17 3통 7반 |
| 서면(西面)교회 | 강대분(姜大粉) | 부산진구 전포동 2동회 2통 4반 |
| 선성(先星)포교소 | 허영(許泳) | 부산진구 부전2동회 33 |
| 동래(東萊)포교소 | 정복근(鄭福根) | 부산시 동래구 명륜동 57 |
| 온천(溫泉)포교소 | 배기종(裵基鐘) | 부산시 동래구 온천동 1동 후생주택 40 |
| 동성(東星)포교소 | 차덕순(車德順) | 부산시 동래구 복산동 187 |

| 교 회 명 | 대 표 자 | 소 재 지 |
|---|---|---|
| 부산(釜山)교회 | 김점이(金占伊) | 부산시 중구 보수동 1의 52 |
| 수양소 | 하영현(河永鉉) | 부산시 서구 괴정동 1동회 |
| 용운(龍雲)포교소 | 한소방(韓小房) | 부산시 서구 초장동 3의 18 |
| 도성(道成)교회 | 김종석(金鐘錫) | 부산진구 문현동 2동회 60 |
| 덕성(德成)포교소 | 김분여(金分女) | 부산시 서구 동대신동 2가 98 |
| 진성(眞成)포교소 | 김유호(金有鎬) | 부산시 서구 동대신동 2가 98 |
| 명홍(明弘)포교소 | 조막순(趙莫順) | 부산시 서구 토성동 3이 3 |
| 보원(寶元)교회 | 김만수(金萬守) | 부산시 서구 동대신동 2가 375 |
| 도홍(道弘)포교소 | 이덕종(李德宗) | 부산시 서구 동대신동 1이 145 |
| 전포(田浦)포교소 | 정을녀(鄭乙女) | 부산진구 전포2동회 6반 |
| 중앙(中央)교회 | 김필순(金畢順) | 부산진구 범5동회 9통 3반 |
| 부산진(釜山鎭)교회 | 김화남(金和男) | 부산진구 당감동 29 |
| 당감(當甘)포교소 | 이옥순(李玉順) | 부산진구 당감동 61방 |
| 연지(蓮池)포교소 | 김덕순(金德順) | 부산진구 연지동 67 |
| 양정(陽亭)포교소 | 최순규(崔順圭) | 부산진구 양정동 290 |
| 거제(巨堤)포교소 | 박복용(朴福龍) | 부산진구 거제동 308 |
| 초량(草梁)교회 | 배점수(裵点守) | 부산시 동구 초량동 678 |
| 범천(凡川)포교소 | 한태한(韓泰漢) | 부산진구 범천동 3동회 53 |
| 순련(順連)포교소 | 김백련(金百連) | 부산시 동구 좌천동 3동 3 |
| 좌천(佐川)포교소 | 김복자(金福子) | 부산시 동구 범2동회 3통 2반 |
| 순남(順南)포교소 | 김용완(金龍完) | 부산시 서구 괴정동 48 |
| 수영(水營)포교소 | 김학수(金學洙) | 부산진구 수영동 |
| 미선(美鮮)교회 | 김도홍(金道洪) | 경남 마산시 오동동 1구 154 |
| 순선(順鮮)교회 | 김태주(金泰柱) | 경남 두월동 3이 4의 7 |
| 경선(慶鮮)교회 | 추말순(秋末順) | 경남 반월동 7 |
| 마산(馬山)교회 | 김상홍(金相洪) | 경남 산호동 248 |
| 영신(永信)교회 | 장영순(張永順) | 경남 남성동 108 |
| 자산(慈山)교회 | 김상달(金相達) | 경남 마산시 자산동 591 |
| 만성(萬成)포교소 | 박정순(朴貞淳) | 경남 마산시 중성동 109 |

| 교 회 명 | 대 표 자 | 소 재 지 |
|---|---|---|
| 이강(利康)포교소 | 이강수(李康秀) | 경남 마산시 동성동 94 |
| 남선(南鮮)포교소 | 최학수(崔學洙) | 경남 마산시 중앙동 44 |
| 덕선(德鮮)포교소 | 박분옥(朴粉玉) | 경남 마산시 상남동 214 |
| 구봉(龜奉)포교소 | 박말수(朴末守) | 경남 마산시 교방동 |
| 속선(速鮮)포교소 | 이의호(李義鎬) | 경남 마산시 회원동 |
| 상남(上南)포교소 | 방성조(方成祚) | 경남 마산시 상남동 294 |
| 진해(鎭海)교회 | 김순염(金順廉) | 경남 진해시 여좌동 518 |
| 동광(東光)교회 | 배태봉(裵太峰) | 경남 진해시 화천동 27의 1 |
| 경화(慶和)교회 | 윤우만(尹佑萬) | 경남 진해시 경화동 3구 62 |
| 속천(速川)포교소 | 김일도(金一道) | 경남 진해시 속천 |
| 덕산(德山)포교소 | 조금순(趙今順) | 경남 진해시 덕산동 |
| 고성(固城)교회 | 이영수(李英秀) | 경남 고성군 고성읍 서외동 145 |
| 배둔(背屯)교회 | 이응도(李應道) | 경남 회화면 배둔리 |
| 당동(塘洞)포교소 | 조용도(趙鏞度) | 경남 거류면 당동 |
| 충무(忠武)교회 | 김철암(金鐵岩) | 경남 충무시 항남동 55 |
| 도천(道泉)포교소 | 최순주(崔順珠) | 경남 충무시 도천동 해저로 입구 |
| 도산(道山)포교소 | 이복순(李福順) | 경남 통영군 도산면 원산리 |
| 남해(南海)교회 | 허옥영(許玉榮) | 경남 남해군 남해읍 남산동 |
| 이동(二東)포교소 | 김태봉(金台峰) | 경남 남해군 이동면 무림리 |
| 삼화(三和)포교소 | 이길자(李吉子) | 경남 남해군 삼동면 동천 |
| 순해(順海)포교소 | 박사현(朴社鉉) | 경남 남해군 이동면 |
| 사천(泗川)교회 | 박영보(朴映補) | 경남 사천군 사천읍 정의동 1구 |
| 용선(龍善)포교소 | 김윤조(金潤祚) | 경남 사천군 용견면 송지리 |
| 동선(東善)포교소 | 김순원(金順元) | 경남 사천군 곤양면 성대리 |
| 하동(河東)교회 | 김치일(金致逸) | 경남 하동군 하동읍 부용동 7의 2 |
| 악양(岳陽)포교소 | 양정화(梁廷和) | 경남 하동군 악양면 본동 |
| 합천(陜川)교회 | 조장입(趙章立) | 경남 합천군 합천읍 교동 |
| 반성(班城)교회 | 차삼도(車三道) | 경남 진양군 일반성면 창촌 |
| 명성(明星)교회 | 황수석(黃守錫) | 삼천포시 동금동 팔포 |

| 교 회 명 | 대 표 자 | 소 재 지 |
|---|---|---|
| 삼성(三星)포교소 | 이점수(李占水) | 경남 합천군 삼가면 일부리 |
| 대변(大弁)포교소 | 김일만(金一萬) | 경남 합천군 대변면 창리 |
| 문산(汶山)교회 | 최삼석(崔三碩) | 경남 진양군 문산면 삼곡리 |
| 三千浦포교소 | 이성열(李聖烈) | 삼천포시 서동 242의 4 |
| 방어진(方魚津)교회 | 황소연(黃昭連) | 경남 울산군 방어진읍 중진리 |
| 울산(蔚山)포교소 | 변화자(卞花子) | 경남 울산군 울산읍 옥교동 75 |
| 언양(彦陽)포교소 | 김문용(金文用) | 경남 울산군 언양면 어엄상리 |
| 낙처(落處)포교소 | 신태욱(申泰郁) | 경남 양산군 물금면 낙처리 |
| 영융(永隆)교회 | 김보금(金寶金) | 경남 진주시 평안동 8 |
| 진주(晉州)포교소 | 서주홍(徐周洪) | 경남 진주시 칠암동 118 |
| 군북(郡北)포교소 | 박두리(朴斗里) | 경남 함안군 군북면 소포리 |
| 순창(順昌)포교소 | 권임선(權林善) | 경남 거창군 거창읍 하동 |
| 거창(居昌)포교소 | 백우일(白又一) | 경남 거창군 거창읍 상동 |
| 금성(金城)교회 | 조문봉(曺文鳳) | 경남 김해군 김해읍 사원동 782 |
| 구포(龜浦)교회 | 이순목(李順睦) | 경남 동래군 구포읍 구포리 |
| 진영(進永)교회 | 박성규(朴性奎) | 경남 김해군 진영읍 여래리 |
| 한림(翰林)포교소 | 김인백(金仁伯) | 경남 김해군 이북면 장방리 |
| 불암(佛岩)포교소 | 문경의(文敬儀) | 경남 김해군 김해읍 불암동 1구 353 |
| 영산(靈山)교회 | 김종외(金鐘外) | 경남 창영군 영산읍 동리 128 |
| 남지(南旨)교회 | 감수련(甘守連) | 경남 창영군 남지면 본동 |
| 창원(昌原)교회 | 김명개(金命介) | 경남 창원군 창원읍 북동 |
| 수산(守山)교회 | 유상수(兪相守) | 경남 밀양군 하남면 수산리 |
| 칠원(漆原)교회 | 방권화(方權花) | 경남 함안군 칠원면 덕산리 |
| 함안(咸安)포교소 | 이순지(李順芝) | 경남 함안군 가야면 미산리 |
| 창영(昌寧)포교소 | 김상식(金相植) | 경남 창영군 창영읍 |
| 명동(明洞)포교소 | 이인갑(李仁甲) | 경남 창원군 웅천면 소동리 |
| 밀양(密陽)교회 | 김용욱(金容旭) | 경남 밀양군 밀양읍 |

| 교 회 명 | 대 표 자 | 소 재 지 |
|---|---|---|
| 장승포포교소 | 정경태(鄭敬台) | 경남 거제군 장승포읍 장승포리 |
| 옥포(玉浦)포교소 | 김육용(金六用) | 경남 거제군 장승포읍 옥포리 |
| 거제(巨濟)포교소 | 박순태(朴順泰) | 경남 거제군 거제읍 |
| 사상(沙上)포교소 | 박순자(朴順子) | 경남 동래군 사상면 사상 |
| 연동(連洞)포교소 | 김차수(金次洙) | 경남 고성군 대하면 연동 |
| 의령(宜寧)포교소 | 조우수(趙又守) | 경남 의령군 의령읍 동동 |
| 모산(謀山)포교소 | 남강수(南康秀) | 경남 창령군 대산면 모산리 |
| 금선(金鮮)포교소 | 김일도(金一道) | 경북 포항시 죽도동 295 |
| 경주(慶州)포교소 | 최인선(崔仁善) | 경북 경주시 교천동 |
| 여수(麗水)교회 | 김득수(金得水) | 전남 여수시 군자동 107 |
| 제주(濟州)교회 | 윤순자(尹順子) | 제주도 제주시 남수각 |
| 제일(濟一)교회 | 현규팔(玄圭八) | 제주도 제주시 서귀포읍 서귀포 |
| 삼양(三洋)교회 | 고경천(高京天) | 제주시 삼양2동 1608번지<br>(본 명단과 통계에서 누락됨) |
| 탐라(耽羅)교회 | 양정남(梁正男) | 제주시 남수각 1333번지(상동) |

*이상은 1960년 12월말에 나타난 명단과 교세 현황이다.
총 교회수 158개소(교회수 66개소, 포교소수 92개소)
지구별로는 서울 23개소, 경기 6개소, 충남 2개소, 전남 1개소, 경북 15개소, 경남 111개소, 총신도수 36,616명(남자수 15,542명, 여자수 21,074명)

# 제2장 대한천리교의 창립 목적과 그 진로에 대한 혼란

## 1. 대한천리교의 이합집산과 그 역정

### 가. 창립 목적의 퇴색으로 인한 파행(跛行)의 역정

한마디로 교단 창립 목적이 점점 퇴색되면서 교정은 파행의 여정이 되었다.

김진조(金振祚) 씨는 자주적이며 자립하는 독자적 교단을 만들기 위해 혼신을 다했다. 하지만 원로 신앙인들의 불협화음과 교의 정립과 교육제도의 미숙, 제도와 조직의 개혁이 전혀 이루어지지 않았다. 오래 된 신자들은 대부분 과거의 향수에 젖어 지난날의 신앙의 관습에 따라 그 연줄을 찾게 되면서 일본과 다시 연계하려 했다. 또 지난날 신도천리교 시대의 응법(應法)의 소산이라 할 수 있는 잘못된 교의(教義)와 제도 그리고 조직을 유일 불변한 것으로 생각했다. 이렇게 되자 자주교단을 지향하는 교정을 펴는 데 쉽게 순응치 않고 반대만 했다. 그런데 이를 뒷받침하는 교의 정립이 되어 있지 않았고, 여기에 전문적인 종교학을 공부한 자도 없어 기존의 제도와 조직을 과감하게 개혁하지 못했다.

이를 뒤에서 조종하고 있던 일본 천리교교회본부 해외포교전도부에서는 필사적으로 이들을 끌어들이려고 온갖 수단을 다 동원하였다. 그리고 이 나라 천리교인이 대한천리교단을 만들어 독립하여 독자 노선으로 가는 것을 적극적으로 방해했다.

그들과 추종자들은 일본 천리교교회본부를 떠난 천리교는 존재할 수 없다고 생각하는 자들이 그때까지도 많았다. 일본 천리교교회본부와 상급교회를 이어 신앙을 해야만 리(理)가 서고 수호(守護, 도움)가 난다고 감화와 교화를 하고 다녔다. 그리고 '마치 천지못에서 물줄기가 사방으로 퍼져 강을 이루고 그 강이 가지를 만들어 내를 이루어 내려오듯 이어져야만 한다. 마치 그 물이 아래로 흘러 내려옴으로써 우리가 그 물을 마실 수 있고, 또 그 물이 올바른 제맛이 난다. 그렇지 않고 강이나 냇물이 끊어지면 우리는 마실 수가 없다'고 틈만 있으면 비유를 해가며 세뇌를 하고 다녔다. 그럴듯한 비유였다.

그러나 한번 생각해 보자. 중간에서, 즉 줄기가 되는 강물이나 시냇물이 마르거나 오염되었다면 어떻게 되겠는가. 그럴 때 백두산 천지못이나 금강산 꼭대기에 가서 바로 생수를 떠오거나, 상수시설을 새로이 하여 끌어들여 마실 수도 있다. 또 그 근처나 산 어느 곳에서 바로 우물을 파거나 지하로 흐르는 물을 떠오면 물이 아니라는 말인가. 반드시 강줄기로 흘러내려와 마셔야 한다는 것인가? 그렇지 않는 물은 물이 아니고 잘못된 물이라고 신님이 노하거나 독이 된다는 말인가. 이렇게 어처구니없는 교설과 허구로 많은 신자를 우롱하였고 지금도 그러한 괘변을 하고 있다. 이것은 제도일 뿐 올바른 리(理)가 아니다.

그리고 그들은 교의와 교리를 아전인수격으로 해석했다. 즉 범세계성을 띤 광의적인 해석을 지양하고 자기들 멋대로 유포하고 다녔다.

특히 이 나라의 순진한 신자들을 올바른 가르침으로 인도하지 않고, 신의 섭리가 아닌 그들 멋대로의 리를 앞세워 이 길의 가르침을 오도하면서 그들의 제도와 조직 속에 넣으려 했다.

결국 해방 전 신도천리교의 제도와 조직을 하나도 개선하지 않고 그대로 유지하고 있던 천리교교회본부에서는, 이 나라 천리교를 그들의 예속되는 종속교단으로 만들려 했던 것이다. 그러나 소위 자주교단파에서는 지도급 원로 교직자를 찾아다니며 '이 나라 천리교는 범세계적 종교를 지향하는 종단이 되어야 한다'고 주장했다. 하지만 선배들의 길들여지고 고착된 사고방식은 쉽게 받아들여지지 않았다.

결국 분열이 있을 때마다 매번 대화를 통한 이해로써 설득하여 재결합을 시도하였다. 하지만 그것은 일시 봉합되는 미봉책에 불과할 뿐 진정한 통합은 이루지 못했다. 결국 서로의 생각을 잠시 숨기고 있었을 뿐 진정한 통합은 아니었던 것이다.

그것은 일본 천리교 해외포교전도부의 고도의 전략이랄까, 불리하면 일보 후퇴 이보 전진을 위한 통합이었음을 후에야 알게 되었다. 틈만 있으면 그들은 교권(教權)을 장악하여 종속교단으로 변질시키려 했다.

바로 이것이 훗날 자주교단을 무력화시키기 위해 대한천리교단을 한국전도청의 보조기관 내지 천도청의 가면단체인 최고협의회 중앙사무국이라는 형태로 만들어 그들 마음대로 조종하였고 또 교단의 교헌까지 자기들 멋대로 변경하려 했던 것이다.

다시 말해서 교단이 자주교단으로 기울어지거나 그들의 뜻대로 안 될 때는 조건을 걸고 다시 이탈하는 등의 행동을 몇 번이나 반복하였다. 그 후 자주교단이 쉽게 무너지지 않음을 감지한 그들은 결국 이 나라 종속파를 사주하여 또 하나의 한국교단을 만들어 내어 지배하였다.

*참고로 상세히 후술하겠지만 결국 정국의 혼란을 틈타 부당하게 손을 써 1988년 2월 24일에 문공부의 허가를 얻어 재단법인 한국천리교연합회를 만들어 영구 분당(分黨)의 길을 열었던 것이다. 이때부터 이 나라에서 2개의 천리교 교단 시대를 갖게 되었다. 이후 1996년 9월 13일자 종일 86212-478호로 재단법인 천리교한국교단으로 다시 명칭을 바꾸고 현재하고 있다.

대한천리교단을 끝까지 고수하며 이를 지키기 위해 모인 자주교단파들은 오직 교리에 감응되어 입신하였기에 교세와 조직이 빈약하였다. 그러나 이러한 여건 속에서도 굴하지 않았고, 여러 번의 위기를 거치면서 오늘까지 존립하여 이어왔다.

이런 분쟁으로 이 나라 천리교는 많은 신도로부터 원성을 듣게 되었고, 대외적으로 또 많은 신뢰를 잃는 등 만신창이가 되어 날로 교세가 줄어드는 현상이 나타나기도 했었다.

이 나라 천리교의 역정은 바로 이러한 이합집산의 역정이며 그 모습 자체였다.

그 원인은, 첫째는 대한천리교 창립 당시의 확고한 목표와 이념에 대한 통일된 공감대를 정립하지 못했다. 그래서 진로에 대한 과감한 개혁을 시행하지 못했다. 두 번째는 선별을 했어야 했는데 무조건 옛 교우의 규합만을 우선하였다. 그러고 보니 일제시의 천리교 조직과 제도에 맛들인 그들을(복종만이 훌륭한 신앙인으로 믿도록 길들여져 있던 사람들) 고스란히 종속파로 만들어 버렸다. 세 번째는 문제가 있으면 과감히 대처하지 못하고 그때그때 적당히 봉합하려고만 했다. 넷째는 지도자는 물론 대부분이 미래를 보는 혜안이 부족했고 또 의욕에 비해 근본적으로 종교의 본질에 대한 교양과 현대종교에 대한 체계적인 지식이 없었다. 다섯째는 범세계적인 종교의 계몽과 교육을 통한 올바른 천리교인의 양성을 하지 못했다. 거기에다 진해에 교의강습소를 만들어 강습소를 통합한다는 명분 아래 철저한 종속교육을 시행하는 계기를 준 것이 최대의 실수였다. 여섯째는 끊임없는 일본 천리교교회본부의 작용이 있었다. 그 외 몇 가지 원인이 더 있지만 대체로 이런 것이 원인이 되었다고 볼 수 있다.

그리고 또 우리끼리 모여 뜻을 맞추면 새 조국에서 참된 천리교를 만들 수 있을 것이라는 안일한 생각에서 출발한 것이 자주교단파들의 큰 잘못이었다. 거기에다 올바른 교의의 정립은 물론 종교에 대한 이론적 식견도 부족했던 당시의 지도급 교직자들이 오직 순직(順直)한 마음에서 상급(上級)이라는 틀에 무조건 순종하는 것만이 이 길의 신앙을 잘하는 것으로 알고 있었다. 그리고 장차 이 나라 천리교인을 어떻게 이끌며 제도와 조직을 어떻게 교의에 맞게 설정하느냐 하는 문제와 복지·문화·교육·사회에 어떻게 이바지할 수 있는 교단이 되느냐는 것은 안중에도 없었다. 또 그런 능력을 갖지도 못했다.

대부분 일본의 천리교교회본부와 일본 상급교회에서 하는 것만이 정도(正道)요 교조 사상을 가장 잘 이행하고 있다고 생각하고 있었다. 그리하여 그들에게 잘 보이려고 아첨이나 하는 근시안적이며 무책임한 행위를 해온 것이 오늘의 천리교의 모습이 되었고 또 이런 결과를 가져왔다. 그러니 모든 것을 질보다 양을 추구하게 되고, 거기에 향수적인 친일 교직자들의 사대주의적인 사고에 많은 신자들이 오도되었다.

이를 이 나라 신자의 순직한 신앙심을 일본 천리교 관계자가 교묘히 이용하였다. 교단 조직과 제도가 마치 교리상 그렇게 되어지고, 꼭 그렇게 해야만 하는 것처럼 보이게 리(理)를 멋대로 유추해석하여 기만하였다고 볼 수 있다.

광복된 지 반세기가 넘어도 제대로 된 복지시설 하나 없는 교단이 되었고, 아직도 자주냐 종속이냐의 비생산적인 투쟁이나 비판을 하고 있다는 것은 부끄러운 일이 아닐 수 없다. 이제 각자 나름대로 교조님의 가르침을 좇아 양기생활 실현을 위한 용재(用材)로서 나아가 방법론에서 자주니 종속이니 하며 서로 비방하는 비생산적인 논쟁을 그만두고 천리문화 창달에 매진하는 데 노력해야 할 것이다. 또 주관 없이 이쪽저쪽 눈치만 보며 아직도 방황만 하고 있는 자도 문제가 아닐 수 없다.

## 나. 대한천리교 총본부 시대

대한천리교본원에서는 처음으로 1956년 4월 14일에 전국대의원회의를 개최하여 지난 1월 26일 교헌을 제정한 것을 시행할 것을 결의하여 교단 명칭을 대한천리교본부로 개칭하였다. 그리고 이사회를 교정위원회로, 대의원회를 중앙교의회라 개칭하여 초대의장에 박용래(朴容來) 씨를 선출하였다.

그리하여 6월초에 교단본부 사무실을 서울시 종로구 원서동(苑西洞) 179번지로 옮겼다. 그리고 얼마 후인 6월 14일에 중앙교의회에서 다시 대한천리교본부를 총본부로 개칭하고 여기에서 다시 새로이 중앙교의회를 구성하였다. 여기에서 의장에 박용래, 부의장에 김정호(金正浩)를 선출하였다.

그리고 교단 임원을 개편했는데 교통은 김진조 씨가 하고 교정부장에 최우조(崔又祚, 후에 崔宰漢으로 개명), 교화부장 김태봉(金太峯), 심사부장에 김기수(金杞洙) 씨가 임명되었다. 이때까지만 해도 출발은 좋았다고 할 수 있다.

### 1)두 종류의 신악가와 원전 번역

김진조 씨는 오래 전부터 천리교 《원전》과 《신악가》를 우리말로 번역하여 사용해야 한다고 주장하며 나름대로 틈틈이 《신악가》와 《원전》을 번역하였다. 그리하여 1952년 11월 천경수양원이 대한천리교연합회가 되면서 처음 출간되었다. 그 후 대한천리교본원이 되면서 기존의 《신악가》를 수정하여 1954년 10월에 수정한 《신악가》를 내놓았다.

대한천리교본부로 개칭한 후 1956년 6월 교단본부 사무실을 종로구 원서동으로 옮기면서 계속하여 《원전》 번역의 수정 작업에 힘썼다. 이후 오랫동안 심혈을 기울이며 《신악가》와 《원전》 일부를 우리 말로 계속 번역하여 드디어 발간하기에 이르렀다. 교통 김진조 씨는 당시 경심교회 신도회장으로 일본 모대학을 나와 사업을 하던 박용래 씨의 협조와 유학자(儒學者)나 국문학에 조예가 있고 박식한 자들을 찾아다녔고, 신도 중 한학에 조예가 있는 신도의 협조는 물론 당시 학덕이 있고 박식했던 스님의 협조도 얻었다.

이렇게 하여 처음으로 교통 김진조 씨의 주관 하에 우리 말로 된 《신악가》와 《교전》(敎典, 원전 1부)을 우리 손으로 번역하여 발간했던 것이다.

그 중 《신악가》는 원래 지가(地歌, 그 고장 특유의 속요)로서 수가(數歌, 숫자풀이 노래) 형식이다. 가능한 한 수가 본래의 취지와 뜻을 조화시키려고 노력하는 등 《원전》번역 등에 심혈을 경주하였다.

여기에서 나까다(中田) 씨가 기고한 잡지 《고에(聲)》의 〈김태봉 선생에 대한 글〉에서 어떻게 쓰여지고 있는지를 알아보자.

'1950년 6월 26일 초대원장인 이영원(李泳媛, 일명 순자) 여사가 납치되는 바람에 오랫동안 공석이었던 것을 2대 원장에 김진조(慶心교회장) 씨가 취임하였다. 다음해 1952년 3월 13일(실제는 12월 14일임)에 지금까지 천경수양원을 대한천리교연합회라고 개칭하고 회장에 김진조 씨, 부회장에 김점이(부산교회장) 여사 그리고 명예회장에 김선장(美鮮 초대교회장) 등이 되었다. 이해에는 연합회 정관이 만들어지면서 조직활동이 시작되었고, 게다가 주목할 것은 교의 번역 활동이 시작되었다는 것이다. 구체적인 활동으로는 《신악가》, 《십전수호(十全守護)의 리(理)》, 《교전》등을 번역하고 교회와 포교소에 공포하였다. 물론 당시 상황에서 번역은 충분하지 않았지만, 어쨌든 독립교단으로서 체면을 유지하기 위한 노력은 대단했다'고 쓰고 있다.

이때 최초로 만든 《신악가》는 원어대로 지가(地歌)와 수가의 형식에 충실하였고, 음률도 거기에 맞추다 보니 특히 수가(數歌)의 경우 원래의 뜻으로 노래말을 만들 수 없어 뜻을 유추하는 식의 번역이 되어 버렸다. 김진조 씨가 평소 연구하여 번역해 둔 것을 대한천리교연합회가 결성되면서 1952년 11월에 처음으로 발행한 《신악가》가 있었지만, 얼마 후 본원이 되면서 사용했던 《신악가》를 여기에 소개해 본다. 그러면서 수정되기 전 최초의 《신악가》(1952년 11월 발간)의 중요한 부분은 괄호 속에 기입하니 어떻게 차이가 있었는가를 살펴보자.

《신악가》는 16절지로 된 책으로 순서를 보면, 처음에는 삼개훈부터 시작되고 있다.

삼개훈(三個訓)

一. 아침 일찍 일어나

一. 정직한 마음으로

一. 부지런히 일하자.

**강령(綱領)**

一. 우리는 자기 수양을 완성함으로써 남에게 미치자.

一. 우리는 근로 보국으로써 민족의 진 선 미를 이루자.

一. 우리는 도의심과 신앙으로써 인류의 자유 평화를 건설하자.

**팔계명(八戒銘)**

일, 탐내는 마음을 버리자.

이, 아끼는 마음을 버리자(인색한 마음을 버리자).

삼, 편애하는 마음을 버리자.

사, 미워하는 마음을 버리자.

오, 원망하는 마음을 버리자.

육, 분노하는 마음을 버리자.

칠, 욕심내는 마음을 버리자.

팔, 교만한 마음을 버리자.

**수양송(修養頌)**

악한 것을 제거하고 도와주소서 천리왕님이시여(지명하옵신 천신님)

잠깐 이야기(잠깐 말하는 바) 천신의 말(의사)을 들어 보라. 그릇된 말은 아닐 터이니(귀중한 말을 드릴 터이니) 이 세상 땅과 하늘의(에) 모형을 따서 부부를 점지하여 왔었으므로(주었으므로) 이것은 이 세상의 시초이니라 나무 천리왕님이시여(나무 지명하옵신 천신님)

악한 것을 제거하고 도움을 재촉하니 이 세상 맑게 하고 감로대

(맑어진다 감로대)

八首(팔수)

유구한 온갖 세상 일률하게 살펴보아도 마음이 열린 자는 바이 없도다.(넓은 세상 예와 이젠 일률하게 살펴보아도 마음이 열인 자는 바이 없도다.)

그러리라 풀어서 일러준 일이 없으니 모름이 무리가 아닐 터이니(그러리라 그 이치를 풀어 준 일 없었으니 모름이 무리가 아닐 터이지.)

이번에는 천신이 이 세상에 나타나셔서 어떠한 근본 이치 일러 들리리(이번에는 천신님이 이 세상에 낱아나셨어 이치를 자세하게 일르주리라)

이곳이라 팔주의 터전의 신전이라고 말하고 있지마는 근본을 몰라(곳곳마다 천신님의 이치 말씀 사모처 있지만은 근본 땅을 아지 몰라)

이런 근본을 자세하게 들어서 알게 되면은 어떠한 자이라도(사람에도) 그리워진다

듣고 싶거든 찾아오면은 일러 들리리 만 가지 자세한 뜻 근본되옴을(드를 사람 찾어면은 일어서 줄 터이니 만유의 진리 말슴 자세한 뜻을)

신님이 나서 어떠한 근본 이치 알려주면은 온 세상 일률하게 기뻐지리라(신님께서 진리 말슴 자세하게 알여주면은 근행이 실천하면 기뻐지리라.)

일률하게 조속히 도움길을 재촉하므로 온 세상 마음에도 용솟음 친다(뭇사람이 도음길의 재촉을 하고 있으니 온 세상 마음에도 기뻐하리라.)

나무 천리왕님이시여(한 번)

다음은 《신악가(神樂歌)》 12장을 소개해 본다.

제1장 天啓(천계)

1에 정월이라 거름의 가르침은 이야 진기하도다

(첫째 첫달에 진리 말씀 드르면은 참말 신기하도다)

2에 의기양양 이치를 받으면은 참말 든든하리라

(이에 이치 말씀을 받으면은 참말 기쁠 것이다)

3에 삼세 때 마음을 지켜서

(셋째 셋살 마음을 직히면)

4에 사해팔방

(사에 사해팔방)

5에 오도설리

(다섯째 다다익선)

6에 육합에 가득하리라

(육에 이하동문)

7에 칠칠하게 걷어 드린다면

(일곱째 일해서 일울 것 같으면은)

8에 팔방은 풍년이리라

(팔에 팔방세계 평화하리라)

9에 구지라도 딸아오라
(아홉째 아무나 따라오라)
10에 십분 넘은 수확 이루리
(열에 열매가 맺혀진다)
나무 천리왕님이시여
(이하 두 번)

제2장 救濟(구제)
둥 둥 둥실 정월 춤추기 시작하면 이야 즐거웁구나
(첫달에 신님앞에 유쾌하게 근행하면 실노 기쁠 것이다)
二에 이상한 역사가 시작되면 이야 번창하리라
(이에 이상한 역사가 시작되면 참말 번창하리라)
三에 삼생영화
(삼에 삼키진다)
四에 사해영생
(사에 사방에서)
五에 오로지 따라오게 되면은
六에 육실한 뿌리 끊어
(육에 육신을 맑어지리라)
七에 칠액을 도와서 주면은
(칠에 친절히 곤란을 도와주면)
八에 팔병의 뿌리 끊으리
(여덟째 여덟까지 티끌을 끊어)
九에 구심 없이 작정을 하게 되면

(아홉째 아무라도 마음을 곶어 오면)
十에 십방으로 평화 이루리
(열에 여러 나라 편해지리라)

**제3장 神人交和(신인교화)**

一에 일의 근본 이 집터에서 가르침의 일터는 세상의 근본
(하나 한없는 천신님의 자비심으로 이 도장을 이 세상에 근본을 정해)
二에 이상한 가르침의 일터는
(이에 이 도장은 누구에게 의뢰 않해도 이상한 도움은 나타나리라)
三에 삼오 사람들이 모여들어 한덩어리 되어지니 이것 이상타
(셋째 세상 사람 저절로 모여들어)
四에 사랑사랑 여기까지 잘도 왔구나
(사에 사랑하다 여기까지 믿어오니까 참말 도움길은 일노부터야)
五에 오히려 조롱받고 비방받아도 이상한 도움을 베풀 것이니
(오에 온 세상이 오해함을 둘어워 말고 이상한 도움길을 거러가거라)
六에 육실한 사사소원 바라지 말고 한 줄기 마음으로 되어저다오
(육에 육신의 사욕으로 원하지 말고 마음을 바로 잡아 걸어오너라)
七에 칠칠하게 이제부터 한줄기로서 신님을 의지하여 따라가리

니

(일곱째 일심으로 천신님께 따라오너라 지금부터라도 마음 내어서)

八에 파리한 것처럼 더함은 없지 이 몸도 이제부터 신의 봉상

(여덟째 여러 가지 병보다 곤란은 없지 나도 지금부터 도음 일로로)

九에 구원받아 신앙을 계속해 와도 으뜸의 신 이임을 아직 몰라

(구에 구원받어 여기까지 신앙했지만 근본의 진리를 알이어야지)

十에 심성으로 나타나셨다. 진실 한 신님에는 틀림이 없다

(열에 열심으로 신앙하니 나타나셨다 참된 진리의 길 이곳이로다)

제4장 信仰의 必要性(신앙의 필요성)

一에 인류가 무엇이라 말할지라도 신님이 살피시니 진정하여라

(하나 한 사람 천 사람이 원망하여도 신님이 보아준다 마음 놓아라)

二에 이인의 마음을 합할지니라 어떠한 일이라도 나타나리니

(둘에 두 사람에 마음만 굳어지면은 어떠한 이치라도 날아나리라)

三에 산수와 신님과는 같은 이치야 마음의 덜어움을 씻어 주리라

(셋째 세상 사람들아 보아두어라 신님의 모든 섭리 하시는 것을)

四에 사욕이 없는 자는 없을 것이나 신님의 앞에서는 욕심이 없다
(사에 사시를 쉬지 않고 예배를 보니 주위는 비웃고 농락을 한다)
五에 오래오래 신앙을 하였더라도 즐거움만으로서 가득할 것이
(오에 오너라 도음맞아 하는 자에는 기쁜 마음 바로 잡아 따라 오너라)
六에 육실한 마음을랑 털어버리고 인자로운 마음으로 되어 다오
(여섯째 여기 사람 어서어서 건지고 싶다 그래도 마음속을 몰라 주어서)
七에 칠궁도 질병들도 없게 할 테니 도움 길 한줄기의 이 터전에는
(일곱째 일심으로 모든 일에 협력하기로 마음 깊이 서로서로 생각하여라)
八에 팔수에 한정한 바 아닌 것이니 이곳저곳까지도 도와주리라
(여덟째 여덟 가지 티끌을 털어 버리니 마음은 점점 기뻐져 온다)
九에 구중처 이 자리는 근본의 터전 신기한 영지 세상 나타나셨다
(구에 구원 길은 이 세상의 극락이로다 나도 어서어서 가고 싶어라)
십상으로 신앙을 할 것 같으면 교회를 이룩하여 볼 것 아닌가
(열에 열 가지 티끌을 털고서 보니 마음은 점점 맑어저 온다)

제5장 信仰의 場所(신앙의 장소)

一에 일망무제 넓은 세상 안이라면은 도웁자 하는 사람 더러 있으리

(하나 한없이 넓은 세상 돌아다니면 곳곳이 도와줄 곳 많이 있겠지)

二에 이상한 도움 길은 이곳이로다 난산도 혼역들도 건저주리라

(이에 이상한 도음 길은 이곳이로다 란산도 질병도 건저주리라)

三에 산수와 신님과는 같은 이치라 마음의 더러움을 씻어 주리라

(삼에 산수와 천신님은 같은 이치야 마음에 티끌을 싯허주리라)

四에 사욕이 없는 자는 없을 것이나 신님의 앞에서는 욕심이 없다

(사에 사욕이 없는 자는 없겠지마는 천신님 앞에서는 욕심이 없다)

五에 오래오래 신앙을 하였더라도 즐거움만으로서 가득할 것이

(오래오래 신앙을 하였더라도 명랑한 마음으로 걸어가거라)

六에 육실한 마음을랑 털어 버리고 인자로운 마음으로 되어저다오

(육에 육실한 마음을랑 털어 버리고 자비한 마음으로 되어 오너라)

七에 칠궁도 질병들도 없게 할 테니 도움길 한줄기의 이터전에는

(일곱째 일율노 돕는 곳은 이곳이로다 모든 괴로움은 없에 주리라)

八에 팔수에 한정한 바 아닌 것이니 이곳저곳까지도 도와주리라
(여덟째 여러 나라 도와주자 세상 만류에 도움을 주는 곳은 이곳이로다)
九에 구중처 이 자리는 근본의 터전 신기한 영지세상 나타나셨다
(아홉째 알고 보면 이곳이 근본에 이치 신기한 돕는 곳이 나타나리라)
십상으로 신앙을 할 것 같으면 교회를 이룩하여 볼 것 아닌가
(열에 열심히 신앙을 하게 되면은 어떠한 돕는 곳도 이루워진다)

제6장 信仰의 效果(신앙의 효과)
一에 인류의 마음이라 하는 것이란 의심이 많음이 상례이니라
(한심타 세상 사람 마음속이란 의심할 생각이 많을 터이지)
二에 이상한 도움을 베풀 것이니 어떠한 일이고 살피시니라
(이에 이상한 도음을 이룰 때까지 어떠한 이치라도 보혀지리라)
三에 삼계 세상의 가슴속을 거울과 같아서 비추이니라
(셋째 세상 사람 마음속이 깊다 하여도 신님이 보는 것은 거울과 같다)
四에 사시를 근무하고 따라왔노라 이것이 도와주는 으뜸이니라
(사에 사시를 쉬지 않고 신앙을 함이 이것이 도음길의 근본이로다)
五에 오현금 신악가와 춤추기 되면 끝에는 신기한 도움 있으리
(오에 오래오래 신님 말씀 행해 가면은 신기한 도음길이 나타나

리라)

六에 유별하게 함부로 원할지라도 받아드린 방법도 여러 가지야

(여섯째 여러 가지 만가지로 기원하여도 도와주는 방법에도 여러 가지다)

七에 치성껏 신앙을 하였더라도 마음자리 바꿔서는 아니 되느니

(칠에 칠일 동안 지성으로 기도하여도 마음자리 바꿔서는 아니 되느니)

八에 파약 말고 신앙을 하여야 되지 마음자리 바꿔서는 다시 나리라

(여덟째 열심히 신앙을 하여야 되지 마음이 틀린 자는 다시 나리라)

九에 구지구지 신앙을 하여 왔어도 한 가지 효과라도 보아야 하지

(구에 구원하는 신앙은 틀림이 없이 한줄기의 도움길을 볼 수가 있다)

十에 십중으로 보여졌다 부채살 사후 드림 이것 이상타

(열에 열심히 기원하고 도음 이루니 황홀한 신님 이치 나타나셨다)

제7장 心田開發(심전개발)

一에 일언반구 말씀에도 신의 봉상 복음 길만으로서 전도하리라

(한마디 말씀에도 히노기시웅 교리의 진리마는 보내주리라)

二에 의 깊은 마음이 있을 것 같으면 아무도 말기지 아니할 테니

(둘에 두터운 신앙심이 이쓸 같으면 누구가 말리여도 따라올 터지)

三에 삼생 넓은 세상 마음속에는 전답들이 무용타 하는 자 없다

(셋째 세상 사람 누구 역시 마음속에는 전답이 무용하다 할 이가 없지)

四에 사옥지전 있으면 한결같이로 누구든 가지고저 할 것이니라

(넷에 내 마음에 드는 전답 있을 같으면 누구나 가지고저 싶을 것이지)

五에 온 세상 사람들 같을 것이지 나 역시 그런 땅을 갖고 싶거늘

(오에 온 세상 사람들이 같을 것이다 나 역시 전답을 가지고 싶다)

六에 유달리 이리 하자 말 아니함 그것은 서로서로 자유의사니

(여섯째 영리로 전답을 구하지 말고 그것은 너희들의 마음에 맡겨)

七에 칠칠한 미전옥답 갖고 싶으니 대가는 얼마든지 들 것이라도

(일곱째 일부로 전답을 구할 것이니 대가는 얼마든지 들 것이라도)

八에 팔복전은 천신의 전답이거늘 뿌리어진 씨앗은 싹틀 것이라

(여덟째 여기는 천신님의 전답이오니 뿌린 씨는 틀림없이 나타나리라)

九에 구세처는 이 세상의 전답이오니 나 역시 부지런히 씨를 뿌리자

(아홉에 알었다 이 전답이 신님의 전답 나도 정성드려 씨를뿌리자)

十에 십번째는 일률하게 잘도잘도 씨앗을 뿌리러 왔다. 그 씨를 뿌려놓은 그대들에는 거름을 아니해도 거두어지리

(열에 열심으로 좋은 씨를 뿌린 사람은 빠짐없이 거두우니 행복하리라)

제8장 敎會 結成(교회 결성)

一에 일망무제 넓은 세상 나라나라에 석제도 목제들도 없을 리 있나

(하나 한없이 넓은 세상 여러 나라에 신님의 용목이 없을 리 있나)

二에 이상한 역사를 할 것이라도 누구에 부탁하지 않을 것이니

(일에 이상한 역사를 일운다면은 남에게 의래를 하지 마러라)

三에 삼시 차차로 온 세상에서 모여들 것 같으면은 이루어진다

(셋에 세상 사람 깨땷고서 모여들며는 저절로 되여지니 신기하도다)

四에 사욕의 마음을 저바리고서 결실한 마음으로 정하여라

(사에 사사한 마음을랑 털어 버리고 진정한 마음으로 정하여라)

五에 오래오래 망경하고 있을지라도 안으로서 이루는 게 아닌 것이니

(오에 오랫동안 갈망하면 지체되어도 결국은 내부에서 아니 되느니)

六에 유별히 조급하게 제촉을 마라 마음속 깊이깊이 생각하여라

(여섯째 여러 사람 무리하게 재촉을 말고 진정한 마음으로 생각하여라)

七에 칠색같이 마음속이 맑어지거던 조속히 역살로 시작하여라

(일곱째 인류에 마음이 맑아지거든 어서어서 건설을 시작하여라)

八에 팔첩산 깊은 곳에 찾어들어가 석제도 목제들도 보아 두었다

(팔에 팔방의 사해를 두루 살펴서 이치의 주초를 찾아 두었다)

九에 구형목 벨 것일가 저런 석제도 생각해도 신님의 의사에 따라

(구에 구해 놓은 이 용목은 어되 있어도 신님의 말슴대로 되여지리라)

十에 십분으로 일률에게는 깨끗하게 씻고 나니 가슴의 속을

(열에 열매가 맺이엿다 넓은 세상에 마음도 맑아젓다 감사하여라)

### 제9장 宣敎(선교)

一에 일망무제 넓은 세상 돌아다니며 일선 이선으로 도와 가리라

(하나 한없이 넓은 세상 도라다니면 일선 이선으로 도라가리라)

二에 의에 구애 없도록 하여 주리니 천신의 품안에 의탁하여라

(둘에 두려워 하지 말아 근심 마러라 곤란은 없도록 하여주리니)

三에 살피니 넓은 세상 사람 맘에는 사욕이 썪이어서 있는 것이

니

(셋째 세상 사람 마음에는 욕심이 섞여 도음길 드러가기 참말 어렵다)

四에 사욕이 있으면은 버리어 다오 천신의 청허하심 없을 것이니

(사에 사욕이 있거들랑 버리어 다오 신님의 수호함을 받지 못한다)

五에 오로지 누구라도 같을 것이니 마음을 정하여서 따라오너라

(다섯째 다같이 마음 정해 따라오너라 여기가 이 세상에 극락이로다)

六에 유달리 나오라고 하지 않으니 마음의 작정이 될 때까지는

(여섯째 여러 사람 무리하게 끌지를 말고 마음이 맑어저서 따를 때까지)

七에 칠칠하게 이 차례에 일률에게는 비상한 결심을 해야만 되지

(일곱째 일어나라 이번에는 세상 사람게 정확히 신앙토록 하여야겠다)

八에 팔첩산 심심궁곡 여기저기서 천리왕님의 근무를 한다

(팔에 팔방세계 산에서도 들에서라도 신님의 예배는 하기 되도다)

九에 꾸준히 근무의 길 하고 있지만 마음속 아는 자는 바이 없도다

(아홉째 아무리 여기저기 근행하여도 신님의 진리 말씀 몰라보느냐)

十 님의 높은 리 부를 정도면 시급히 이곳으로 찾아오너라
(열에 열심히 이치를 따라 이곳저곳으로 찾아보아라)

제10장 心田修整(심전수정)
一에 인류의 마음이라 하는 것은 좀처럼 모르는 게 상정인 거야
(하나 한심타 세상 사람 마음속처럼 알기가 어려움은 없을 것이다)
二에 이상한 도움을 하고 있어도 나타나 빛나옴이 처음이니라
(이에 이상한 도움길이 많이 있어도 신님의 말슴함은 처음이로다)
三에 삼수중 깊은 속에 섞인 진흙을 조속히 씻어 주기 바라는 바라
(셋에 세상 사람 마음속은 진흙물 같해 어서어서 치워서 맑게하여라)
四에 사욕이 한이 없는 진흙물이야 마음이 맑아지면 극락이로다
(사에 사욕이 한이 없는 진흙물이야 마음이 맑아지면 극락이로다)
五에 오래오래까지도 이러한 일은 이야기의 근거가 되는 것이니
(오래오래 신님 이치 전하신 말씀 세상 사람 돕는 길에 근본이로다)
六에 유음한 훈계말씀 하시온 것도 조속히 구제의 길 재촉함에서
(여섯째 여러 가지 어려움을 하였드라도 속속히 구원의 길 가리킴이라)

七에 칠궁의 괴로움도 마음속에서 내 몸의 원망이라 할 것이어다

(일곱째 일어나는 곤란은 마음으로서 누구를 원망하랴 내 마음부터

八에 팔병은 괴로움이 한이 없건만 근본을 아는 자는 바이 없도다

(여덟째 여러 가지 질병은 괘로웁지만 그러한 병의 근본 아는 자 없다)

九에 구번째까지는 만 인류에 질병의 근본은 알지 못했다

(아홉째 아무도 지금까지 병에 근본을 참말로 아는 자는 없었으니가)

十에 심지어는 나타나셨다 질병의 근본은 마음속에서

(열에 열어서 보이였다 천신님께서 질병의 근본은 마음속에서)

## 제11장 建築(건축)

一에 일의 근본 이 집터에서 신님의 궁궐로 터전을 정해

(일에 이곳이 만 인류의 도읍의 장소 신님이 정해 주신 도장이로다)

二에 이 부부 합심하여 신의 봉상 이것이 첫째가는 근원이 된다

(둘에 두 부부 다같이 히노기시응 이것이 제일의 근본이 된다)

三에 살피니 이 세상은 차츰차츰 목도 들어메고 신의 봉상

(셋에 세상을 살펴보니 진리를 알고 여러여러 사람들이 히노기시응)

四에 사욕을 저버리고 신의 봉상 이것이 첫째가는 거름이니라

(사에 사욕을 버리고서 히노기시응 이것이 제일의 적덕이 된다)

五에 오래오래 두고서 흙 나르기가 아츰 있다면은 나도 가리라

(오에 오래오래 천신님께 현신적 노력 그 길이 바르다면 나도 가리라)

六에 유달리 억제하지 않을 것이니 그 마음 있으면은 누구이라도

(여섯에 여러 사람 말리지 마라 생각이 있으면은 누구이든지)

七에 칠칠한 신기로운 흙 나르기가 이것이 봉상이 된다 하면은

(일곱째 일심으로 흙 날림에 실천을 하니 이것이 히노기싱 되여젓구나)

八에 팔방터전 이 흙을 파내어서는 장소를 바귀어서 놓을 뿐이라

(여덟째 여기저기 도장안을 고루고스니 팔방세계 모든 사람 모혀들 온다)

九에 구번째까지는 일률하게 마음을 물음이 유감이로다

(구에 구원을 받기 전에 세상 사람의 마음자리 어두우니 원망시럽다)

十에 올해는 거름질 않고 충분히 거두어 드린다 참말 든든하고도 만족하도다

(열에 열매는 튼튼함이 틀림이 없다 올해는 이만하면 만족하겠지)

제12장 建築完備(건축완비)

一에 일차로 목수의 신의 계수로 어떠한 일도 맏겨 두어라

(일에 일부로 용목이 찾어왔으니 어떠한 일이라도 막겨 두어라)
二에 이상한 역사를 할 것 같으면 신님께 여쭈어 일러주리라
(이에 이상한 건축을 시작할려면 신님의 의사를 존중하여라)
三에 삼계 넓은 세상 점차적으로 뫃여 온 목수들에 지도하여라
(셋째 세상에서 용목들이 뫃여오면은 신님의 수호로서 전도하여라)
四에 상상 좋은 목수장 있거들랑은 조속히 이곳에다 뫃아두어라
(사에 사리 없는 지도 용목 있을 같으면 속속히 천심님께 의지하여라)
五에 오로지 목수장은 네 명이드니 조속히 신님에게 여쭈어 보라
(다섯째 다같이 넷사람이 훌륭한 용목 신님께서 정해 주기 바라나이다)
六에 유별리 오라고는 하지 않으니 저절로 차츰차츰 따라올 것을
(여섯째 여러 사람 무리하기 부르지 말아 언제든지 점점 따라오리라)
七에 칠칠하고 신기로운 이 역사를 시작한 일이라면 끝이 없나니
(일곱째 일루자 이 도장을 시작한다면 언제든지 천신님은 한정이 없다)
八에 팔첩산 심심궁곡 갈 것이면은 튼튼한 목수장이 다리고 가라
(팔에 팔방에서 천신님의 수호를 받어 건장한 용목이 낱아나리

라)

九에 구중 제 잔일하는 목수장이야 집 세우는 목수장이 이것 대패질

(아홉째 아무렴 좋은 용목 많이 뫃인다 이것이 천신님의 수호로구나)

十에 이 차례에 일률하게 목수들의 인수도 가추어졌다

(열에 여러 나라 곳곳마다 신님의 용목 빠짐없이 틀림없이 모두 뫃인다)

그리고 十主神(십주신) 님의 수호와 八埃(팔애)를 계속 記載(기재)하고 있다.

### 십주신님의 수호(十柱神님의 守護)

천신님이라고 함은 뽄도 모양도 없는 데서 인간 세상을 창조하여 주신 으뜸의 신님이시며 진실한 신님이시고 다음의 십주신님이 수호하여 주시는 리에 따라 각각 신명을 지어 이를 총칭하여 천신님이라고 한다.

①국상립주신(國常立主神)

하늘에서는 '달님'으로 계시고 인간의 몸에서는 '눈·허리·윤기'를 수호하시고 세상에서는 '물'을 수호하여 주신다.

②면족주신(面足主神)

하늘에서는 '해님'으로 계시고 인간의 몸에서는 '온기'를 수호하시고 세상에는 '불'을 수호하여 주신다.

③국협토분신(國狹土分神)

인간 몸에서는 '피부의 엮음'을 수호하시고 세상에서는 '금전·혼담 만가지 엮음'을 수호하여 주신다.

④월독분신(月讀分神)

인간 몸에서는 '뼈의 버팀'을 수호하시고 세상에서는 '입모'를 비롯하여 초목과 땅 위에 스스로 서 있는 것을 수호하여 주신다.

⑤운독분신(雲讀分神)

인간 몸에서는 '음식 먹고 내는 것'을 수호하시고 세상에서는 '수기 오르고 내림'을 수호하여 주신다.

⑥황근분신(惶根分神)

인간 몸에서는 '숨결·호흡'을 수호하시고 세상에서는 '바람'을 수호하여 주신다.

⑦대식천분신(大食天分神)

인간 몸에서는 태어날 때 '모체와의 태연'을 끊어 주시고 죽을 때 '세상과의 인연'을 끊어 주시며 세상에서는 '모든 끊음'을 수호하여 주신다.

⑧대호변분신(大戶邊分神)

인간 몸에서는 태어날 때 '모체에서 끌어냄'을 수호하시고 세상에서는 '만 가지 끌어냄'을 수호하여 주신다.

*이 세상에 인간이 태어날 때 대식천분신께서 '모체와의 태연'을 끊어 주시면 태호변분신께서 '모체에서 끌어냄'을 수호하시고, 인간이 이 세상에 태어난 뒤에는 국협토분신의 수호로서 본래와 같이 보살펴 주시기 때문에 이 삼신을 '산신'이라 하여 속칭 삼신의 조화로 아이를 낳는다고 하는 것이다.

⑨양성모형분신(陽性模型分神)

인간을 창조할 때 '남성의 모형 씨앗'이 되어 주시고 남성을 수호하여 주신다.

⑩음성모형분신(陰性模型分神)

인간을 창조할 때 '여성의 모형 모자리'가 되어 주시고 여성을 수호하여 주신다.

이상의 십주신님께서 수호하여 주시기 때문에 인간은 자유자재로 행동할 수 있는 것이다.

인간의 몸은 신님께서 빌려 주신 것이다. 이 '빌려 주셨다'는 원리를 망각하고 자기 뜻대로 하고자 하는 마음을 쓰고 있으니 이것은 천리에 맞지 않는 것이며 이 맞지 않는 마음이 '티끌'이 되는 것이다. 이 '티끌'이란, 즉 탐함, 아까워함, 편애함, 미워함, 원망함, 분노함, 욕심냄, 교만함의 여덟 가지이며 이것을 팔애라 한다.

팔애(八埃-여덟 가지 티끌)

①탐함이라 하되 적당한 대가를 바칠 전제로서 탐을 내는 것은 좋으나 대가도 없이 일도 하지 않고 탐을 내는 마음이 티끌이 된다.

②아까워함이라 하되 남이 버리는 것을 아까워하는 것은 옳으나 내기를 아까워하고 주기를 아까워하며 몸을 아끼는 마음이 티끌이 된다.

③편애함이라 하되 차별 없이 두루 베푸는 사랑은 좋으나 한편을 미워하면서 한편을 사랑하는 마음, 자기만을 위하여서 기울어지는 사랑이 티끌이 된다.

④미워함이라 하되 죄를 미워하거나 그릇된 행동을 미워하는 것

은 좋으나 자기 마음에 맞지 않는다고 함부로 사람을 미워하는 마음이 티끌이 된다.

⑤원망함이라 하되 자신의 부덕과 모자라는 것을 원망하고 내 마음이 관대하지 못함을 원망하는 것은 좋으나 세상을 원망하고 남을 원망하는 마음이 티끌이 된다.

⑥분노함이라 하되 남을 도웁고 선도하기 위하여 겉으로만 노하는 것은 좋으나 마음대로 되지 않는다고 마음속에서부터 분노하는 마음이 티끌이 된다.

⑦욕심이라 하되 지당한 분에 넘치지 않는 욕심을 내는 것은 좋으나 사리사욕·허욕·탐욕 등 지나친 욕심이 티끌이 된다.

⑧교만함이라 하되 자기의 아는 것을 남에게 가르치고 알려주는 것은 좋으나 남을 내려다보고 내가 잘 안다, 남보다 내가 더 영리하다는 자존심·자만심이 티끌이 된다.

이상의 여덟 가지 마음의 티끌(죄악)이 쌓이고 쌓이면 질병과 뜻하지 않은 재난으로 나타나 고민하지 않을 수 없게 된다. 그러므로 티끌이 되는 여덟 가지 마음을 쓰지 않고 즐거운 생활, 즉 어버이 천신님의 인류 창조의 본의인 양기세계 건설을 목표로 정진한다면 조물주 천신님의 수호로서 질병 재난은 스스로 제거되는 것이다.

《입교백이십이년(立教百二拾二年)》(1959년)

대한천리교 발행

이상의 《신악가》 이전에 만든 책은 받침이 좀 틀렸지만 그대로이며 교지(教旨)도 이때 처음으로 만들어져 그 이름을 강령(綱領)

이라 하여 사용하였다. 지금의 십전수호(十全守護)의 리(理)를 천신님의 수호와 사람의 팔자라고 하였다. 여기에서 천신님(天神, 조물주)이라 말씀함은 십주(十柱)의 분신(分神)을 총칭한 명칭이라고 가르치다가 얼마 후에 상기와 같이 십주신님의 수호라 이름을 고쳐 부른다.

내용 중 국상립분신(國常立分神, 다음에 主神으로 표기함), 면족분신(面足分神, 다음에 主神으로 표기함), 국협토분신(國狹土分神), 월독분신(月讀分神), 운독분신(雲讀分神), 황근분신(怳根分神), 대식천분신(大食天分神), 대호변분신(大戶邊分神), 양성모형분신(陽性模型分神), 음성모형분신(陰性模型分神)이라 하여 가르쳤다.

그리고 여덟 가지 티끌을 팔애(八埃)라 하고 처음에는 탐(貪)·석(惜)·애(愛)·증(憎)·원(怨)·노(怒)·욕(慾)·교(驕)라고만 사용하다가 후에 상기와 같이 탐함, 아까워함(그 후 인색), 편애함, 미워함, 원망함, 분노함, 욕심, 교만함으로 고쳐 사용하였다.

한편 혜성교회장 김기수(金杞洙) 씨는 《신악가》와 《원전》 등을 독자 번역하여 사용하여 왔으며, 진해에서 별도로 연합회라는 단체를 결성하여 이탈하자, 그도 서울시 용산구 청파동에서 천리교교회연합회를 별도로 결성하여 따로 활동을 하였다.

김기수 회장은 혜성교회와 그를 추종하던 자와 경성(京城)계통의 교회에서 사용해 오던 《신악가》를 1960년 2월 18일에 해외전도부에 제출하였다. 이 《신악가》는 당시 서울대학교 사범대학 교수로서, 이 나라 국문학계의 태두(泰斗)라 할 수 있는 이응백(李應百) 박사의 감수를 받으면서 잘 되었다고 자부하면서 보냈다. 여기에 그 《신악가》를 옮겨 본다.

당시 규격과 용지는 한지로 8절(지금은 A4 용지) 크기로서 종서로 쓰고 있다.

표지는 한문으로만 '神樂歌'라 쓰고 있다.

한 장을 넘기면 다시 '신악가'라고 한글만으로 쓰고 있다. 그리고 내용을 보면 다음과 같다.

수양송(修養頌)

악한 것을 제거하고 도와주소서 천리왕님이시여

잔깐 이야기 천신의 하는 말씀 들어다오 언짢은 소리는 아니할 테니

이 세상 땅과 하늘을 본따 가지고 부부를 점지하여 왔었으므로

이것은 이 세상의 시작이니라.

악한 것을 제거하고 도움을 재촉하니

온 세상 맑게 하고 감로대

필수

만고의 모든 세계 인간들을 살펴보아도

신의 뜻 아는 자는 바이 없도다

그럴 터이야 풀어서 들려준 일이 없으니

모르는 게 무리임은 아닐 것이다

이번에는 천신이 이 세상에 나타나셔서

어떠한 자세한 걸 일러 드린다

이 고장이야 본바닥의 터전의 신전이라고

말하고 있지만은 근본을 몰라

이런 근본을 자세하게 들어서 알게 되면은
어떠한 자이라도 그리워진다
듣고 싶어서 찾아온다면 일러주리니
만 가지 자세한 뜻 근본 되는 걸
천신이 나서 어떠한 자세한 걸 일러주면은
온 세상 인간들이 용솟음치리
만인간의 조속한 도움길을 재촉하노니
온 세계 마음들도 용솟음쳐라.

第1章 (제1장)
하나, 정월달에 거름의 천수훈은, 참말 진기하도다
둘째, 방긋이 천수훈 받으면은, 참말 든든하리라
삼에 삼세의 마음을 정해서
넷째, 사방 활달
다섯째, 이를 불어
여섯째, 무한이 되어 나간다
일곱째, 무엇에든 지어서 거두우면
여덟째, 온 세상은 풍년이리라
아홉에 여기까지 따라오라
열째, 수확량이 정하여졌다.

제2장
두둥둥실 정월에 춤추기 시작하면, 어허야 재미롭도다
둘째, 신기로운 역사가 시작되면, 참말 번창하리라

셋째, 몸에 붙고
넷째, 세상 바뀜
다섯째, 아무라도 따라온다면은
여섯째, 액운의 뿌리를 끊어
일곱째, 딱한 이를 건져낼 것이면은
여덟째, 질병의 뿌리 끊으리
아홉째, 마음을 작정해 있으면은
열째, 사는 곳이 안정되리라.

제3장
하나, 거룩한 큰 터전의
근행하는 장소는 세상의 근본
둘째, 신기로운 근행의 장소는
누구에 부탁은 하지 않아도
셋째, 모두 세계가 모여들어서
이루어져 오는 것이 이것 이상타
넷째, 잘도 잘도 여기까지 따라왔구나
진실한 도움이란 이제부터야
다섯째, 언제나 조롱받고 비방받으며
신기로운 도움을 할 것인 만큼
여섯째, 무리한 소원일랑 하지 말고서
한결같은 마음으로 되어 오너라
일곱째, 어쨌든 이제부터 한줄기로서
신에게 의지해서 따라가리라

여덟째, 질병처럼 쓰라린 것 다시없나니
이 몸도 이제부터 히노기싱
아홉째, 여기까지 신앙을 하였지만은
으뜸의 신인 줄은 몰랐었다
열째, 이번에야 나타나셨다
참다운 신님에는 틀림이 없다

제4장
하나, 남이야 무슨 말을 하든지간에
천신이 보고 있다 진정하여라
둘째, 두 사람의 마음을 합심하면은
어떠한 일이라도 나타나리라
셋째, 모두들 보아라 곁에 사람들
천신이 하시는 일 이루는 일을
넷째, 밤낮으로 흥겹게 근행 올린다
주위도 시끄러이 싫어하겠지
다섯째, 언제나 도움길을 서두르거늘
조속히 즐거운 맘 되어 오너라
여섯째, 근방 사람 어서어서 건지고 싶다
그러나 마음속을 모를지니라
일곱째, 무엇이든 만가지로 서로 돕기
가슴속 깊이깊이 생각하여라
여덟째, 질병 고통 시원하게 뿌리 빠지고
마음은 차츰차츰 용솟음친다

아홉째, 여기는 이 세상의 극락이로다
나 역시 어서어서 가보고 싶다
열째, 이번에야 가슴속이
깨끗하게 밝혔으니 감사하도다

제5장
하나, 널따란 이 세상 가운데라면
도와주는 곳들이야 더러 있겠지
둘째, 신기로운 도움이란 이곳이로다
출산과 마마병도 건져 주리라
셋째, 청수와 천신과는 같은 이치야
마음속의 더러움을 씻어내리라
넷째, 욕심이 없는 자는 없을 것이나
천신의 앞에서는 욕심이 없다
다섯째, 언제까지 신앙을 하였더라도
즐거움만으로서 있어야 하지
여섯째, 혹독한 마음일랑 털어 버리고
부드러운 마음으로 되어 오너라
일곱째, 어떻든지 고생은 안 시킬 테니
도움의 한줄기 길 이곳이로다
여덟째, 본바닥뿐인 것은 아닐 것이니
모든 나라까지에도 도와 가리라
아홉째, 여기는 이 세상의 근본의 터전
신기로운 이상세계 나타났도다

어떻든지 신앙을 할 것 같으면
교회를 결성하여 볼 것 아닌가

제6장
하나, 사람의 마음이라 하는 것이란
의심하는 버릇이 있는 것이야
둘째, 신기로운 도움을 하는 이상에
어떠한 일이든지 내다보신다
셋째, 온 세상 사람의 가슴속들이
거울같이 비쳐서 보이나리라
넷째, 잘또 잘도 근행하러 따라왔구나
이것이 도움길의 근원이 된다
다섯째, 언제나 신악가와 손춤으로서
나중에는 신기로운 도움하리라
여섯째, 한정없이 함부로 발원하지만
들어주는 줄기도 여러 줄이야
일곱째, 아무리 신앙을 하였더라도
마음자리 틀려서는 아니 되리라
여덟째, 어떻든지 신앙을 해야만 되지
마음자리 틀린 것은 다시 나리라
아홉째, 여기까지 신앙을 한 이상에는
한 가지의 효험을 보아야 한다
열째, 이번에야 보였습니다
부채로 여쭈움이 이것 이상타

제7장

하나, 한마디의 말씀함은 히노기싱
향냄새만이라도 전하여 두자
둘째, 뜻깊은 마음이 있을 것이면
아무도 말리지는 않을 터이니
셋째, 온 세상 사람들의 마음속에는
전지를 마다할 사람은 없다
넷째, 좋은 땅이 있으면 세상 사람들
누구나 가지고자 할 것이겠지
다섯째, 누구라도 사람은 같을 것이니
나 역시 그런 땅을 얻고 싶도다
여섯째, 무리로 어쩌라고 말하지 않아
그것은 각 사람의 가슴속대로
일곱째, 어떻든지 전지가 소용되므로
그 값이야 얼마만큼 든다 하여도
여덟째, 이 집터는 천신의 전지이므로
뿌려 놓은 씨앗은 모두 나온다
아홉째, 여기는 이 세상의 전지이면은
나 역시 단단히 씨를 뿌리자
열째, 이번에는 세상 사람들
잘도 잘도 씨앗을 뿌리러 왔다
씨앗을 뿌려 놓은 그 사람들은
거름을 안하고도 수확 있으리

제8장

하나, 널따란 이 세상과 나라 안에서
석재나 목재들도 없을 것일까
둘째, 신기로운 이 역사를 한다더라도
누구에게 의뢰하지 아니할지니
셋째, 모두 차츰차츰 온 세계에서
모여들 것 같으면은 이루어진다
넷째, 사욕의 마음을 져버리고서
독실한 마음으로 작정하여라
다섯째, 언제까지 주저하고 있을지라도
안으로서 하는 것이 아닐 것이니
여섯째, 되는 대로 함부로 서둘지 말고
가슴속 깊이깊이 생각하여라
일곱째, 어떻든 마음속이 맑아지면은
조속히 역사에 착수하여라
여덟째, 산중의 깊은 곳에 들어서서는
석재나 목재들도 보아 두었다
아홉째, 이 나무 베어낼까 저 돌도 할까
생각해도 천신의 의사에 따라
열째, 이번에는 세상 사람들
개끗하게 맑아졌네 가슴속들이

제9장

하나, 널따란 온 세계를 돌아다니며

일선 이선으로 도와 나간다
둘째, 고생됨이 없도록 하여 줄 테니
천신의 마음에 의탁하여라
셋째, 볼진대 세상 사람 마음속에는
사욕이 섞이어서 있는 것이니
넷째, 사욕이 있으면은 그만두어라
천신의 받아들임 안 될 것이니
다섯째, 어느 누구 할 것 없이 같은 것이니
생각을 작정하고 따라오너라
여섯째, 무리로 나오라고 말하지 않아
마음의 작정이 될 때까지는
일곱째, 아주아주 이번에는 세상 사람들
단단히 생각을 하여야 하지
여덟째, 산중의 깊은 곳도 여기저기서
천리왕님의 근행을 한다
아홉째, 여기서 근행 올림 하고 있어도
신의 뜻 아는 자는 바이 없도다
어떻든 신명을 부를 것이면
조속히 이곳으로 찾아오너라

제10장

하나, 사람의 마음이라 하는 것이란
좀처럼 알아보기 어려운 거야
둘째, 신기로운 도움을 하고 있지만

나타나 보이는 건 처음이니라
셋째, 물 속에 들어 있는 이런 진흙을
조속히 쳐내 주기 소원이로다
넷째, 욕심에 한이 없는 진흙물이야
마음이 맑아지면 극락이로다
다섯째, 어느 때 까지라도 이러한 일은
이야기의 재료가 될 것인만큼
여섯째, 엄하신 훈계 말씀 하시는 것도
조속히 도움길을 재촉함에서
일곱째, 고생을 하는 것도 마음속에서
내 몸의 원망이라 할 것이니라
여덟째, 질병이란 쓰라린 것이지만은
원인을 아는 자는 바이 없도다
아홉째, 오늘 이때까지는 세상 사람들
질병의 근본은 알지 못했다
열째, 이번에야 알게 되었다
질병의 근본은 마음속에서

제11장
하나, 거룩한 큰 터전에
천신의 궁전으로 터전을 정해
둘째, 부부가 가지런히 히노기싱
이것이 첫째가는 근원이 된다
셋째, 보면은 온 세계가 차츰차츰

목도 들어메고 히노기싱
넷째, 욕심을 저버리고 히노기싱
이것이 첫째가는 거름이 된다
다섯째, 어느 때까지라도 흙 나르기라
아직 있다 하면 나도 가겠다
여섯째, 억지로 말리지는 않을 터이니
마음만 있으면은 그 누구라도
일곱째, 하여튼 신기로운 흙 나르기야
이것이 기싱이 된다 하면은
여덟째, 집터 안의 이 흙을 파내가지고
장소를 바꿔서 놓을 뿐이라
아홉째, 오늘 이때까지는 세상 사람들
신의 뜻 몰라줌이 유감이었다
열째, 올해는 거름 안 놓고
충분히 추수를 거둬들인다
참말 든든하고도 감사하도다

제12장
하나, 첫째로 이 목수의 여쭈움으로
어떠한 일이라도 맡겨 두겠다
둘째, 신기로운 이 역사를 할 것이면은
신님께 여쭈어서 분부하여라
셋째, 모두 세계에서 차츰차츰
모여온 목수에게 전도하여라

넷째, 좋은 도목수가 있다 하면은
조속히 이곳에다 모아 두어라
다섯째, 어떻든 도목수가 네 명이 든다
조속히 신님께 여쭈어 보라
여섯째, 억지로 오라고는 하지 않아도
이윽고 차츰차츰 따라오리라
일곱째, 어쨌든 신기로운 이 역사는
시작한 일이라면 끝이 없나니
여덟째, 산중의 깊은 곳에 갈 것이면은
건장한 도목수를 데리고 가라
아홉째, 이것은 세공하는 도목수야
집 세우는 도목수 이것 대패질
열째, 이번에는 한결같이로
목수들의 인수도 갖추어졌다.

三個訓(삼개훈)
一.아침 일찍 일어나
一.정직한 마음으로
一.부지런히 일하자

八戒銘(팔계명)
一.탐함이라 함은, 값을 가지고 탐함은 좋으나 값도 내지 아니하고 일도 하지 아니하고 탐만 내는 마음이 티끌이 됩니다.
二.인색함이라 함은, 버리는 것을 아까워함은 좋으나 내기를 아까워하며 수고를 아끼는 마음이 티끌이 됩니다.

三.편애라 함은, 구별 없는 사랑은 좋으나 나만 위하고 편코자 하며 한편으로 쏠리는 마음이 티끌이 됩니다.

四.미움이라 함은, 죄를 미워함은 좋으나 도리를 그르다고 우겨 가면서 남을 미워하는 마음이 티끌이 됩니다.

五.원망이라 함은, 내 몸과 마음이 미치지 못하는 바를 원망함은 좋으나 남을 원망하는 마음이 티끌이 됩니다.

六.분노라 함은, 시비를 가리고 성내지 않도록 하는 것은 좋으나 자기의 성품껏 울화로 분노하는 마음이 티끌이 됩니다.

七.욕심이라 함은, 마땅한 욕심은 좋으나 허욕·탐욕 등이 티끌이 됩니다.

八.교만이라 함은, 자기의 아는 바를 남에게 가르치는 것은 좋으나 남을 멸시하고 나보다 나은 자는 없다고, 내 몸을 스스로 추우는 마음이 티끌이 됩니다.

이상 여덟 가지 티끌이 쌓이고 쌓여서 불시의 재난·풍파·질병으로 고통을 당하게 되는 것이니 마음을 바꿔서 세우지 않으면 안 됩니다.

천리의 말씀(天理言)

一.天神(천신)이 있어서 세계가 있고 세계가 있어서 萬物(만물)이 있고 만물이 있어서 인간 몸이 있고 인간 몸이 있어서 法律(법률)이 있다. 법률이 있어도 참다운 마음 작정 이것이 제일이니라.

一.하늘의 마음은 근본이요 세계의 고락은 끝이다. 끝에 헤매이는 마음이 마음의 티끌이니라.

一.인간 몸은 천신이 빌려주신 것, 마음만이 나의 것, 마음의 모습대로 모두 몸에 그려 있다.

一.전생 인연을 알고자 하거든 금생의 내 몸을 생각하여 보아라.

一.정성 하나가 하늘의 이치, 하늘의 이치이면 곧 받아가지고 곧 돌려준다.

조석구호(朝夕口號)

一.남을 도와야 내 몸이 도움을 받는다.

一.어버이라는 理(리)를 받들면은 언제나 같은 청천이라고 깨우쳐 둔다.

一.理(리)를 세워야 몸이 일어선다.

一.단노는 전생 인연의 참회로 받아 준다.

一.단노는 불어나는 이치

一.단노는 즐거운 꽃이 필 만큼 충분한 理(리)가 있다.

그리고 '서울大學校師範大學 教授 李應百 監修'라고 붓글씨로 쓰고 낙인되어 있다.

이를 근거하여 훗날 황기완 씨를 중심한 번역 위원들이 모여 수정·번역하여 오늘날 쓰는 《신악가》가 만들어졌다.

### 2)대한천리교 교의강습소의 진해 개설로 종속파의 온상이 됨

1957년 3월 3일에 경남 진해시 여좌동(如佐洞)에 대한천리교 교의강습소를 개설하여 여지껏 서울·부산·대구·마산 등으로 순회하여 실시하던 수양과를 없애고 진해에 교의강습소를 만들어, 강습생을 이 한 곳에 모아 교육을 실시하게 되었다. 이것은 자주교단의 이념을 심고 올바른 천리교의 교의교육을 위한 강습소가 아닌 식민지시대의 교의강습소의 제도를 답습하여 종속교육을 위한 것으로, 일본 천리교교회본부의 이와다(岩田長三郎) 관리소장의 바람이었다는 말이 있었고, 이것이 후에 김순염(金順廉)과 김태봉(金太峰)·라상기(羅尙琪) 씨의 대한천리교실천회의 기반이 되어 후에 종속파의 온상이 되었다. 6기부터 70기까지 교의강습소라 명하고 최고협의회가 설립된 이후는 수강원이라 개칭했다.

참고로 최고협의회가 설립되면서 교의강습소를 수강원이라 부르며, 71기부터는 수강원장에 김기수(金杞洙) 최고협의회 의원이 되고 각 지역 강습소에는 부원장을 둔다.

71기(1973. 10)부터 98기(1980. 5)까지가 김기수(金杞洙) 씨가 원장을 하였다.

당시 전국에 흩어져 있는 용재들을 진해 한 곳에서 모아 교육을 시킨다는 것은 이상이며 실제에 있어 전도 포교에 비능율적이며 비효과적이라 생각하게 되면서 각 지역에도 생겼다.

제일 먼저 혜성교회 김기수 씨는 임의로 서울 제1 수강원을 만들어 27기부터 실시했다. 그리하여 1962년 7월 15일에 입소하여 그 해 10월 16일에 수료했다. 여기에서 그간의 순회 강습 사항을 보면,

순회 1기는 서울 본부에서 1955년 3월 5일에 입소하고 6월 8일에 수료함.

2기는 부산(부산교회)에서 1955년 6월 8일에 입소하고10월 7일에 수료함.

3기는 대구(경심교회)에서 1955년 10월 7일에 입소하고 1956년 1월 9일에 수료함.

4기는 서울 본부에서 1956년 3월 13일에 입소하고 1956년 6월 15일에 수료함.

5기는 영남(미선교회)에서 1956년 6월 15일에 입소하고 9월 18일에 수료함.

이후 6회부터는 대한천리교단 내에 유일한 교의강습소가 설치되면서 모든 초심자와 용재 양성을 이곳에 모아 통합하여 실시했다.

이리하여 6회 수료식은 동년 6월 9일 진해의 대한천리교 교의강습소에서 행했다. 그간의 강습소 소장을 살펴보면,

5기(1956. 10)부터 6기(1957. 6)까지가 김기수(金杞洙) 씨.

7기(1957. 6)부터 43기(1966. 10)까지가 김태봉(金太峰) 씨.

44기(1967. 1)부터 49기(1968. 5)까지가 황기완(黃基完) 씨.

50기(1968. 6)부터 59기(1971. 1)까지 김순염(金順廉) 씨.

60기(1971. 1)부터 98기(1980. 6)까지 박노운(朴魯運) 씨가 했다.

김기수 씨가 독자 수강원을 만들자 부산의 원남성교회의 최재한(崔宰漢) 씨도 나름대로 46기부터 시작하는데 첫 수료식은 1967년 7월 27일에 하였다. 그렇게 되자 당초의 목적은 퇴색되어 각 지역에서 각 교회들이 교세 확장을 위하고 지역세를 확보하기 위해 강습소가 마구 생겼다.

그리하여 서울 제2교구에서는 58기부터 시작했는데 첫 수료식은 1970년 7월 25일에 했다.

그간에 여러 곳에서 나름대로 순회강습을 실시하였는데 대전교회에서는 1963년 9월 3일에 순회강습 30기를 실시하여 수료시켰다.

원남성교회에서 그간 1963년 10월 17일에 순회강습 32기를 수료시키고, 충무(忠武)교회에도 1964년 1월 18일 순회강습 32기를 수료하고, 동광(東光)교회에서도 1969년 9월 18일에 54기를 수료하였다.

그리고 다시 대전에서 1972년 4월 16일 다시 64기를 수료시킨 바 있다.

그리고 제주에서는 77기(1975년 7월 29일)와 78기(1975년 12월 26일)를 순회강습을 한 바 있으며, 이후 교단 분열과 지역 강습생의 편의에 의하여 한때 대구에서는 대구교회와 부산 동부쪽에는 동래(東來)교회에서도 실시했다.

참고로 훨씬 후이지만 1986년경에 영도구 동삼동 원남성교회 내에 있던 부산교구가 양정동(楊亭洞)으로 교구를 옮기면서 별도로 부산수강원을 따로 만들어 강습을 실시하다가 얼마 후 교단을 이탈하여 한국천리교 부산교구라는 임의 단체를 만들어 나갔다.

사실 교육의 일관성과 질을 높이기 위하여 한 곳으로 모아 실시해야 한다는 뜻에서 1957년 3월에 대한천리교 교의강습소를 진해에 만들어 출발했던 것인데 지금은 그런 개념이 완전히 없어졌다.

그러나 이 장소가 전술한 바와 같이 훗날 종속파들의 확고한 기지가 되면서, 사사건건 자주교단에 반하는 단체의 근원지가 되고 수뇌부가 되기도 했었다.

*참고로 강사 황기완(黃基完) 씨의 활약에 대하여 알아보자.

황기완 씨는 정식으로 수강원을 나와 용재로서 포교소를 설립하거나 교회활동을 한 기록이 거의 없어 그에 관한 공식 기록을 남기지 않았다. 다만 신빙성 있게 전해 온 말에 의하면, 그가 대구에서 살고 있을 때 신앙을 하는 딸 황국향(黃菊香, 동부산포교소장)의 권유로 대구 초대교회장을 소개받게 되었고, 대구교회 김태봉(金太峰) 초대회장의 권유로 이 길에 입신하여 당시 순회강습 3기를 수료하였다고 당시 3기생으로 동기가 되는 배을란(裵乙蘭, 경심교회 3대 회장) 여사가 증언을 했다. 그리하여 대구교회 소속 신도가 되었다. 그의 부인 석학수 여사와 온 가족이 이때부터 신앙을 같이 하게 되었다. 그는 한학과 일본어에 능했을 뿐 아니라 서예에도 일가견을 갖고 있는 명필이었다. 그래서 그는 김태봉 씨의 추천으로 순회강습 5기부터 강사를 하였고, 이후 진해교의강습소가 설립되면서 6회부터 강사를 하였다. 그리고 후에 진해교의강습소장을 44기(1967. 1)부터 49기(1968. 5)까지 했다. 그 후 최재한(崔宰漢) 교통을 따라 부산으로 내려가 최재한 씨를 도우면서 부산수강원에서 강사로서 활약했다. 그리하여 번역과 출판사업을 도왔다. 그는 진해수강원에 있을 때 잡지 《연수회보》를 1970년 8월부터 수년간 발간하기도 했다.

전통적 유학자 집안으로서 형제 모두가 한학에 밝았으며, 그의 형님 황기식 씨는 대구 지역에서 널리 알려진 유명한 서예가이자 동양화가였다. 그는 동생이 발간했던 《연수회보》의 표제 그림을 한때 제공하기도 했었다.

그의 나이는 원남성 초대교회장 최재한 씨보다 3세 정도 많았으므로 1909년생쯤으로 알고 있다. 그는 경상북도 경산군 자인면(慈仁面)에서 양조장을 하는 부유한 가정에서 태어나 일제시 보성전문학교를 다니다 중퇴하였다고 말한 바 있다고, 한때 번역일을 같이 했던 영신(映新)교회장 조수현(曺洙鉉) 씨가 전했다. 그 외는 확실히 알 수 없다고 한다.

그는 일본어와 한학에 출중하여 교단 창설 초기부터 교의강습소 강사로서 활약을 하면서 일본어로 된 《원전(原典)》을 번역하면서 가르쳤으며, 이를 기회로 《신악가》, 《친필》, 《지도서》 등의 번역에 기여한 공로가 많다.

그는 중앙사무국 창설 초기에 번역위원장으로 활약하여 대한천리교본부에서 기히 사용하는 《신악가》와 혜성(慧星)교회장 김기수(金杞洙) 씨가 번역하여 독자 사용했던 2개의 《신악가》를 하나로 수정·번역하였다. 오늘날 쓰는 《신악가》가 그의 손에 의하여 만들어져 처음으로 통일된 《신악가》가 되어 모두 사용하게 되었다. 그는 계속하여 《교전》과 《원전》 등의 번역에 많은 공헌을 하였고 특히 서예에 뛰어나 《신악가》를 붓으로 써서 액자로 남긴 것이 한둘이 아니다. 그리고 산수화(동양화)도 잘 그려 좋은 그림을 많이 남겼다. 교단본부와 수강원 그리고 이름 있는 교회 등에 그의 글과 그림이 없는 곳이 없을 정도로 많이 쓰고 또 장식되어 있다. 심지어 일본의 교역자들도 그의 글과 그림을 많이 받아갔다. 뿐만 아니라 병풍·액자로서 남긴 동양화와 서예는 물론 여러 가지 글씨는 교단 내에서 보물에 가깝도록 취급되고 있다.

그는 좀 고루한 편으로 철저한 민족주의자임을 자처하면서 일본을 매우 싫어하였다. 어쩌다 전도청 사람을 만나거나 일본에서 교육이나 무슨 일이 있어 부르면 '나는 일본애들한테 고분고분하기 싫어 만나기 싫고 또 일본도 가기 싫다'고 말하면서, '천리교는 우리들이 알아서 하면 되지 그애들하고 무슨 의논을 하나. 그리고 뭣 때문에 그들 일본에 간섭을 받는단 말인가. 나는 싫다'라고 단호히 말할 정도였다.

그의 딸 황국향이 부산에서 동부산포교소를 개설하여 포교를 열심히 하였고, 그의 사위이며 딸의 남편인 이기택(李基澤) 씨도 부인을 따라 함께 이 길에 들어와 열심히 신앙을 하였다. 이기택 씨는 경남 밀양 사람으로 진해여고와 통영수산고등학교 등에서 미술 선생을 한 일이 있으며, 이 길에 들어와서는 중앙사무국 임원으로 근무하면서 번역위원으로 활약한 바 있다. 후에 재단법인 대한천리교단 사무국장도 잠시 한 바 있으나 수년 전 가족 모두 아들의 권유로 캐나다로 이민가 버렸다고 전한다. 그리고 황기완 씨에게 황정규(黃正圭)라는 외동아들이 있었는데, 그는 초창기 대한천리교본부가 종로구 원서동에 있을 당시 김진조(金振祚) 교통의 사위 박정근(朴貞根) 씨와 함께 본부에서 기숙하면서 같이 고시 준비를 하였다. 그리하여 박정근 씨는 사법고시에 합격하여 판사를 거쳐 서울고등법원장까지 역임하였고, 황정규 씨는 제3회 기술고시에 합격하여 대림건설에서 상무 등 고위 간부로서 근무한 바 있다.

이에 대하여 당시 사항을 나까다(中田) 씨가 잡지 《고에(聲)》에 상세하게 기고해 놓았다.

〈찬연히 꽃을 피워 보람되게 뿌리다〉라는 글 중에 '한국신악가'에 보면 다음과 같이 쓰고 있다.

'그런데 라(羅, 여기에서는 라상기)씨에 관한 이야기를 하면 6개월간의 지바(地場)에서의 지냄은 그에게는 꿈만 같았다. 생략, 우선 《원전》의 번역 완성을 착수하는 데 있다고 생각하여 먼저 《신악가》의 번역에 들어갔다. 이것은 2개가 이미 번역되어 사용되고 있었다. 이것이 교단 통일을 저해하고 있었고 또 크나큰 원인이 되기도 했다. 그래서 이것을 하나로 잘 만들기 위하여 노력을 하였다. 현지(한국)에는 황씨를 중심으로 하여 스태프들이 한덩어리가 되어 움직이고 있었고, 한편 지장의 뜻에 맞도록 서로가 연락을 해가며 《신악가》 번역을 멋있게 실현시키고 있었다. 이렇게 하여 1973년 10월 26일을 맞아 하나의 《신악가》를 한국 교우의 입으로 부르게 되었다.'

교의강습소 수료자 기별 통계(1980년까지)는 다음과 같다.

## 교의강습소 수료자 기별 통계표

(1980. 10. 27. 통계)

| 기수 | 서울제1수강원 | 서울제2 | 부산 | 영남 | 경남 | 경북 | 충청 | 호남 |
|---|---|---|---|---|---|---|---|---|
| 1 | | | | | | | | |
| 2 | | | | | | | | |
| 3 | | | | | | | | |
| 4 | | | | | | | | |
| 5 | | | | 106명 | | | | |
| 6 | | | | 52명 | | | | |
| 7 | | | | 22명 | | | | |
| 8 | | | | 23명 | | | | |
| 9 | | | | 28명 | | | | |
| 10 | | | | 26명 | | | | |
| 11 | | | | 48명 | | | | |
| 12 | | | | 27명 | | | | |
| 13 | | | | 28명 | | | | |
| 14 | | | | 45명 | | | | |
| 15 | | | | 55명 | | | | |
| 16 | | | | 66명 | | | | |
| 17 | | | | 60명 | | | | |
| 18 | | | | 105명 | | | | |
| 19 | | | | 94명 | | | | |
| 20 | | | | 57명 | | | | |
| 21 | | | | 55명 | | | | |
| 22 | | | | 69명 | | | | |
| 23 | | | | 49명 | | | | |
| 24 | | | | 41명 | | | | |
| 25 | | | | 34명 | | | | |
| 26 | | | | 50명 | | | | |
| 27 | 108명 | | | 67명 | | | | |
| 28 | 38명 | | | 52명 | | | | |

| 기수 | 서울제1수강원 | 서울제2 | 부산 | 영남 | 경남 | 경북 | 충청 | 호남 |
|---|---|---|---|---|---|---|---|---|
| 29 | 134명 | | | 299명 | | | | |
| 30 | 170명 | | | 169명 | | | | |
| 31 | 75명 | | | 113명 | | | | |
| 32 | 93명 | | | 248명 | | | | |
| 33 | 144명 | | | 60명 | | | | |
| 34 | 102명 | | | 91명 | | | | |
| 35 | 77명 | | | 73명 | | | | |
| 36 | 99명 | | | 71명 | | | | |
| 37 | 166명 | | | 84명 | | | | |
| 38 | 89명 | | | 157명 | | | | |
| 39 | 52명 | | | 102명 | | | | |
| 40 | 83명 | | | 48명 | | | | |
| 41 | 70명 | | | 63명 | | | | |
| 42 | 66명 | | | 59명 | | | | |
| 43 | 59명 | | | 52명 | | | | |
| 44 | 자료 없음 | | | 56명 | | | | |
| 45 | 112명 | | | 39명 | | | | |
| 46 | 144명 | | 97명 | 78명 | | | | |
| 47 | 107명 | | 35명 | 75명 | | | | |
| 48 | 117명 | | 64명 | 23명 | | | | |
| 49 | 145명 | | 52명 | 64명 | | | | |
| 50 | 146명 | | 66명 | 25명 | | | | |
| 51 | 102명 | | 81명 | 39명 | | | | |
| 52 | 131명 | | 81명 | 28명 | | | | |
| 53 | 127명 | | 60명 | 38명 | | | | |
| 54 | 146명 | | 87명 | 115명 | | | | |
| 55 | 78명 | | 88명 | 19명 | | | | |
| 56 | 125명 | | 227명 | 50명 | | | | |

| 기수 | 서울제1수강원 | 서울제2 | 부산 | 영남 | 경남 | 경북 | 충청 | 호남 |
|---|---|---|---|---|---|---|---|---|
| 57 | 141명 | | 78명 | 25명 | | | | |
| 58 | 144명 | 18명 | 133명 | 34명 | | | | |
| 59 | 72명 | 30명 | 96명 | 31명 | | | | |
| 60 | 110명 | 25명 | 73명 | 21명 | | | | |
| 61 | 156명 | 21명 | 175명 | 52명 | | | | |
| 62 | 155명 | 28명 | 96명 | 33명 | | | | |
| 63 | 89명 | 45명 | 95명 | 36명 | | | | |
| 64 | 163명 | 57명 | 83명 | 28명 | | | | |
| 65 | 125명 | 43명 | 65명 | 53명 | | | | |
| 66 | 83명 | 28명 | 92명 | 55명 | | | | |
| 67 | 71명 | 10명 | 75명 | 38명 | | | | |
| 68 | 106명 | 34명 | 80명 | 38명 | | | | |
| 69 | 152명 | 27명 | 81명 | 67명 | | | | |
| 70 | 94명 | 26명 | 155명 | 37명 | | | | |
| 71 | 102명 | | 139명 | 34명 | | | | |
| 72 | 134명 | | 95명 | 35명 | | | | |
| 73 | 175명 | | 122명 | 84명 | | | | |
| 74 | 110명 | | 151명 | 59명 | | | | |
| 75 | 74명 | | 113명 | 56명 | | | | |
| 76 | 124명 | | 107명 | 51명 | | | | |
| 77 | 170명 | | 82명 | 63명 | | | | |
| 78 | 124명 | | 125명 | 72명 | | | | |
| 79 | 106명 | | 121명 | 55명 | | | | |
| 80 | 85명 | | 224명 | 기조결회 | | | | |
| 81 | 기수 조정으로 결회 | | 82명 | 49명 | | | | |
| 82 | 105명 | | 110명 | 84명 | | | | |
| 83 | 177명 | | 97명 | 78명 | | | | |
| 84 | 86명 | | 85명 | 62명 | | | | |

| 기수 | 서울제1수강원 | 서울제2 | 부산 | 영남 | 경남 | 경북 | 충청 | 호남 |
|---|---|---|---|---|---|---|---|---|
| 85 | 96명 | | 86명 | 50명 | | | | |
| 86 | 110명 | | 142명 | 52명 | | | | |
| 87 | 70명 | | 79명 | 43명 | | | | |
| 88 | 96명 | | 93명 | 43명 | | | | |
| 89 | 101명 | | 69명 | 44명 | | | | |
| 90 | 104명 | | 106명 | 46명 | | | | |
| 91 | 95명 | | 87명 | 45명 | | | | |
| 92 | 55명 | | 98명 | 39명 | | | | |
| 93 | 90명 | | 113명 | 27명 | | | | |
| 94 | 106명 | | 194명 | 88명 | | | | |
| 95 | 129명 | | 123명 | 87명 | | | | |
| 96 | 57명 | | 100명 | 54명 | | | | |
| 97 | 70명 | 43명 | 87명 | 46명 | | | | |
| 98 | 150명 | 68명 | 126명 | 148명 | | | | |
| 99 | | 49명 | 135명 | 80명 | | | | |
| 합계 | 7667명 | 852명 | 5606명 | 5781명 | | | | |

*1. 순회강습 통계 자료가 없어 누락된 곳이 많음.
2. 1973년에 제도 개편으로 수강원이라 명의 개칭했슴.
3. 위의 통계는 1980년 10월 27일까지(제99기) 통계임.
4. 기타 지방 순회강습은 제외되었슴.

## 2. 교단 분열과 이합집산

### 가. 천리교연합회를 진해에 창설

종속파들이 주축이 되어 대한천리교연합회라는 이름으로 경남 진해에서 결성하여 교단을 이탈하여 독자 활동함으로써 제1차 교단 분열이 일어났다. 이것이 일본의 해외전도부가 이 나라 천리교를 다시 종속화시키는 데 더욱 자신을 갖게 하는 계기가 되었다.

1955년 4월 14일 대한천리교 전국 대의원회의가 개최되었다. 그리고 그 달 3일에는 진해에서 이상한 모임을 가졌다. 즉 대한천리교교리실천회라는 부내 단체를 만들어 진해에 사무소를 두고 회장에 김태봉(金太峯), 위원장에 박용래(朴容來), 부위원장에 이영주(李永柱)·김정호(金正浩)·이봉희(李鳳嬉) 씨 등이 모여 발족하였다. 참고로 《대한천리교교사》(1956년 7월 30일 대한천리교본부 간행)에는 '그해 4월 3일에 교리실천회를 발회하여 교단을 후원하는 기관으로 하기로 한다'라고 쓰고 있지만 거짓임을 후에 알게 되었다.

훗날 라상기(羅尙棋) 의원이 교리실천회의 발족 경위 설명에서, 수강생들이 급증하고 새로운 용재가 배출됨에 따라 사후책으로서 수양과 수료생을 포섭하여 신앙 향상을 도모하려는 의도에서 설립하고, 그들의 이탈을 견제하고 대동단결하여 강습소와 연결시켜 보려는 심산이었다. 그래서 자신은 총무부장이 되고, 강습소장이 회장이 되었음을 훗날 1966년 4월 15일 중앙교의회에서 진술한 바 있다. 이때 이 단체를 해산할 것을 신상발언(身上發言)한 일이 있으며, 당시 이 단체가 교직자들 간에 파벌을 조성한다고 비평이 되었던 것이었음을 참고하시기 바람.

이 교리실천회는 진해의 교의강습소 졸업생은 반드시 실천회에 들어가도록 하였고, 이 조직에서 이탈하지 못하게 묶어 관리하고자 한 단체이다. 이것이 훗날 종속파의 근간이 되고 세력이 되어 대한천리교단에 대하여 일일이 반하는 일을 하였으며 언제나 대립하며 파괴 공작을 하였다. 여기에 최재한 씨가 이끄는 원남성교회의 합세가 종속교단 천리교연합회의 급속한 결성을 보게 되면서 이 나라 천리교의 향방을 바꿔 놓게 되었다.

당시 교단본부에서 진해에 교의강습소를 하나로 통합토록 한 것은 크나큰 실책이었다.

새로운 시대, 새로운 세상에서 새로운 신자들과 올바른 천리교를 이 나라에 토착화시키고 또 자주·자립하는 교단, 범세계적 교단으로 하기 위한 이념교육을 실시 못하고, 오히려 인재 양성의 주도권을 일본의 조종을 받고 있던 추종자들에게 넘겨져 종전과 같은 종속 교육을 실시하도록 길을 열어 주는 우를 범한 것이었다. 그렇게 되면서 교리실천회라는 단체를 만들게 되는 명분을 주었고, 이 단체가 대한천리교본부에 수시로 반기를 드는 집단으로 변하였다. 흔히 그들을 영남파(嶺南派), 진해파(鎭海派) 또는 종속파라고 후에 부르게 된 것이다.

그리하여 교단 창단 초기에 일본 천리교교회본부 해외포교전도부의 전위 기지 및 교두보 역할을 단단히 하게 되면서, 이 나라 천리교에 대하여 항시 지시하고 교단본부를 무력하게 만들고 또 분열을 조장하였다. 여기에서 교단 내 양분의 기운을 조성하고 결국 교단에 반하는 단체가 나타나기 시작한 것이었다.

본원에서 이탈한 연합회도 결국 오래 가지 못했다. 이러한 일들이 이 나라 천리교사에 어떻게 비쳐지며 평가될지 정말 안타까운 일이다.

새로운 독립정부의 종교 시책은 물론 올바른 교조의 가르침을 펴 나가야 할 이 나라 천리교의 장래와 일본 천리교교회본부의 종속 지시가 자충(自充)되면서 주체성도 없고 무력한 기회주의자가 마구 생겨났다. 그래서 결국 교단 간판만 그들에게 이용당하는 꼴이 되니 진정 대한천리교단은 더 이상 발전할 수 없게 되었고 교세 확장은 점점 지지부진되고 말았다.

그 후 최재한 씨가 이끄는 원남성교회가 1971년 3월 영남교구에서 떨어져 나가면서 원남성 교회가 주축이 되어 부산교구를 만들어 분리되어 나갔다.

이로 인해 대한천리교실천회를 새로이 편성하여 다시 독자노선을 고수하였다. 그리하여 다음의 임원을 선출하였다.

회장에 조문봉(曺文鳳), 부회장 박노운(朴魯運) · 방성조, 교의전수처장 라상기, 교화부장 김달수, 교무부장 서태진, 순교부장 이동규, 사업부장 배차효, 홍보부장 라석기, 행사부장 유태호, 청소년부장 조덕구, 의결기구인 심의원 초대원장에 김도홍 씨, 2대 원장에 김태봉 씨가 역임하고 심의원 의원으로 김순염 · 김득수 · 추말순 · 김봉의 · 이의호 배석수가 선임되었다.

그리하여 1972년 10월 18일 실천회 회의실(현 영남교구 회의실)을 착공하여 1974년 4월 18일에 건평 50평을 준공하였다.

여기에서 대부분 허가 등록된 대한천리교본부 및 재단법인 대한천리교단의 우산 속에서 양다리를 걸치며 저쪽에 몰래 붙어 이쪽에 눈치를 보고 이리 기우뚱 저리 기우뚱 하였다. 한마디로 종속교단으로 끌려가면서 자주·자립의 정기는 아예 찾아볼 수 없는 짓들을 하고 있었다.

이렇게 되자 대한천리교본부의 이념과 진로가 정도(正道)라는 것을 알고 있었지만, 일부 교단 임원들도 슬슬 일본천리교교회본부나 상급교회장의 눈치만 보는 자들이 점점 늘어났다.

이런 현상은 종전에 신앙을 하였거나 일본에서 건너와 신앙을 하던 자들이 대부분이었다. 그렇기 때문에 교세도 종전부터 신앙하던 교회일수록 심하게 나타났다. 대부분 일본 교회본부나 상급교회의 리(理)〔여기에서는 오야(親)꼬붕(子) 관계를 리(理)라고 하여 주종관계로 묶어 두고 있지만, 신앙을 빙자한 폭력의 고리라고 비유하여 강조하고 싶다〕라는 명분에 매여 끌려가는 꼴로 되어갔다.

이런 현상은 이성을 잃은 맹목적인 신앙의 노예로 전락될 수밖에 없었고 또 그렇게 길들여져 가고 있었다.

### 1)대한천리교연합회가 별도 창설되어 이탈함

결국 대한천리교총본부가 엄연히 존재하고 거기에 몸담고 있었음에도 불구하고, 경남 진해시 여좌동(如佐洞, 진해교회 내)에서 전기와 같은 추종자들이 주축이 되어 1958년 6월 3일에 대한천리교연합회 기성회(期成會)를 결성한 것도 그런 이유가 있었다고 볼 수 있다. 그 결성 위원으로 김태봉, 최우조, 김순염, 배태봉, 김태주 씨 등이 주동이 되었다. 그리고 얼마 후인 6월 24일에는 부산시 남항동(南港洞)에 소재한 대한천리교 남성교회(南星教會, 지금은 원남성교회)에서 전국교회장회의를 열고, 교헌을 개정하고 대한천리교연합회를 발족하고 경남 진해시 여좌동 518번지에 사무소를 두고 이전하기로 하였다.

그리하여 진해에 연합회 신전을 신축하기로 결의하였다. 그리고 연합회 회장에는 최우조(원남성교회장), 교정부장에는 김태봉(대구교회장), 교화부장에는 김순염(진해교회장), 심사부장에는 김태주(순선교회장) 씨가 되었다.

이렇게 되어 교단이 최초로 분열되었다. 교세가 있는 유력한 교직자 대부분이 이에 가담함으로써 실제 교단총본부는 이름만 남는 정도로 위축되었다.

그리고 그들은 그 세를 몰아 이번에는 반대로 대한천리교총본부를 흡수하기 위해 대한천리교연합회와의 통합을 하자면서 세(勢)와 자금으로 압박을 가해 왔다. 그들 연합회측은 그들의 교세를 믿고 대한천리교에 참여하여 먼저 교권을 탈취하여 종속교단화를 하려고 하였다.

결국 교권 탈취 공작을 본격적으로 시작하였다. 여기에는 일본교회본부가 희망하는 일이었고 그들 추종자들의 고도의 음모가 시작되었다. 그리하여 교세 있는 교회들이 계통을 통한 압력을 행사하여 회유하기 시작했다. 이렇게 되어 유리한 고지를 점령한 그들은, 일제가 패망시 조선포교관리자였고 비공식 한국전도청장이던 이와다조사부로 씨의 통합에 관한 서신을 보내게 하여 그해 11월 26일에 각 주요 교회와 대한천리교총본부에 발송하였다.

### 2)대한천리교총본부를 대한천리교본부로 개칭

한편 대한천리교총본부를 1959년 4월 14일에 대한천리교본부로 다시 개칭하였다. 개칭의 이유는 총본부라는 것은 이 나라 천리교의 모든 단체를 포함시키는 뜻이 된다고 생각하여, 종속파들이 귀에 거슬린다고 고치도록 요구함으로써 잠정적으로 고쳐 쓰게 된 것이다. 교단을 이탈하거나 비협조로 그들만의 세력을 구축한 단체도 대정부나 대외 창구를 이용할 때는 마치 대한천리교단(대한천리교총본부만 유일하게 사회단체 등록법에 의거 인가되어 있음) 또는 산하 단체처럼 행사하거나, 교단의 우산 속에서 활동하고 있었다. 이해 10월에 대한천리교본부 사무실을 서울시 성동구 신당동 107번지로 이전하였다. 그렇기 때문에 그들은 언제나 교단과 교권을 빼앗으려고 호시탐탐 노리고 있었다.

### 3)김기수 씨는 대한천리교교회연합회를 다시 결성하여 이탈함

평소 교회연합 운동을 꿈꾸어 오던 김기수 씨는 혜성교회와 그를 추종하여 온 경성대교회계의 교회와 친분이 있는 자들을 다시 모아 대한천리교회연합회를 별도로 결성하여 용산구 청파동에서 독자 활동을 시작하였다.

### 4) 대한천리교연합회를 천리교연합회라 개칭하여 진해에 청사 역사(役事) 착수

대한천리교본부를 이탈한 임의단체인 대한천리교연합회는 그 이름도 '대한'을 빼고, 어느새 천리교연합회라 고치고 종속파의 본색을 나타냈다. 경남 진해시 여좌동 1가 518번지에 천리교연합회 청사 및 신전을 짓기 위해 1959년 6월 18일에 착공하여 1959년 10월 18일 완공하였다. 그 당시 건평이 97평으로 공사비가 776만 원이 들었다고 기록하고 있다.

이해는 이 나라가 부정선거의 후유증으로 유난히 정치·사회적으로 불안하여 온 나라가 연일 데모가 끊이지 않았다. 그러더니 결국 이승만(李承晩)이 이끄는 자유당 독재 정권을 무너뜨리는 4·19혁명이 일어났다. 결국 이승만 대통령은 하야하고 허정(許政) 씨가 과도정부를 이끌어 갔다. 그리고 6월 15일 내각책임제 개헌안이 국회를 통과하고 8월 12일 윤보선(尹譜善) 선생이 대통령으로 당선되고 23일에는 장면(張勉) 박사가 내각 수반이 되어 장면 정권이 들어섰다.

이러한 어수선한 가운데 교단에서 이탈한 천리교연합회측은 1960년 10월 18일 진해에서 전국교회장회의를 열고 임원을 모두 유임키로 결의하였다.

### 5)일본 천리교교회본부에서 제1차 한국 주요 교회장(한국 대표단) 회의 개최

이듬해 1961년 4월 교조 탄생제를 맞아 일본교회본부의 공식적인 초청에 의해 한국의 주요 교회장이 한국대표단이라는 명칭을 갖고, 4월 23일 일본 천리교교회본부를 참배하게 하였다.

이때 주요 교회장으로서는 대한천리교본부 교통 김진조 씨, 대한천리교교회연합회장 혜성교회장 김기수 씨, 천리교연합회 교정부장인 대구교회장 김태봉 씨, 원남성(元南星)교회장 사모, 이맹순(李孟順) 여사, 진해(鎭海)교회장 후계자 라상기 씨, 동광(東光)교회 초대회장 배대봉 씨 등이다. 여기에서 수회에 걸쳐 한국의 천리교를 통합하여 그들의 예속하에 두려고 협의하였다.

이때 아직도 국내는 데모가 끊일 줄 모르고 있었다. 민주화라는 미명 아래 매일 전국에서 온갖 단체와 이익 집단들이 무질서와 무절제로 사방에서 데모를 했다. 이것이 대부분 난동에 가까운 폭력으로 변해 사회가 더욱 혼란해졌다. 당시 장면 정권은 이를 수습하지 못하고 있었으니 불안이 날로 가중되었다. 더욱 북괴와 아직도 정전(停戰) 상태에서 대치하고 있어 이 나라의 안보는 불안하기만 했다.

결국 박정희(朴正熙) 장군이 주도한 젊은 장교들이 주축이 되어 1961년 5월 16일 군사혁명을 일으켜 장면 정권을 무너뜨리고 혁명위원회가 구성되었다. 그리고 곧이어 국가재건최고회의로 이름을 바꾸면서 정권을 인수하여 행사하게 되면서 사회의 질서가 조금씩 잡혀가기 시작했다. 혁명 정부에서는 이때 사회단체에 대한 일제

등록을 다시 받도록 포고 제6호를 발포하였다.

## 나. 5 · 16혁명으로 대한천리교총본부 사회단체등록 법개정에 의해 재등록을 받다

포고 제6호에 의한 사회단체등록에 관한 건에 의거 종교단체 등록 공고를 하였다.

### 1)대한천리교총본부 사회단체 재등록을 받다

대한천리교본부에서는 예전에 등록한 바 있는 대한천리교총본부로 다시 사회단체 등록을 하기 위해 동분서주하였다. 당시 교통 김진조 씨의 신자이며 교단 심사국장직을 맡고 있던 이창희(李昌熙, 현재 영락교회장) 씨와 또 당시 수원(水原)포교소장 장우순(張又順) 여사의 아들인 홍성원(洪盛源) 씨가 서둘러 관계 서류를 꾸몄으나, 중요 임원들이 지방으로 내려가거나 일본에 가고 없었다. (후에 알았지만 종속파들이 진해에서 별도로 등록 공작을 하느라 일부러 기피하였다.) 그래서 이들이 돌아오기를 기다리느라 마감날인 7월 30일 마지막 날이 되어서야, 그것도 늦게 겨우 서류를 완성하여 접수시켰다. 그런데 다른 단체들은 당장 그 자리에서 쉽게 등록증이 나왔으나, 천리교는 어쩐 일인지 일단 보류가 되었다. 이에 당황한 김진조 교통은 어떻게 하더라도 등록을 하려고 뛰어다녔고, 당시 문교부 종무과(宗務課)에 있던 조카와 사위 등을 통해 그 원인을 알아내려고 노력했다. 또 관계자들을 일일이 찾아가 부탁하는 등 물심양면으로 노력하여 기어이 그해 12월 11일에 대한천리교총본부 대표자 김진조 명의로 문교부 제184호로 재등록을 받게 되었다.

*참고로 당시 교단 심사국장의 말을 들으면, 김진조 씨는 보증수표 등 30만 원을 갖고 와서 봉투 5개에 나눠 넣더니 자기에게 일일이 찾아가 갖다 주라는 지시를 받고, 그 봉투를 전한 바 있다고 증언했다.

### 2)천리교연합회 사회단체 등록 실패로 대한천리교본부에 다시 참여

한편 진해의 천리교연합회가 이 기회를 이용해 대한천리교연합회라는 이름으로 1961년 5월 29일에, 경상남도에 접수 번호 제18호로, 수신(受信) 문교부장관. 경유(經由) 경남도지사에게, 주소는 경남 진해시 여좌동 518번지로 하여 종교단체 등록 신청을 하였다. 그러나 1961년 6월 14일 종교단체 재등록 신청서가 즉시 반송되었다. 그 이유는 대한천리교총본부가 이미 존재하여 등록 신청중에 있는데 다시 만들어 줄 수 없다는 것이었다.

이 당시의 천리교연합회 소속교회 및 소재지 신도수 명단을 보면 이들 명단은 교단본부 명단과 겹치고 있음을 볼 수 있었다. 지금이나 그때나 양쪽 눈치를 보는 등의 경향이 명백히 있었음을 볼 수 있다. 이때 이미 주무부서와 대외기관에서는 대한천리교단의 보호 속에 있으면서, 모든 지시는 일본 천리교교회본부에서 받고 있는 묘한 단체로 보고 있었다. 따라서 우리 천리교인들이 그런

처신을 하고 있었다는 것은 신앙인으로서는 부끄러운 일이었다. 그러니 이 나라 천리교의 장래가 심히 걱정이 되지 않을 수 없었다.

여기에 당황한 진해의 천리교연합회측은 해산하지 않을 수 없게 되어 어쩔 수 없이 대한천리교본부의 그늘에 다시 들어와 보호받게 되었다. 그리하여 재통합의 구실을 내걸자 이에 일본천리교교회본부에서 중재를 하게 되어 다시 통합이라는 계기가 급속히 진행되었다. 일본 천리교교회본부에서는 이에 대한 대책으로 천리교연합회의 중요 임원들을 일본 천리교교회본부의 초청 형식으로 불러들였다. 이리하여 이들이 1961년 6월 23일 일본으로 건너갔다. 거기에서 일본 천리교교회본부의 사주를 받고 와서 우선 한국전도청 개설에 적극 참여하도록 지시하고 또 지원하게 하였다. 그래서 다시 광복 전 신도천리교시대의 관계로 돌아가는 결정적 계기가 되고, 여지껏 음성적인 간섭이 백일하에 드러나게 되었다. 그리하여 그들의 조직으로 공공연히 흡수 환원되어 진정한 자주교단파는 극소수만 남게 되었다.

### 3)진해 천리교연합회의 해산으로 한국전도청 비공식적으로 개설 활동

이리하여 해방 후 처음으로 비공식적으로 천리교한국전도청을 진해에서 발족했는데, 이것은 천리교연합회의 주요 임원들이 주동이 되어 한국전도청 개설을 적극적으로 요청하는 형식을 취하여 1961년 6월 23일자 한국전도청을 개설키로 하였다. 자세히 말하면

앞서 일본 천리교교회본부 해외전도부에서는 이 나라에서 교세가 있거나 그들에게 호응하며 순종 잘하는 교회장 중 영향력 있는 김기수 씨와 최재한・김순염・김태봉 씨 등 4인에게 주사(主事)라는 직위를 미리 주고 주사회를 만들어 여기에서 한국전도청 개설을 요청하는 결의 형식을 취했다.

자주교단 창설자이며 주창자이자 지도자인 김진조 선생은 주사에서 제외되었다. 이들 주사회의 결의로 1961년 6월 23일 한국전도청이 진해에 공개적으로 개설되고 전도청장으로 종전의 신도천리교 조선포교관리소장인 이와다조사부로 씨가 되었다. 그리고 해산했던 진해의 천리교연합회를 1962년 2월 4일에 일본의 일개 교구청처럼, 천리교 경남교구(慶南教區)라 개칭하고, 얼마 후인 5월 중순경에 천리교 영남교구청(嶺南教區廳)으로 다시 개칭하였다.

초대 교구장에 원남성(元南星)교회장 최우조(후에 최재한으로 개명) 씨가 잠시 맡고, 2대 교구장에 진해교회 김순염 여사가 맡았다.

여기에 참여한 중요 교회를 보면, 대한천리교단에 속하고 있으면서 또 대부분 일본 천리교교회와 직결되어 있는 교회들이었다. 남성(南星, 후에 원남성교회로 바뀜)교회를 비롯해 대구(大邱)교회, 순선(順鮮)교회, 미선(美鮮)교회, 경선(慶鮮)교회, 고성(固城)교회, 진해(鎮海)교회, 충무(忠武)교회, 영융(永隆)교회, 영남(嶺南)교회, 대선(大鮮)교회, 동광(東光)교회, 제주(濟州)교회, 경대(慶大)교회, 경안(京安)교회, 여수(麗水)교회, 마산(馬山)교회 등으로 국내 최상급 교회와 교세가 있는 교회들이다. 그리고 자기들 임의대로 경심교회까지도 명단에 넣고 있다.

## 다. 종속파에서 조종한 교단 교권 쟁탈전

### 1)대한천리교 교통 김진조 씨를 압박하여 사임을 유도

여기에서 종속파의 집결지인 진해 영남교구에서 본격적인 교권 쟁탈 음모를 꾸미고 공작을 진행하여 1962년 6월 26일 교통 김진조 선생의 사직서를 제출하게 하였다. 여기에 대해 대한천리교본부(서울 신당동 소재)에서는 진해의 한국전도청을 개설하고 일본천리교 영남교구를 설립하는 등 일련의 사태에 대해 이를 반대(분개라고 하고 쉽다)하는 자주교단파가 교단을 사수하기 위해 용재들이 조금씩 모여들게 되었다. 이들이 교단 사수를 결의하며 교단 재건 운동의 기운이 서서히 일어나게 되었다. 이 나라 천리교는 자주냐, 종속이냐로 갈라지며 진해파, 신당동파, 좀 늦었지만 청파동파라는 용어들이 이때를 전후하여 생겼다. 그러면서 교단은 본격적으로 투쟁이라는 강경책을 쓰며 분열과 혼돈으로 빠지게 되었다.

진해의 종속파들이 일본 교회본부의 제도와 조직을 정당화하기 위한 교의(教義) 해석을 금과옥조로 믿어 온 그들에게 있어 대한천리교의 범세계적 종교를 지향하는 자주교단은 커다란 장애가 아닐 수 없었다. 그래서 사사건건 반기를 들고 무력화를 시도해 왔다. 이를 위해서는 첫째, 철저한 자주·자립교단의 지도자인 교통 김진조 씨의 제거가 절대로 필요했다.

사실 김진조 씨는 오래 전부터 《원전》을 바탕으로 한 범세계적 천리교로서 한국적인 정서를 습합해서, 이 나라에 토착화할 것을 이상으로 하고 그 실천에 전념하여 왔었다. 그래서 그들에게 있어 교리상의 문제점은 언제나 논쟁의 대상이 되었다.

예를 들면, 특히 《친필(親筆)》 1호 4수, 이곳이야 으뜸의 터전의 성전이라고 말하고 있지마는 근본을 모르겠지, 이하 5, 6, 7, 8수와 11호 69수, 이 세상 창조한 으뜸은 야마또(大和)로서 야마베고오리(山邊郡)의 쇼야시끼(庄屋敷)이니라. 이하 70, 71, 72, 73과 17호 7수, 거기서 온 세상 인간을 모두 그 터전에서 창조하기 시작한 거야. 이하 8, 9수를 광의적인 해석으로 상징적 표현을 한 것을 실체 협의적 해석을 주창하면서 교조정신과의 모순은 물론 교조님의 가르침이며 모본의 핵심이 되는 《친필》이나 《지도서》 전체의 해석에 모순을 주는 오류를 범하면서 전개하고 있었다. 그뿐 아니라 곳곳에 쓰여진 《친필》과 《지도서》를 아전인수격으로 해석하였다. 그러나 이 나라 신도들은 이에 현혹되어 종전의 신도천리교 교리와 조직의 원천지가 된 지바(地場)를 중심한 신앙만이 있을 뿐이라는 교설에 회귀(回歸)하기 시작했다. 범세계적인 종교와 보편화에 절대 폐단이 되는 지바(地場)의 해석을 잘못 전개하고 있고 또 그것을 고수하려 했다. 자주교단파는 이러한 주장을 허구로 보고 광의로 해석하고 있었다.

일본 천리교교회본부나 종속파는 모든 수호의 유일한 근원지는 지바일 뿐이었다. 이 장소가 있는 일본 천리교교회본부를 잇지 않는 신앙, 이 장소를 떠나서는 수호를 받을 수 없다. 즉 신은 존재할 수 없으며 또 수호가 있을 수 없다. 그러하니 이에 근거한 수

직적 상하관계, 즉 오야(親)붕 꼬(子)붕 관계로 이어져 가야만 수호받을 수 있을 뿐이다. 오직 본부에서 주는 오가끼사께(교조님이 생전에 쓰신 글 〈아라가끼(荒書)와 호소가끼(細書)〉로서 아홉 번 별석을 받아서 만석이 되면 수훈의 리를 받는데, 수훈의 리를 받고 나면 오가끼사께라 하는 것을 받는다)를 받아야만 이 길의 용재가 되고 어버이신님의 수호를 받을 수 있다. 그러하니 지바만이 구제를 하고 또 수호받는 유일한 원천이며 길이다. 이것은 만고불변이라는 것이다. 여기에서 조직과 제도에 교리를 억지로 묶고 있음을 스스로 노정하고 있다. 그러하니 대한천리교는 절대로 독립하여 존재할 수 없다. 독립하는 순간에 신의 가호가 있을 수 없으며 또 천리교가 아니다라는 것이다. 결국 이런 논리가 성립된다.

'천리교교회본부에서 전술한 바와 같이 협의의 뜻으로 해석을 강요한다면 모든 《친필》과 《지도서》와 《신악가》도 이 몇 수에 저촉되어 무용지물이 되고 만다.'

그렇다면 대한천리교에서 오래 전부터 신앙을 하여 수호를 받은 자는 어버이신님의 가호가 아니란 말인가. 참으로 논리에 안 맞는 가소로운 역설이 아닐 수 없다고 신당동의 자주교단파들은 주장했다.

또 '진해측 종속교단은 일본 본부의 리(理)를 이었으니 올바른 천리교로서 수호를 받을 수 있을 뿐, 자주교단 운운하는 자는 신의 수호가 있을 수 없다'고 아전인수격으로 교리를 멋대로 유추해석하면서 교단 분열을 가속화하려 했다.

그리고 틈만 있으면 대한천리교본부를 신앙심 없는 자들의 집단(훗날 신당동파)이라고 모함하고 종속의 길로 유도하였다.

일본 천리교교회본부는 아직도 신도천리교 때의 봉건적인 상하 관계인 친자(親子, 오야붕·꼬붕) 조직을 그대로 유지하고 있었다. 그래서 교조정신(教祖精神)에 맞는 개혁을 완수하지 못하고 여전히 필요한 조직으로서 이 길이 유일한 방법이라고 계속 교설(教說)을 펴고 있었다. 당시는 교의서 등 관계 자료의 부족과 교리와 교의가 무지한 편이어서 많은 순진한 교인은 비판 없이 받아들였다. 그리고 그들 대부분은 신상(身上)과 사정(事情)으로 심약한 처지라 그대로 믿었고 이들은 최대한 이를 이용하였다.

이런 가운데 6·25 전쟁으로 폐허가 되어 살기 어렵던 시기에 이 나라 천리교 신자들, 특히 식민지(신도천리교)시대부터 신앙하던 원로들을 찾아다니며 선심을 쓰며 그들의 신앙심을 자극하여 이들을 먼저 포섭하였다. 그리고 그들을 일본으로 불러들이고 환대하며, 당시 귀했던 일제 전기 밥통이나 트랜지스터 라디오 등을 선물하고, 때로는 가져와 선물하면서 지난날을 상기시키거나 향수를 달래 주기도 했다. 그리하여 일본 교회본부와 종전의 상급교회 등에 참배시키고 관광 선심으로 공세를 취하니, 다시 계열별 종속으로 환원되어 버렸다. 그렇게 하여 그들 나름대로 세(勢)를 계속 규합하여 나갔다. 여지껏 자주·자립교단을 부르짖던 자들도 그들 일본인 상급의 이현령(耳懸鈴) 비현령(鼻懸鈴)식으로 해석하는 리(理)에 무력하게 무너져 버렸다. 그리고 리를 앞세우는 그들에게 현혹되어 교단은 날로 세력이 약화되어 무력화되고 교정은 마비되어 혼돈으로 빠져 버렸던 것이다.

그래서 대한천리교총본부는 신당동에 초라하게 사무실만 남게 되는 꼴이 되었다. 대한천리교총본부는 의욕만 있었지 교리 정립과 교정(教政) 방향을 설정하지 못했다. 이렇게 되면서 자주교단, 복지문화를 통한 토착화의 종단을 지향했지만, 한번도 제대로 비약해 보지 못한 채 이름뿐인 교단으로 전락하게 되었다. 결국 교세가 약한 교역자나 신자들만 남게 되는 현상이 되어 자연 교단이 궁색하게 되어 교단 자체를 유지 운영하는 것조차 힘들게 되었다. 이때는 대구에서 갑부 소리를 듣던 김진조 씨도 교단 창립과 그 유지를 위해 돈을 마구 끌어 쓰다 보니 그 많던 재산이 흔적없이 날아가고 빈털터리가 되어 있었다. 거기에다 급격한 교세의 위축으로 경제적 타격 등이 날로 심각해짐으로써, 당시 이 나라의 유일한 합법적인 종교단체로 인가된 교단이 위기를 맞게 되었다.

그런 속에서도 대한천리교단을 고수하려 한 자들의 노고는 말로 표현할 수 없을 정도였다. 이렇게 되자 그들 종속파들이 본격적으로 교권을 잡으려고 했다. 그리고 교단 간판을 빼앗으려고 온갖 방법으로 압박을 가했다. 그래야만 일본 천리교교회본부는 물론 종속파들이, 자주교단이라는 합법적인 종단의 우산 속에서 활동을 할 수 있고, 또 그들의 야욕을 충족할 수가 있다고 생각하였다. 그래서 이 틈을 노려 교권 쟁탈전이 본격적으로 시작되고 그 다툼이 끊임없이 전개되었다.

여기에서 세가 큰 종속파들은 신당동 교단에 대하여 고립고사(孤立枯死) 작전까지 펴게 되었다. 그리고 '교세도 미약하고 재력도 없는 자가 교통이 되어서는 안 된다'며 공공연히 말을 퍼뜨리고 여론을 만들어 압박을 가하기 시작했다. 그러자 그들은 교세도 있고 돈도 있는 최우조 원남성(元南星)교회장을 다시 이용하려 했다. 그에게 교통직을 넘겨야 교단이 산다고 선전하며 계속 압력을 넣기 시작했다. 당시 최우조 씨는 귀국한 지 얼마 안 되고, 아직 이 나라 실정에도 어두웠을 뿐 아니라 오직 신앙심 하나로 인간구제 전도밖에 몰랐고 많이 배우지도 못했다. 거기에다 성격이 단순하고 호방하여 앞서기를 좋아하며 금전에 대해서도 대범하여 과감할 정도로 뿌릴 줄 아는 자로서 수장으로서의 기질도 갖고 있었다. 그러니 쉽게 그들 종속파들에게 포섭되고 또 이용을 당하였다. 그를 잘 알고 있는 자들이 훗날 그렇게 말한 바 있다.

그리고 이런 일화가 있었다.

일본에서 귀국한 지 얼마 안 된 어느 날, 그날도 서부 경남 일대를 누비며 전도를 하고 있었다. 이때 이미 그는 산신님이 나타났다는 등 그 이름이 널리 알려져 있었다. 마산 미선교회에서 이 나라 천리교의 거두들이 모여 어떻게 하면 우리가 힘을 합해 천리교를 발전시킬 수 있느냐는 등 교단 운영 문제를 논의한 일이 있었다. 이때 미선교회장과 대구교회장, 혜성교회장, 진해교회장, 부산교회장 그 외 몇 사람의 거두들이 모여 회합을 하게 되었다. 그런데 최우조라는 일본에서 귀국한 걸출한 천리교 포교사가 서부 경남 일대를 돌아다니며 천리교 포교에 기적을 일으키며 천리교 붐을 조성하면서 놀라운 교세를 펴고 있다고 하는데, 그 최우조 씨를 불러 같이 교단 문제를 논의하고 싶다고 하여 마침 마산에서 포교 중인 그를 급히 연락하여 불러오게 되었다. 그런데 처음 참석한 최우조 씨는 멋모르고 참석하여 그들 옆에서 그들이 주고받는 이야기를 처음부터 끝까지 듣고만 있었다. 한참 듣다 보니 그들은 서로 제 잘난 말만 하고 남의 말을 진지하게 듣지도 않고 양보라는 것은 아예 없고 제 주장만 고집하더니 급기야 고성이 오고 가고 하다가 끝내 감정적인 싸움에 이르러 하나도 결론을 얻지 못하고 말았다. 그리고 상대방을 서로 비방하기 시작했다. 아무 말 없이 가만히 듣고 있던 최우조 씨는 갑자기 일어나, 화난 소리로 경상도 특유의 악센트로 욕을 하면서 '인간구제 전도하기도 바쁜데 나를 불러 이런 꼬라지를 배줄라고 시간이 아까운 사람을 불러. 이 빌어먹을 새끼들, 밥만 처먹고 이런 짓이나 하고, 그래 너희들이 무슨 신앙인이고. 이 문둥이만도 못한 놈들. 시간 있으면 전도나 하라. 바쁜 사람 붙잡고 오라 가라 하지 말고……. 웨이 더럽고 추잡한 새끼들. 아니꼬아서 더 이상 못 보겠다. 나 전도나 하러 간다'고 하며 자리를 박차고 나오려 했다. 그때 갑자기 김기수 씨가 일어나 그의 옷을 붙잡으며, '최선생 정말 미안합니다. 몰라봤습니다. 말만 들었지 정말 옳은 말씀입니다. 저가 빌지요. 정말 죄송합니다'라면서 연방 빌면서 붙잡았다. 그러면서 '저가 대신하여 사과하겠습니다. 용서하십시오'라고 하면서 그 앞에서 큰절을 했다는 유명한 일화가 전해 오고 있다.

그 후 최우조 씨를 교통으로 추대했는데, 진해측과 그의 측근인 원남성교회의 제자들과 대구교회 신자로서 그의 최 측근이 된 황기완(黃基玩) 씨 등이 더욱 적극적이었다. 그들은 김진조 교통에게 사직할 것을 권고까지 했는데, 특히 황기완 씨가 앞장서서 더욱 열을 올리며 적극적으로 사임할 것을 종용하였다고 당시 교통을 옆에서 돕고 있던 자들이 이 상황을 보고 말을 전하고 있다.

이렇게 협박하고 또 그들 산하 교회와 신도들에게 김진조 씨가 이끄는 대한천리교 교단 참여는 물론 협조를 하지 못하도록 철저히 차단하기 시작했다.

이렇게 교무비와 성금을 차단하니 자금 수입이 일체 없어 운영하는 데 당장 지장이 왔다. 그러자 교단본부에서는 매월 14일에 거행되는 교단 월차제(月次祭)에 쓸 제물대(祭物代)마저 마련할 길이 없어졌다. 그래서 매월 12일쯤 되면 남아 있는 교직자들이 조금씩 돈을 내고 모자라면 몰래 교회를 돌아다니며 구걸하러 다녔다.

당시 장우순(張又順) 씨와 조정숙(趙貞淑) 씨 등 임직원들이 운영비와 제물대를 구하느라 동분서주하며 사방으로 구걸하다시피 하였다. 많은 재산을 자주교단 창단과 유지를 위해 바친 대구 부자 김진조 교통도, 이때는 거의 무일푼이 되어 자신의 생활비조차 구하기 힘들었고, 여기에 고령이라 생활이 비참하기까지 했다. 그들은 김진조 교통의 퇴진을 전제로 금전 공세까지 하였다고 당시 그를 옆에서 모셨던 교직자들이 증언을 하고 있다.

그래서 김진조 교통은 우선 교단을 구하기 위한 조치로 어쩔 수 없이 사직하기로 마음 작정을 했다. 정성을 다해 가꾼 교단을 떠날 것을 생각하니 피눈물이 날 정도였지만, 그는 쓰라린 가슴을 달래며 교세가 미약함을 통탄하며 사직서를 내고 말았다. 그러면서 그는 오랫동안 바라던 대한천리교 유지재단의 설립과 그 인가를 받기 위해 마지막으로 전력할 것을 다짐하여 심혈을 경주하기로 했다. 당시 문교부에 근무 중인 질서(姪壻, 조카 사위)가 되는 김강현(문교부 국장까지 지냄)과 장기옥(후에 문교부 고위 간부가 됨) 씨 등 친지를 찾아다니며, 그의 유일하게 남은 재산인 대구 남산동(南山洞) 249에 있는 경심교회와 부지 등 모든 재산을 재단 기본 재산으로 내놓고 재단을 만드는 데 온 힘을 다했다.

한편 초대 교통 김진조 씨의 사임으로 새 교통 선출을 위해 중앙교의회를 열었다.

1962년 7월 11일 11시부터 12시 20분까지, 서울 성동구 신당동 소재 대한천리교총본부에서 중앙교의원 28명 중 부산교회 김득수(金得水, 金点伊 회장의 대리자로서 참석) 씨 외 25명이 참석하였다.

이때 교정부장 최우조(일명 최재한이라 부름) 씨가 개회사를 했는데 그 내용을 보면, '지난 6월 26일자로 전 교통 김진조 씨의 사표를 수리하고 후임을 선출하기 위해 교정위원회에서 교통 후보자 3인(김기수, 최우조, 김점이)을 추천한 바 있어 오늘 중앙교의원 총회에서 교통을 선출하기 위하여 소집하였다'는 것을 알리고 있다.

그리고 임시의장으로 황기완(黃基完) 씨를 선임했는데, 김기수 씨 및 김점이 여사의 기권으로 최우조 씨가 단일후보가 되어 무투표 당선이 되었다.

이어 교정부장 후임에 김기수 씨가 피선되고 전 교통 김진조 씨는 신임 교통의 발의에 의거하여 고문으로 추대한다고 결의했다. 하지만 교헌 및 규정 위배로 얼마 후 교통 선출 등은 무효가 되고, 새로이 교헌을 변경하여 선출할 때까지 최재한 선생이 교통을 직무 대행하게 되었다.

그리하여 동월 14일 교헌개정기초위원회를 선정하여 교헌 개정에 착수했다. 그리고 1962년 8월 14일 오후 3시부터 5시 30분까지 서울시 성동구 신당동에 있는 대한천리교총본부에서 정원 33명 중 김정호(金正浩) 씨 외 29명이 참석했다.

이때 교통 대리인 최우조 씨가 개회인사를 했는데 그 내용을 보면, '소집 목적은 종래의 교헌이 여러 가지로 불합리하여 이를 개정하기 위하여 모였으니 잘 협의해 줄 것을 바란다'고 되어 있었다.

김기수 교정부장은 간단한 교단 사업 개항 등의 경과보고를 했는데, 여기에서 공석 중인 심사부장에 김점이 씨를 위촉했음을 보고했다. 그리고 임시 의장 선출에 들어가 김정호 씨가 선출되고, 교헌 개정안 일부만 수정 통과하였다. 그리고 의장단 선출에 들어가 의장에 포항교회장 김정호(金正浩), 부의장에 인천교회장 이운봉(李雲鳳), 고성(固城)교회장 이영수(李英秀) 씨가 피선되었다. 그러나 구 교헌 미비로 교헌 및 규정 위반으로 무효 주장이 속출되면서 교헌 개정 문제가 다시 거론되었다.

### 2)교헌 변경과 새 교통 선출 파동

1963년 2월 23일에 거행되는 중앙교의회에서 새 교헌이 개정되었다. 그리하여 1963년 4월 14일 오후 2시에 중앙교의회를 총본부에서 열고 새 교헌에 의거하여 중앙교의회를 새로이 구성했는데, 임시 사회자는 김정호 씨가 하고 개회사는 교통 직무 대행 최우조 씨가 했다. 개회사 내용을 간기(簡記)하면, '금번 교헌 개정이 되어 교의회가 개최됨을 경하하며 전 교통 김진조 선생께서 지난해 6월 18일자로 교정위원회에 제출한 사표를 교헌상 미비로 인하여 수리가 불능하여 그 동안 교헌 개정을 추진하여 오다가 이제 합법적인 절차를 밟아 실효성을 갖게 되었음은 다행이라 생각하면서 새 교헌 제19조에 의거 처리케 되었음을 알리오니 충분히 협의하여 선처해 주시기를 바란다'고 했다.

김정호 임시 의장의 경과 보고에서도 같은 내용을 보고했는데, '전 교통의 사표 수리 결정과 교의원 정족수의 불합리한 산정으로 부득이 교헌을 변경하게 되었고, 새 집행부와 중앙교의회의 임원 선출을 오늘에야 하게 됨을 보고합니다'라고 하였다.

그리하여 먼저 의장 1명과 부의장 2명을 선출했는데, 의장에는 김정호, 부의장에는 이운봉·이영수 씨가 피선되었다.

토의 사항에 들어가서는 먼저 교통 사표 수리건을, 다음에는 신임 교통 선출건을, 그리고 3부 부장 선정건을 상정했다. 그러나 본 교헌이 개정 승인된 후 선출키로 유보되고, 1962년도 결산보고의 건을 심의 통과시켰다. 또 교규심의회를 구성하는데 그 위원으로 이운봉·김철암(金鐵岩)·강필우(康弼宇)·심의석(沈宜錫)·김영준(金英駿) 이상 5명을 전문위원으로 위촉하고 심의케 했다. 그리고 재단법인 등록 건은 교헌 개정과 함께 주무부서인 문교부에 제출하여 승인받도록 했다. 그리고 본부 청사 건축을 심의할 것을 결의했다.

한편 문교부에서는 천리교에 대해 국책에 순응하는 교단이 될 것을 요망하는 강력한 행정 요구가 있었고, 이에 3개항의 서약서를 1963년 7월 16일자로 다음과 같이 작성하고 서명하여 제출했다.

서약서(誓約書)

금번 대한천리교 총본부는 교헌정신에 입각하여 본교를 신앙하는 자는 누구를 막론하고 다음 사항에 유의하여 국책에 적극 순응할 것을 서약하겠습.

1.일본의 식민지 정책에 호응 또는 영합시되는 일체의 요인을 배제하며 민족적 주체성을 기본으로 하는 자주적 애국종교로서의 대한천리교 교단 체제를 확립하겠슴.

2.포교함에 있어 신앙 목적을 떠난 혹세무민(惑世誣民)적인 언동은 엄중히 자율적으로 단속하겠슴.

3.교단 운영에 있어 일체 분규를 초래하지 않도록 화동단결(和同團結)에 적극 노력하겠슴.

1963년 7월 5일
대한천리교 총본부
교통 김진조
교정부장 최우조
교화부장 김태봉
심사부장 김기수
역원 김정호 · 이운봉 · 전인수 · 강필우
문교부장관 귀하

상기 서약서를 제출함으로써 1963년 7월 30일 교헌 일부 변경이 승인되었다.

이것을 발표하고 1963년 9월 12일 임시 제1차 교의회를 구성하고, 즉시(1963년 9월 12일자 추천된 추천서가 첨부됨) 교정위원회 고복용(高福用, 미선교회 초대회장 부인) 씨와 황기완 · 김점이 · 김순염 · 김기수 · 김도홍(金道洪) · 김태주(金泰柱) · 김보금(金寶金) · 배대봉(裵大奉) · 추말순(秋末順) 씨 등이 추천한 후보 2명(최재한 선생과 김진조 선생)을 두고, 중앙교의원 재적 의원 33명 중 30명이 출석하였다. 당시 문교부 종무담당 사무관 이원직 씨의 배석하에 김정호 의장의 개회사에 이어 교통 직무대행인 최재한 선생의 인사가 있었다. 그리고 의장 김정호 씨의 경과 보고에서 교헌 개정에 관한 그간의 경과 보고를 보면, '지난 1963년 1월 14일 교정위원회에서 기초 위원 김기수 씨와 김정호·어득수(魚得水)·이운봉·황기완 등 6명을 선출, 1월 26일에 교헌 개정안을 수정 통과, 2월 23일 중앙교의회 방면별 임시 의장단회의에서 심의 통과하고 총본부에서 이를 접수하여 교단에서 일괄 서류를 작성하여 문교부에 제출하였던 바 5개월 여에 걸쳐서 심사하여 지난 7월 30일부로 정식 수리 결정 통보가 있음으로써 오늘 이에 근거하여 생략'이라고 되어 있다.

그리고 절차에 의거하여 교통 선출을 행하여 최재한 26표(김진조 1표, 무효 3표)로 피선됨으로써 1962년 6월 26일 김진조 교통이 사표 제출한 지 1년 3개월 만에 교정이 정상화되었다.

여기에서 김진조 씨와 김점이·고복용(高福用) 여사는 고문으로 추대하고, 역시 지난 9월 12일에 3부장에 김기수·김순염·김태주·추말순·김보금 등이 교정위원회에서 추천되었다. 이날 의회에서 김기수 씨는 교정부장, 김순염 여사는 교화부장, 김태주 씨는 심사부장으로 선출되었다.(참고로 당시 부장급 이상은 교정위원회의 추천에 의해 교의회에서 선출함.)

이때 김태봉(金太峰) 전 교화부장은 신상 발언을 통해 교정위원과 경남교구장, 강습소장을 사임한다고 공언까지 하는 등 약간의 불만도 있는 듯했다.(이듬해 1월 14일 김순염 교화부장의 사임으로 대신 김태봉 선생이 임시 교의회에서 선출됨.) 그러나 인선은 끝나고,

이어 유지재단 인가 신청이나 임원 구성에 있어 김진조 씨가 김기수 씨와 최재한 씨 등 3인의 합의 없이 일방적으로 자기의 측근만을 임원으로 구성하여 주무부서에 접수시킨 데 대하여, 이는 부당하니 일단 중지키로 결의하고 무정부 상태였던 교정은 일단 정상화의 길에 들어서게 되었다.

여기에서 새로 개정된 교헌을 살펴보면 교헌 전문이 있다. 그 전문을 보면 다음과 같다.

전문(前文)

우주만물을 생성화육(生成化育)시켜 주시는 창조주 천신(天神)의 섭리에 의하여 교조를 통해서 천리(天理)를 계시하여 주셨으니 그 교리를 일일생활에 실현함이 곧 인류의 이상이라 확신하는 우리들은, 교조가 일본국(天理市)에 탄생한 연유로서 입교 장소의 리(理)에 비추어 일본 종교적 범주하에서 성장 발달했음은 사실이나, 그 교리는 어느 국가나 특정 민족만을 위한 것이 아니고 세계를 소연(昭然)히 비추시는 월일(月日)의 진리임을 정각(正覺)할 때 유구한 역사와 전통에 빛나는 우리 대한민국은 세계 만방의 대열에 호혜평등(互惠平等)의 자유독립국가로서 발전하기를 기대하시는 천의(天意)를 받들어 천리교를 신봉하는 자라면 누구를 막론하고 애국심과 위국사업(爲國事業)에 솔선수범하여야 할 것이니, 오로지 대한천리교의 기치하에 합심 단결하여 국은 보답을 제일의(第1義)로 하며, 천부의 민족적 주체성을 기본으로 하고 영구히 정행(正行)하는 애국종교의 실(實)을 구현하기를 결의하여 서기 1956년 1월 26일에 제정된 교헌을 이제 정당한 절차에 의하여 개정한다.

서기 1963년 2월 26일

대한천리교총본부

*참고로 이 교헌은 1963년 7월 30일자로 좀 늦게 주무부에서 승인되었다. 그러나 전문(前文)과는 다르게 자주·자립교단으로써 가장 중요한 조항인 분령전수(分灵傳授) 및 수훈(授訓)에 관한 사항을 이때 삭제하였다.

이런 어수선한 속에서도 그해 5월에 우리 나라에서 처음으로 천리교 잡지인 《천리교(天理敎)》를 창간하였다.

## 3. 재단법인 대한천리교단 설립과 재단 쟁탈전

### 가. 재단법인 대한천리교단의 설립 인가

전술한 바 있지만 이 나라 교우들의 오랜 소망인 교단 유지재단인 재단법인 대한천리교단의 설립 인가는 이 나라 천리교의 앞날에 크나큰 영향을 주었다. 광복 후 우리 나라는 종교의 자유라는 이유로 일본이나 미국처럼 종교법인법 등에 대한 법규가 없어, 다만 주무(主務)부서에서 민법상의 비영리법인법을 적용하여 종교단체의 재산을 관리하면서 통제하려 한 데 목적을 두고 있는 것으로 '법인 설립 목적에 교의(敎義) 달성을 위하여 재산 관리 및 사업이라 되어 있고, 그리고 민법 32조 및 문교부 소관 비영리법인의 설립 및 감독에 관한 규칙 제5조의 규정에 의하여 위와 같이 허가합니다'라고 되어 있다. 종교단체의 재산과 사업에 대한 보호와 조치를 취하고 있었다. 그러나 이 법인의 인가를 득함에 있어 일본에서 발생한 종교라 하여 쉽게 인가를 못 받고 있다가, 1963년 10월 14일에야 문교부(설립 허가증 제111호)에서 인가를 받았다. 당시 주 사무소는 서울시 성동구 신당동 107번지의 1이며, 자산의 총액은 3,300,000원으로, 출자 방법은 기본 재산에서 나오는 과실 또는 대한천리교총본부의 보조금, 독지가의 희사금 및 사업 수입금으로 되고 있었다. 최초의 이사진을 보면, 이사장에 김진조, 이사에 김판순(金判順)·전인수(全寅洙), 감사에 박도학(朴道學) 씨가 되었다.

## 나. 재단법인 대한천리교단의 분쟁과 재단 쟁탈

그런데 이사들이 이사장 김진조 계열 일색으로 구성된 데 대하여 최재한씨와 김기수 씨 등이 이사장측에 항의하게 되면서, 얼마 후 최재한·김기수 씨가 이사로 추가되었다. 이때는 이사장과 교통직이 분리되어 있었다. 그래서 교단과 재단이 서로 업무 협조가 잘 안 되어 분쟁이 자주 생기면서 재단 쟁탈전이 벌어지게 되었다. 그래서 교통이 이사장직을 겸직하게 하려고 노력하였다. 여지껏 세(勢)만 믿고 활개를 치던 비자주파들이, 대외적으로 정부의 창구가 되는 재단을 장악하기 위해서 또다시 온갖 협박과 음모 등으로 재단 쟁탈 공세를 끊임없이 전개하였다.

그 첫째가 1965년 12월 2일 부산 영도구 청학동(青鶴洞) 남성교회(南星教會)에서 임시 중앙교의회가 개최되었는데, 그 주 의제가 재단 확장 문제였다. 그런데 이 문제가 각하됨으로써 그간 임원 등 여러 가지 문제로 인한 쌓이고 쌓인 김진조 이사장측과 최재한・김기수 양 이사측과의 감정 대립이 양성화되었다. 김진조 이사장측은 연일 주무당국과 언론・신문 등이 왜색 종단 운운하는 처지에 놓여 있음에도 불구하고, 일부 교역자들이 이러한 상황을 망각하여 시정은커녕 교단을 종속교단으로 끌고 가려 함으로써, 본래의 자주・자립교단의 창립 목적에 위배 등을 하니, 이들을 제재하기 위하여 정화위원회를 구성하게 되었다.

이에 반하여 이것이 교단 분열의 원인이 된다 하여, 이를 구실로 당시 교권파들이 부산에서 모임을 갖고 재단 불신임안을 제안하게 되고, 이때 재단이사 전원에 대하여 불신임안을 가결하게 되었다. 여기에서 당시 교정부장이며 재단 이사인 김기수 씨가 경과보고를 했는데 그 내용을 살펴보면 다음과 같다.

'재단이 성립된 것은 1963년 10월 14일로서 벌써 3년이라는 세월이 흘렀습니다. 그때 총본부 건설을 목표로 전국적으로 교회장 포교소장의 정성 어린 성금, 당시 160만 원(모금시 1,600만 환)이 희사(喜捨)되어 예치하고 전국의 교신자가 총본부 건설을 위하여 노력하고 있었으나, 당시 교통 선거에 있어 교헌의 미비로 교헌 개정이 필요했습니다. 미비한 점이란 당시 교헌 규정을 적용한다면, 생략, 교의회의 운영을 합리화시키는 전제 조건으로 교정 개혁을 해야 하였습니다. 그때 합법상의 교통이 김진조가 되어 있어 이 작업을 하는 데는 그와 상의하고 타협해야 했습니다. 여기에서 타협에 홍정이라는 해괴한 문제가 제기되었습니다. 김진조 씨는 자기 명의 사용 문제를 임의로 도용했다고 고집하고 교헌 개정을 음성적으로 반대하는 방향으로 나왔습니다. 그 저의는 당시 교헌상으로는 사표를 매일 1장씩 써내어 놓아도 수리할 수 없는 교헌이었습니다. 지금의 재단 정관과 같이……. 그래서 홍정 조건이 재단 구성이라는 문제가 대두되고 그 기본금으로 160만 원이 타협금으로 변질되었던 것입니다. 그러한 관계로 이 편의 불만을 일언반구도 양성적으로 내놓지도 못하고 오늘까지 사사건건 이해와 양보로서 대하고 있는 형편입니다. 그러한 여파로 재단 임원 구성에도 원래 약속을 위약하고 자기 일방적으로 가족 재단 분위기로 만들어 놓았던 것입니다. 당초의 약속은 김진조·최재한·김기수 등 3명이 이사로서 발족하자는 합의를 해놓고, 수속 절차 중에 약간 시간이 걸린다는 이유로 사전 타협 없이 김진조·김판순·전인수 등 3인을 이사로 선임하고 박도학을 감사로 선임 구성하여 문교부에 등록하였던 것입니다. 이것을 사후에 발견하여 본인 등 2인이 추가로 이사가 되었던 것입니다. 160만 원은 상업은행 성동지점에 예치하고, 이하 생략. 그 후 이사 5인이 문교부에 가서 과장 입회하에 정관을 축조 심의했습니다. 종신제 이사장 임기를 8년으로 수정하고, 교헌 개정을 위하여 타협을 성립시켰던 것입니다. 그 후 문교부 당국에서 설립 6개월 이내로 현금 160만 원을 부동산으로 대체 등록하라는 지시를 했는데, 이를 받고도 본인 등 2인에게는 아무런 타협도 없이 이용 가치도 없는 임야를 자기가 일방적으로 매입하여, 매입한 부동산의 위치도 공개하지 아니하고 비밀로 하고 있었습니다. 그 후 총본부 건설을 추진하기 위하여 대지를 물색하던 중 연희동 소재 임야를 본부 건설 대지로 결정하고 공사 중 지난번 외부 바람으로 중지하고 있습니다. 이하 생략, 신앙신의(信仰信義)로 이편에서 이사장에게 맡아서 처리하시오 하고 믿고 지내왔으나, 그것을 기화로 임의로 자기 일방적으로 조작해 왔으며, 또 정릉 임야를 매각 처분하기로 결의한 바 있으나 미묘하게 이유를 붙여 지연 술책을 쓰고 기만하였으며, 영천동(靈泉洞) 4의 25번지 소재 자기가 쓰고 있는 주택을 40여 만 원에 매각하고, 재단은 자기 개인의 수중에서 자기 마음대로 요리하는 존재가 되어 있습니다. 그러하므로 1965년 11월 25일 이사회를 소집하고 의안을 토론하는 도중 정관 수정부터 먼저 하자고 했으나 이사장이 거부하고 유회(流會)를 선언하는 횡포가 있었습니다. 그 후 12월 1일에는 재단 소유 영천동(靈泉洞) 주택 건물을 매각 처분하여 주택을 이전하는 등 불법 행위를 자행하고 있습니다. 그리고 질의에 응하면서, 사회에 물의와 친일적인 지도자를 규탄한다는 구실을 유포하는 간계(奸計)를 알고 있음에도 종교단체의 신의를 고려하여 언제나 자가내(自家內) 수습과 정화를 꾀하였던 것입니다. 그리고 질문에 답하면서 가족 2인 이상이 재단 이사 구성의 부당성을 지적하고 관계 당국에 호소하여 적법으로 법의 보호를 받아야 할 조치를 취하려 했습니다. 그리고 문교부 당국에서 조사하도록 해서 대책을 세우려고 문교부와 교육위원회에 진정서를 제출하였습니다.'

여기에서 다시 최재한 이사의 답변도 알아보고자 한다.

'재단 설립 후 3회 정도 이사회를 했는데 그 외에도 정식 이사회를 하고 인장(印章)을 찍은 기억은 없습니다. 정릉의 것은 합의했는데 그것은 연희동 공사를 맡아서 한 청부업자에게 공사비를 지불하려고 날인한 일은 있습니다.(650평) 그 외에는 일체 매각한다는 사실을 들은 일이 없습니다. 영천동(靈泉洞)의 것에 대하여는 법을 아는 사람에게 알아서 법적 조치를 할 계획입니다.'

여기에서 서로가 상대방을 비방하며 상대의 약점을 찾아 진정서를 넣고 또 고소 고발을 하는 사태가 일어났다.

## 다. 제1차 재단 분규(재단 부정사건 고발)

### 1)재단 부정사건 고발

1967년 9월 7일 재단 부정 사건 고발을 한다. 그 경위서(1971. 7. 20일자 재대천 제18호로 문공부에 제출한 문서에 첨부된 경위서)를 보면 다음과 같다.

#### (1)고소장 내용

①재단의 공유물인 의사록(議事錄), 직인(職印), 회계장부 등 재단 관계 서류 일체를 공인된 재단사무소에 비치 보관하여야 함에도 불구하고 김진조 씨 사택에 보관하여 사유물화함으로써 제반 부정을 자행할 온상을 조성하고 독자적으로 재단을 운영함은 민법상 벌금형에 해당하는 죄를 범하였고, ②성북구 정릉동 산 87-99 소재 임야 2반 1묘 20보를 각 이사에게는 극비리에 1967년 1월 평당 2,300원에 매도 계약하고 동년 초에 시교위(市教委)와 문교부에 최저 매매 가격을 평당 3,000원 이상에 매매하겠다고 내신(內

申)하는 행위는 감독청인 시교의와 문교부를 조롱하는 행위라 하겠으며, ③서대문구 연희동 산 87-6 소재 임야 2반 9묘 28보 외 5필지 계 2,243평을 평당 3,300원에 매도하여 자신이 대금 금액(계약금 116만 원, 잔대금 6,241,900원) 계 7,401,900원을 양차에 걸쳐 자필 서명 날인 수령하여 평당 3,000원에 매도한 양하여 차액 672,900원을 착복하고, ④대구시 중구 남산동 소재 경심교회가 1964년도에 준공하였음에도 불구하고 이는 신자의 성금 거출로서 완성하였는데 기채(起債)로서 한 양 의사록을 위조, 과반수가 필요하여 전 이사 전인수를 매수하고자 교섭타가 실패하자 결의도 없이 임의 단독적으로 1,240,000원을 부정 지출하여 법인의 재산상 손실을 가하고, ⑤이사회의 결의도 없이 김진조 전 이사장 단독으로 극비리에 경기도 고양군 현천리 산 45-1 임야 1,560평을 매입하였으며, 매도인 민갑식(閔甲植)은 평당 1,000원에 매도하였는데 중개소개인 조덕석으로부터 매수한 양 서류를 조작하여 평당 1,520원에 매수한 양하여 811,200원에 해당한 재산상의 손실을 가져왔고, 동액의 이득 자는 불명이나 이는 자신이 착복하였음이 분명하며, ⑥성북구 정릉동 산 87-99 임야 2반 1묘 20보 및 서대문구 연희동 산 87-6 외 5필지 합계 2,243평의 매도금과 신도면 현천리 45-1 임야 1,560평의 매수 및 부정 지출 등 내용은 다음과 같다.

(가)입금 지부

①서울특별시 성북구 정릉동 산 87-99 임야 2반 1묘 20보 1,500,000원 ②서울시 서대문구 연희동 산 87-6 외 5필지 합계 2,243평, 7,401,900원. 동상 합계 8,901,900원.

(나)지출 지부

①대구시 중구 남산동 소재 경심교회 준공비 1,240,000원. ②고양군 신도면 현천리 산 45-1 임야 1,560평 매입 2,371,200원. ③전 상무이사 전인수 4년분 급료조 300,000원 동상 합계 3,911,200원.

(다)은행 예치금(지출 후 잔액) ①정기예금 3,000,000원 ②보통예금 1,174,376원. 지출 금액 및 은행 예치금 합계 8,085,526원. 지출불명액 816,374원.

(2)전시와 같은 사실을 묵과할 수 없어 1967년 9월 7일 서울지방검찰청에 업무상 배임 및 횡령 죄목으로 고소를 제기하였으며, 지검에서는 직접 수사에 착수 7, 8개월여 방증수집 결과 소장에 의한 항목에 대하여 증거 불충분한 점은 불기소되고 별지 공소장 사본과 같이 1968년 5월 7일 서울 형사지방법원에 공소를 제기하였고, 기본 재산 처분 중 지출 잔액 정기예금 3,000,000원, 보통예금 1,174,000원, 계 4,174,376원에 대하여는 서울지방검찰청으로부터 압류 조치되어 지급정지 처분을 받았습.

(3)1969. 11. 19 서울형사지방법원의 언도공판 결과 김진조 무죄, 전인수 10만 원 벌금형이 확정되었습. 지법의 결심에 따라 지급정지 처분을 받아 오던 은행 예치금은 지급정지 해제 조처를 받아 상금 예치 중에 있습.

(4)서울지방검찰청에서는 서울 형사지방법원의 판결에 불복, 항소부에 상고하여 계류되어 오던 중 1971년 4월 14일 항소부 결심 선고공판은 원심 확정 판결되었습.

(5)항소부 판결에 불복한 검찰은 대법원에 상고, 1971년 6월 29일 선고 공판에서 상고 기각 처분되었습이라고 쓰고 있다.

여기에서 공소 내용을 보면 이사장 김진조, 상무이사 전인수 등을 상대로 서울지방검찰청에 업무상 배임(背任) 및 횡령으로 교단에서 고소를 한 것이다. 내용인즉 1967년 6월 5일 피고인 전인수는 재단 소유인 서울시 서대문구 연희동 산 87의 6의 소재 임야 2,243평을 최홍련으로부터 대금 7,401,900원으로 매입하고 당일에 계약금으로 176,000원을 같은 해 7월 7일에 6,245,900원을 직접 받아 이를 업무상 보관 중 위 임야를 대금 6,729,000으로 매도한 양 계약서와 장부를 허위 정리하고, 그 차액인 672,900원을 임의 소비하여 이를 횡령한 혐의로써 이사장인 김진조도 함께 고발한 것임.

여기에 김진조 이사장은 법인의 기본 재산이었던 서울시 성북구 정릉동 산 87의 99 임야 650평을 임시 이사회의 결의에 따라 처분함에 있어 재단의 최대 이익을 위하여 처분할 임무를 수행하여야 할 의무가 있음에도 이사회 결의와는 달리 1967년 1월 21일 이사회에 극비로 하여 피고인 단독으로 위 임야를 대금 1,500,000원에 원희에게 매도하고, 또한 이 매매 대금의 9할에 해당하는 잔금은 당시 문교부장관의 인가를 받고 잔금을 수령하도록 하여야 함에도 근 반 년 후인 1967년 6월 27일에야 위 신청을 하여, 이에 따라 임야 가격이 오르므로 1967년 6월 20일에 유제중이라는 자가 이 임야를 3,250,000원에 매수코자 하였던 바, 이사장은 재단을 위하여 위 매매 계약을 해제하고 고가 원매자(願買者)에게 이를 다시 매도하는 조치 등을 취하지 않았다고 고발을 추가한다.

이로 인하여 재단은 얼마 동안 마비되고, 1969년 11월 19일 서울형사지방법원 판결에서 이사장 김진조는 무죄, 상무이사 전인수는 10만 원의 벌금형이 내려졌다. 이에 고법(高法)에 항소하나 역시 1971년 4월 14일에 김진조 이사장은 무죄가 되고, 다시 대법원에

항고하지만, 1971년 6월 29일에 역시 무죄로 대법원 결심선고를 받는다. 이로 인하여 그는 이사장직을 내놓게 되고 그가 바라던 자주교단의 웅지(雄志)가 일단 중단되는 등 자주교단파가 한때 크게 위축되기도 한다.

이렇게 고소·고발이 있자 재단에서는 재단 정상화를 위하여 백방으로 노력하였다.

### 2)임시 이사(관선이사)의 선정

그리하여 우선 재단의 기능을 정상화하기 위해 재단 이사인 최재한 씨가 서울민사지방법원에 임시이사 선정에 대한 청구를 했다. 이에 의하여 1969. 9. 4일에 임시(관선) 이사로 변호사 정순학(鄭淳學), 동 양정수(楊正秀), 동 정경모(鄭庚謨), 동 김연수(金蓮洙), 동 이돈명(李敦明), 이사 최재한 등이 임시 이사가 되어 그 기간은 1969. 9. 4부터 1970. 3. 3까지로 결정(판결)되었다. 이에 근거하여 1969. 9. 18일 오후 6시에 서울시 중구 소공동 남강(南江, 식당)에서 김진조 이사장과 임시 이사 전원이 참석하고, 여기에서 이사장 김진조 씨가 개회사를 했다. 그 내용의 일부를 보면 다음과 같다.

'우리 교단(재단)이 설립된 지 5년이 되었으나 이사 상호간 의견차로 분쟁이 발생되어 재단 사업도 하지 못하고 오던 중 이사 임기가 만료되어 5인 이사 중 4인의 결원(缺員)이 생겼습니다. 차제에 정이사를 선출하기 위하여 여러분에게 괴로움을 끼치게 되었습니다. 이왕에 새 이사를 선출함에 있어서 이사를 더 증원하여 재단 사업을 추진할까 합니다. 이번 임시 이사로 선출된 분은, 생략, 김연수 이사가 용무 관계로 현재 오시지 못하고 있지만 곧 출석한다고 하니 올 것입니다. 이하 생략, 이상의 개회사를 마치고 이어 의장으로 토의 사항을 진행했는데 ①이사 정원의 건은 이사 7인으로 할 것을 결의하고 신임 이사 선임에 있어서는 교단 최고 책임자인 김진조 이사장과 최재한 교통 두 분의 합의추천서를 존중한다는 변호사 정경모 이사의 요청을 받아들여 전 이사 최재한(원남성교회장), 김판순(전 이사, 경심교회장), 강준경(교정부장, 순선교회장), 김득수(교의원, 부산교회장), 정복근(鄭福根, 교의원, 동래교회장), 최붕진(崔鵬鎭, 교의원, 수습위원장)이 만장일치로 선임 결의되었습니다. 그리고 임기 만료된 전인수와 김기수 이사가 임기 만료로 자동적으로 해임되었음을 확인하면 자동 퇴임되는 것이 분명히 된다는 임시 이사인 이돈명 변호사의 말이 있었고, 임시 이사 김연수 변호사의 발언 중에 본래 재단 분쟁이 형사문제와 민사문제로 되어 있는데, 전인수가 이사장을 걸고 들어가려고 하기 때문에 형사사건은 아직 해결되지 못하고 있습니다. 전인수는 이미 이사 임기가 만료되었으니 이사장과 최재한 교통이 서로 합의하면 당사자간의 합의가 되는 것이므로 별일 없으리라 믿습니다. 형사문제는 별도로 하고 민사 문제는 이제 해결됩니다. 이하 생략.'

이렇게 함으로써 새로운 이사진이 구성되고 재단 분규가 해결되었다.

3)2대 이사장으로 최재한 교통이 선임됨

그리하여 1969년 12월 19일 오후 3시부터 부산시 영도구 청학동 7의 6번지에 소재한 원남성교회 회의실에서 이사회 임시회의가 열렸는데, 참석자는 이사장 김진조 이사, 최재한 이사, 김판순·김득수·강준경·정복근·최붕진이었다. 그리고 방청에는 전 부산교회장 김점이 여사와 미선(美鮮)교회장 김도홍(金道洪, 당시 영남교구장) 등이 참석하였다. 이날 이사장 김진조가 개회사를 했는데 그 내용 중 일부를 보면 다음과 같다.

'오늘 재단법인 대한천리교단의 결석 임원이 보충된 후 첫 이사회입니다. 생략, 법인체로서 재단법인 대한천리교단은 활동도 제대로 하지 못하고 그냥 로봇으로 지내왔으며 목적 사업도 하지 못하고 사회에 물의만 자아내게 되어 죄송합니다.'

또 경과 보고시 재단측 대표로서 김진조 이사장이 보고하는 내용 중 일부분을 보자.

'6년간 잠만 자고 말았습니다. 그 원인은 이사 서로간 뜻이 맞지 않았고 의견 또한 상통되지 못하였으며, 이사 상호간에 이해와 양보가 없었습니다. 특히 천리교에 대한 이해가 결여되었던 것입니다. 생략, 그 이유로서 교리의 상반된 생각으로, 이반(離反)된 반성을 서로가 하지 못하였던 것입니다. 이로 인하여 국가사업에 이바지하지도 못하고 부실단체로 답보 상태에 놓여 있었습니다. 금후 주체성을 갖고 이에 맞도록 더욱 분발하여 배전(倍前)의 노력을 집중해야 할 때가 이제 도래한 것입니다. 이하 생략.'

이어 교단측 대표로 최재한 교통이 발언을 했다.

'여기에서 지난날은 각자의 의견이 상치되었던 관계로 교단 발전을 잠식하고 우리 교단이 해야 할 일을 하나도 못하고 교내적으로, 사회적으로 물의만 자아내고 교단의 위신만 추락시키며 이 시간까지 이르렀습니다. 재단 사업이 침체된 이유의 직접적인 동기는 교리를 도외시하고 인간적인 견해 차이에서 생긴 부작용이었습니다. 생략, 교단 내의 일부 인사 가운데는 최재한 씨가 귀국 후에 대한천리교가 위축되었다고 비난했지만, 이 자리에 모이신 여러분이 이 사실 여부를 인지하시고 계실 것입니다. 본인이 생각해보면 내가 귀국 후에 오늘날의 대한천리교가 흥성하였다고 생각합니다. 집안에서 믿던 천리교를 거리로 몰고 나온 역할을 했습니다. 재단 사업의 부진은 임원 상호간의 의견 불통으로 생긴 것이 사실입니다. 나 자신 창립 이사의 한 사람으로 인간 상식에 치중한 나머지 평소에 협조가 없던 사람들이 무슨 일만 생기면 이해관계를 내세워 잡음을 일으키곤 합니다. 그래서 본인은 노골적으로 공적사업에서 은퇴하려 했으나 교단을 아끼는 동지들의 권유에 재단측과 합의가 성립되면서 법원으로부터 임시 이사 선출을 청구하면서, 생략, 오늘 이 자리에 합석하신 정이사가 선출되어, 생략, 이제부터 다시는 내분이 생기지 않도록 상호 이해와 양보로서 협조하고 건실한 교단의 체제를 세워 국가사회에서 인정받는 종단이 되어야 할 것이며, 사회의 일익을 담당할 수 있는 사업을 실시하여 공헌해야 할 것입니다. 이하 생략.'

그리고 수습위원회측 최봉진 대표의 발언을 발췌하면 다음과 같다.

'사소한 견해 차이로 뜻이 통하지 못하고 교단이 분열되어 분쟁이 끊일 사이가 없이 계속 되어 온 현실을 관망하고 있을 수 없어 뜻을 동조하는 동지 몇 사람이 타협 방안을 세우고 어떠한 일이 있더라도, 심지어는 고질적인 내분의 뿌리를 뽑고 명실공히 천리교를 건설해야 하겠다는 결의를 갖고 자체 수습위원회를 조직하고 타협 작업을 시작했습니다. 생략, 그 후 교단 체계의 순서에 따라 전 교정부장이셨던 김기수 씨에게 이러한 사실을 교단 내의 인사를 통하여 재단 수습의 가능성을 전달하고 중재하여 줄 것을 요청하였던 바, 김기수 씨는 일언지하에 거절하였습니다. 생략, 그러던 차에 지난 3월 14일 본부 월례제에 참석차 상경한 강준경(姜俊卿)·김현술(金鉉述)·이경화(李庚和)로부터 김기수·김태봉 등이 합세하여 기형단체를 만들려고 한다는 것을 모 장소에서 만나서 듣고, 3월 15일 강준경에게 재단 수습 방안이 서 있다고 그간의 경과를 말한즉 강준경은, 그렇다면 최재한 교통에게 보고해서 가부를 전달하겠다는 언약을 받은 바 있습니다. 강준경은 그 길로 최재한 교통에게 내려가 재단 수습에 대한 말을 보고한즉 반신반의하면서, 서울 사람들의 성의가 그러하다면 한번 속는 셈치고 직접 만나서 말을 듣겠다고 하여 3월 21일 최재한 교통 부부가 상경하여 김현술(金鉉述)·강준경(姜俊卿)·김종도(金鐘燾)·권병수(權炳壽) 그리고 본인이 합석하여 김진조 씨와 접촉해 온 경과를 보고한즉, 그 자리에서 재단 인수에 대한 전권(全權)을 수습위원측 대표인 본인에게 위임하고 위임장을 받게 되었으며, 김진조측에도 동일자로 재단 수습에 대한 전권을 본인에게 위임하고 위촉장(별지 10. 위촉장 참조)을 받아 수습위측은 비로소 활기를 띠고 재단 인수인계 작업에 전념하기에 이른 것입니다. 그러던 중 김기수·김태봉 일파에서는 재단 수습이 예상 외로 급진을 가하게 됨으로써 비밀리에 공작 추진되어 오던, 자칭 대한천리교 연합회를 발족시켜야 하겠다는 의도에서 동분서주하여 외국인(일본 본부 사람)을 초빙하여 그 여세를 이용해 4월 14일에 대한천리교본부를 대한천리교교회연합회라는 명칭으로 개칭한다고 공공연하게 반역을 노출시키고 도전하여 온 사실이 있습니다. 이로 인하여 재단 인수 인계 작업에 일시적인 브레이크가 걸려 지난 7월 말경에 끝났을 작업이 오늘까지 연장되어 온 것입니다. 수습위원회측은 수습 방안을 김진조·최재한 쌍방간의 합의 조건으로 정하고 꾸준히 노력한 결과 오늘 이 자리를 갖게 된 것입니다. 쌍방간의 합의 협상안은 최상급 교회장을 이사로 하는 데 합의하고 교단 발전에 기여한 공이 있는 자 가운데 약간(若干)인을 선출할 수 있도록 하는 데 합의가 성립되었던 것입니다. 생략, 최재한 교통의 헌신적인 노력의 결정이라고 생각합니다. 이하 생략.'

委囑狀

本人은 崔鵬鎭에게 財團의 모든 분규建 收拾 및 財團 引受 引繼에 對한 一切의 權利를 委囑함.

但, 一. 教團側에서 本人을 相對로 提起한 서울 刑事地方法院에 繫留中인 告訴事件을 取下함에 있어 本人은 서울高等法院에 上訴中인 事件을 同日字로 取下하겠습.

二.一項 兩側 取下措置가 終了되면 本人은 崔鵬鎭이 提示한 收拾案을 全幅 支持하겠습.

三.모든 案件 處理時는 반드시 崔鵬鎭이 入會할 것.

西紀 1969年 3月 24日

서울特別市 東大門區 淸凉1洞 11의 33
委囑者 金振祚

이로써 경과 보고가 끝나고 당면 문제 토의 사항을 의장 김진조 씨가 주재했는데 중요한 것을 발췌하면 아래와 같다.

①포교활동을 함에 있어 주체성 있는 교리와 민족적 주체성을 나타낼 수 있는 포교활동을 전개할 수 있도록 정비할 것, ②포교사의 양성에 있어서 동일한 교리를 전수해야 하는데 현재 수양과를 개설하고 있는 곳마다 교리가 다소 차질이 생기고 있어, 이로 인한 부작용이 발생하여 교단 분규를 자아내는 현실임. 이 역시 재단 정관에 명시된 사업이니만큼 수양과를 재단에서 흡수하여 통일성 있는 사업이 되어야 한다. ③그리고 기본 재산 사후 처리건으로 신도면(神道面) 현천리(玄川里)에 사놓은 부동산 매입 보고가 있었고, ④재단사무소 부지 등기 이전의 건(件)으로 현재의 재단사무소 및 총본부청사(서울시 성동구 신당동 107의 1번지)로 사용 중에 있는 부지는 등기 이전해야 한다는 것이다.'

여기에 대하여 최붕진 이사의 발언을 발췌하면 다음과 같다.

'본인이 알고 있기는 허문(許汶)의 명의로 불하(拂下)된 680평 중 일부(34여 평)를 매입하고 대금도 완납되었다는 사실입니다. 그리고 1967년 말경 어우봉(魚又峰, 일명 어득수)이 주동으로 김기수·최재한 등 3인이 연대 명의로 등기 이전을 하려다가 사전에 발각되어 미수에 끝난 일이 있다는데, 등기 이전의 비용도 이미 지불된 사건으로 압니다. 이 등기 비용은 총본부에서 지불하였는지 어우봉 또는 김기수 씨가 대불하였는지 말씀해 주십시오.'

이에 대해 의장인 김진조의 답변이 있었는데 발췌해 본다.

'최봉진 이사의 질의에 대해 답변하겠습니다. 시내 성동구 신당동 107의 1 소재 부지 34평, 현재 사용하고 있는 것은 도로 부지를 합하여 112여 평을 전 소유자(관리자 연고자) 최현식으로부터 본인(김진조)이 매입하여 당시 대한천리교 총본부의 청사로 제공, 현재까지 사용 중에 있습니다. 불하 대금은 총본부에서 사용하고 있었던 고로 총본부에서 사용료조로 완불하여 주었습니다. 지상물인 건물은 1963년 재단 설립시 기본 재산으로 편입되고 부지는 그 당시 불하 대금이 완납되지 못하였던 고로 재단에 편입되지 못하고 제외되었던 것입니다. 이것을 1967년부터 발생된 교단 분규를 기화로 어우봉이 주동이 되어 김기수·최재한 등 3인의 연명의(蓮名義)로 등기 이전하려는 것을 본인이 사전 적발하여 중단시킨 사실이 있습니다. 등기 비용은 당시 본부 회계에서 지출된 것으로 알고 있습니다.'

여기에서 일동의 동의를 얻어 등기 이전을 필하고 기본 재산으로 편입시키기로 결의합니다.

*참고로 필자가 후에 알아본즉 허문 씨 앞으로 도시계획 미정리로 국유지 불하가 되지 못하고 있다가 훨씬 후인 1989년경 서울시 도시계획선의 확정으로 주소가 서울시 중구 신당동 141의 11로 변경되어 1980년 1월 16일 대한천리교 서울 교구로 소유권 보존 등기를 마치고 대한천리교 서울 교구로 사용하고 있슴.

⑤그리고 부동산 전환 확인건으로 의장인 김진조 이사장은 다음과 같이 말했다.

'연희동 소재의 땅을 매매한 금액 중 일금 사백십칠만 원이 은행에 예금되어 있는데, 그 동안 형사사건으로 서울지검에 억류당하였다가 해제된 사실이 있습니다. 억류당하고 있는 중에 문교부로부터 부동산으로 전환하도록 수차에 걸쳐 지시를 받은 바 있습니다. 지난 1969년 11월 6일 압류 해제를 받았으므로 이제는 지체치 말고 부동산 전환이 가능하게 되었으니 곧 전환 보고해야 합니다. 이사장 직권으로 이미 문교부장관으로부터 승인을 받아 놓은 미제업무(未濟業務)이기 때문에 전환하여도 가능하지만 그 동안 독재를 한다, 단독으로 했다 운운하는 이유로 분쟁이 생겨 지금까지도 계속되는 상태로 있기 때문에, 여러분 이사의 결의로 확인한 연후 여러분과 같이 부동산을 물색 전환하고자 합니다. 현재 예금 중 원금 사백십칠만 원, 이자금 일백만팔천구백 원정이 있습니다. 이 금액을 이자금은 기본 재산에서 생긴 과실이니 이자 금액도 보통재산으로 편입시켜 재단 운영자금으로 충당하면 어떻습니까.'

여기에 대해 최재한 이사(교통 겸)의 보조 발언이 있었는데 그 내용을 발췌해 본다.

'예금된 기본 재산은 마땅히 부동산으로 전환시켜야 합니다. 서울 시내 성동 관내 워커힐로 가는 방향에 위치한 임야 2,280평이 있는데 한강을 끼고 있어 금후 병원 및 기타 용지로서 적지라고 생각하며, 앞으로 그 지역은 주택지대로 발전성이 있는 유망지로 생각되기에 그 소유자인 최붕진 이사의 부인에게 양도하여 줄 것을 요청하였던 바, 부군 최붕진이 이사로 취임하게 되는데 그냥 있을 수 있겠습니까 하고 2,280평 중 재단에서 예금하고 있는 금액에 해당하는 것을 매매하고 나머지는 기증으로 하겠다고 답변하였습니다. 현재 평당 호가 8,000원에 상당하는데 감정원 감정액에

의하여 매매 성립을 시키도록 결의하여 주시기 바랍니다.'

그러자 이를 받아 즉시 최봉진 이사의 답변이 있었는데 그 내용을 발췌해 본다.

'방금 최재한 이사의 말씀을 통하여 본인의 거취를 밝히겠습니다. 여러분은 이사로 취임하면 여러분이 관리하는 교당을 기본 재산으로 가지고 들어오시는데 본인도 무엇인가 명분을 세워야 하지 않겠습니까. 그래서 최재한 이사의 말대로 부동산으로 전환해야 할, 은행에 예금된 현금(기본 재산)을 부동산으로 전환하여야 하는데 예금된 돈으로 적당한 것을 살 수 없기에 본인의 처가 소유하고 있는 임야(서울 시내는 대지로 통합) 2,280평 중 사백십칠 만 원에 해당하는 분은 매매하고 그 나머지는 기증하기로 약속하고 있습니다. 이것을 최재한 이사와 사전 상의를 하였습니다.'

여기에 대하여 만장일치로 최재한 이사의 제안이 통과되었다. 그리고 다음 의안으로 정관 개정의 건이 상정되었는데, 이는 문교부로부터 시달된 준칙에 의하여 정관 개정을 하여야 하므로, 이에 정관 개정 기초위원을 최재한 이사의 제청에 의거, 최봉진 이사, 권병수 이사, 김현술 감사, 김종도(金鐘燾) 사무국장이 추천되어 선출되었다. 그리고 임원 개선의 건에서 이사장 김진조 씨가 이사 및 이사장 사임서를 제출하면서, 그는 '본인의 부덕한 탓으로 교단 발전을 기하지 못하고 반면에 분규만 조장되고 물의만 일으켜 크게 뉘우친 바 있어 오늘과 같은 날이 있으면 사직하리라 마음먹고 있었습니다. 다행히 오늘 재단운영 정상화와 더불어 앞날의 교단 발전을 바라는 절실한 뜻에서 이사 및 이사장직을 동시에 사퇴하였사오니 처리하여 주시기 바랍니다'고 말을 남기고 퇴장했다.

여기에서 임시 의장으로 최붕진 이사가 선출되어 김진조 이사의 사표 수리에 대한 표결에서 전원 찬성함으로써 만장일치로 통과되었다. 곧이어 후임 이사장 선출에서 최재한 이사와 김득수 이사가 경합되어 무기명 투표를 하여 최재한 이사가 5표, 김득수 이사가 1표를 받아 최재한 이사가 이사장으로 당선 확정되었다.

여기에서 임시 의장의 바통이 신임 이사장 최재한 씨에게 넘어가 회의 진행의 의장이 되어 김진조 이사 대신 공석이 되는 후임 이사 선출을 했는데, 그가 김기수(혜원교회장) 씨를 추천·선출했으면 하자 최붕진 이사가 원칙으로 찬성하면서, '김기수 씨가 이사 취임을 거절할 때를 고려하여 미선(美鮮)교회장 김도홍(金道洪)을 동시에 선출하여 놓는 것이 좋을 듯합니다' 해서, 모두의 찬성을 얻어 김진조 이사의 후임으로 김기수 씨와 김도홍 씨가 선출되었다. 그 후 김기수 씨는 취임을 거부하게 되어 김도홍 씨가 후임 이사가 되었다. 그리고 상무이사 선출을 했는데 최붕진 이사가 전원 찬성으로 선출되었다. 그리고 감사로는 권병수(權炳壽)와 김현술(金鉉述) 씨가 되었고, 사무국장에는 김종도 씨가 되었다. 또 재단사무소의 접수건이 상정되었는데 의장은 '교단 분규로 재단사무를 재단사무소에서 집행하지 못해서 그간 사무 집행에 질서가 서지 못하였습니다. 이번에 새로 발족되는 재단사무 집행은 재단사무소에서 정상적으로 집행하도록 해야겠습니다. 그럼 김기수가 단독으로 사용하고 있는 재단사무소의 접수 방법을 어떻게 했으면 좋겠습니까'라고 질의한즉, 김득수 이사가 '이사진 전원이 출두하여 업무 집행을 선언하여 집무 개시합시다'고 하면서 먼저 통고문을 보내어 사전에 김기수에게 알렸다. 그리고 1969년 12월 24일로 결정하고, '26일 제사(월례제)도 모시고 1970년대의 정월 대제도 우리 교단본부에서 모시도록 합시다'고 제안하자, 모두 이에 동의하여 거수로 결의되어 그날 즉시 통고문을 보냈다.

그리고 고문을 추대하는 것을 의장이 제안했는데 교단 원로인 김진조 씨와 김점이 여사를 추대했다. 이때 김진조 씨는 상임고문으로 만장일치의 동의를 얻었다.(기타 몇 가지 결의사항은 여기서 제외함.) 그리고 임시 이사회는 김득수 이사의 제의로 이날 선출된 임원에 대하여 합동 인사로 임시 이사회를 마쳤다. 그리고 이사장 취임 및 전 이사장 해임이 1970년 1월 7일에 문교부에서 승인되었다. 그런데 재단 사무실이 김기수 편에서 불법 점령하고 있어 임시 사무소를 최봉진 씨가 거주하는 서울시 성동구 마장동 451번지에서 잠시 집행하다가 1970년 3월 15일에 서울시 성동구 신당동 247의 44번지에 있는 광명빌딩 5층 502호에 임시 사무소를 두고 김기수 씨가 물러날 때까지 사용했다.

한편 일본의 조종을 받고 있는 종속파에서는 전술한 바와 같이 1970년 4월에 경남 진해시 여좌동 518번지 진해교회에서 김태봉·김순염·조문봉 씨 등이 대한천리교실천회를 2번째로 다시 만들어 교단을 이탈했다. 그와 때를 같이하여 4월 14일에 서울시 용산구 청파동 1가 121의 3번지에서 대한천리교연합회를 다시 재정비, 창설 이탈하면서 신당동에서 철수했다. 그리하여 경성대교회 계통만의 단체가 되면서 김기수 씨가 회장이 되고 부회장에는 어우봉, 사무국장에는 김정범 씨가 되었음을 전술한 바 있다. 여기에서 또 얼마 동안 이 나라 천리교의 분쟁이 지속되었다.

### 4)기본 재산 결손 처리와 잔여 처분금으로 문영숙(文英淑) 소유 임야를 매입

다시 재단 문제로 넘어가면서 1971년 1월 5일에 재단 임시 이사회를 재단 사무국에서 개최하여 기본 재산 처분금 중 전인수의 배임 횡령 등 부실 운영으로 재산상의 손실에 대하여는 환수불능하므로 결손 처리하고 잔여 예치금 5,182,466원으로 서울특별시 성동구 자양동 산 3의 2 소재 임야 480평(최봉진 상무이사의 부인 문영숙 소유)를 매입하는 데 사용할 것을 결의했다. 이때 상무이사의 경과 보고 중에 일부를 옮겨 본다.

'재단 운영권을 김진조 전 이사장으로부터 인수받은 이후 잔무 처리를 종결시키지 못하고 있습니다. 생략, 김진조 사건 항소심이 지금껏 해결되지 못한 고로 종합 보고는 곤란, 생략, 이번에 중간 정리코자 하는 것은 기본 재산 처분금 중 미처리된 것을 처리하려는 것입니다. 이하 생략, 본론에 가서 기본 재산 처분금 사용 결의의 건에 가서 의장의 의안 설명에서 오는 회의에서 여러분의 동의를 받고자 하는 건은 1969년 12월 19일 임시 이사회 석상에서 거론되어 결의까지 받은 바 있는 은행 예치금으로 부동산 전환을 하려 한 문제입니다. 생략, 김진조 전 이사장께서 재단 기본 재산을 처분하여 처리한 경과 사항을 설명하겠습니다. 여기에서 기본 재산 처분금 내역을 보면, 1967년초 기본 재산(부동산) 처분에, 1)서울특별시 서대문구 연희동 87의 6외 5필지 2,243평에 7,401,900원(김진조 씨가 문교부 보고액, 6,729,000원), 2)서울특별시 성북구 정릉동 산 87의 99 2반 1묘 20보 1,500,000원. 처분금 합계 8,901,900

원. 지출 내역에 가서는 ①경기도 고양군 신도면 현천리 산 45의 1 소재 임야 1,560평 2,371,200원 ②대구시 남산동 소재 경심교회 준공비 992,175원 ③전인수(全寅洙) 전 이사 급료조 300,000원 ④전기 부동산 매매 소개료 165,000원 ⑤기타 재단 운영비 226,249원 ⑥전인수 전 이사 횡령금 672,900원. 합계금 4,721,524원을 공제한 잔금 4,174,376원 중 은행 예치(정기예금 3,000,000원, 보통예금 1,174,376원)하였던 것입니다. 지금까지 말씀드린 바와 같이 이 문제를 김진조 단독으로 임의 처분, 임의 지출하였던 고로 사건화되어 수년간 애로를 거듭하다가 1969년 9월에 김진조측과 극적인 합의가 성립되어 모든 재단 관리 운영권을 인수받기로 합의하여 1969년 12월에 서울지검으로 하여금 압류되었던 예치금을 해제 조치받아 예치금을 인수 예치 중에 있습니다. 인수받은 사항은 다음과 같습니다. 정기예치 원금 3,000,000원, 보통예금 원금 1,174,376원, 정기·보통 이자 합계 1,008,090원, 합계금 5,182,466원으로 지금은 모두 보통예금으로 예치 중이라고 하고, 생략, 우선 예치금으로 수익성 있는 부동산으로 전환하여 중간 정리하려는 것입니다.'

여기에서 기본 재산 처분금 예치금 5,182,466원으로 서울특별시 성동구 자양동 산 3의 2 소재 임야 480평(문영숙 소유)를 매 평당 11,000원씩으로 합계 5,280,000원에 매입하되 부족금 97,534원은 5,182,466원에 대한 이자금으로 충당한다는 것을 만장일치로 찬성 결의했다. 그리하여 행정적 수속을 밟아 차후 이사회에 보고하기로 하여 폐회하였다. 그리하여 1971년 3월 10일부로 가매매 계약서를 작성했다.

*참고로 가토지 계약서를 보면 종서로 된 당시의 토지건물 매매 계약서로서 부동산의 표시는 성동구 자양동 산 3번지의 2호, 면적 임야 480평, 대금 오백이십팔만 원정, 제일조 전기부동산 매매에 대하여 계약 당시에 매수자는 계약금으로 일금 육십만 원정을 매도자에게 지불하고 차를 수열함. 제2조 중도금 삼백육십팔만 원정을 문화공보부장관의 허가일에 지불키로 하고 잔액 중 일백만원정은 명의 이전하는 일, 매도자는 소유권 이전에 필요할 수속 서류와 상환하기로 함. 이하 3, 4, 5, 6조는 통상 조항으로 생략함. 그리고 1971년 3월 10일 매도인은 서울특별시 홍익동 278번지 문영숙, 매수인은 서울시 성동구 신당동 107번지 재단법인 대한천리교단 이사장 최재한이라고 되어 각각 서명 날인되고 재단 관인도 찍혀 있었다.

그러나 이것이 제대로 이행되지 못하여 이로 인해 오랫동안 분쟁이 있었다.

참고로 이에 대하여 이사회 때마다 최봉진 씨가 자양동 땅은 재단 기본재산의 공백을 메우기 위하여 재단에서 매입한 양 하여 현물 차입을 시켜 주어 문공부 당국에 신고하여 일단 재단 위기를 막았던 것인데, 교단이 무사히 된 이상 이 문제를 조속히 해결하여 본인에게 일시 차입된 부동산을 반환해 줘야 할 것이라고 이사회가 있을 때마다 거론을 하였다. 그리고 감정 의뢰하여 1971년 3월 6일에 감정서가 나왔다. 그리하여 1971년 3월 11일에 문화공보부장관에게 기본 재산 처분금 사용 승인을 신청했다.

1971년 7월 15일 신당동 재단사무국에서 재단 임시이사회를 개최하여 예치금으로 부동산 매입 전환의 건 등으로 회의를 소집하여 여기에서 여러 가지 재단 현황을 논의하였다.

이날 의장인 이사장의 개회사에서 회의 목적을 말하고 있는데 그 내용을 발췌해 본다.

'전략, 1967년 7월 4일 당시 문교부로부터 기본 재산 전환 허가를 받은 이후 지금에 이르기까지의 본 재단의 미제(未濟)된 업무를 정리 및 처리하고자 하는 일입니다. 생략, 1967년 7월 4일 이후부터 지금까지 그 지시 사항을 이행치 못하고 있는 실정입니다. 여러분도 주지하시는 사실입니다. 이는 재단 관계 서류 일체가 67압 제11466호에 의거 서울지방검찰청에 압류당하여 영치(領置)되어 있었던 고로 부득이한 사정에 기인하였습니다. 그러나 현 이사진이 취임 이후 수차에 걸쳐 가환부(假還付) 신청을 받기 위하여 대리인을 통하여 노력하였으나 사건이 완전히 해결되어야 환부(還付)한다는 이유로 그때를 기다리고 있었던 것입니다. 그러한 가운데 항소심도 원심 확정으로 판결되어(1970. 4. 14. 선고 공판) 대리인을 통하여 다시 가환부 신청을 최고(催告)하였으나 대법원에서 김진조는 무죄, 전인수는 벌금형(100,000원)이 확정되었습니다. 그러나 기왕에 가환부 결정되었으니 하루라도 단축시키겠다는 뜻으로 1971년 6월 30일 서울지방검찰청에 가환부 신청을 하였던 바 1970년 6월 15일 서울지방검찰청 영치품(領置品) 제1창고 화재시 우리 재단 서류 일체는 물론 수많은 압류품이 소실되었다는 사실입니다. 참고로 본 교단 관계 서류가 1967년 9월 7일 전 이사장 김진조, 전 이사 전인수를 상대로 한 업무상 배임 및 횡령 혐의의 형사사건으로 서울지방검찰청에 의하여 증거물로 압류되어 그 사건이 대법원까지 계류중 가환부 조치를 받지 못하다가 1971년 6월

9일 대법원 제2부에 의하여 가환부 결정되었으나 다음 증명서와 같이 압류된 교단 관계 서류 일체가 소실되었다는 증명원을 받게 되었다.

대법원 제2부 결정

사건 71호 24 압수물 가환부 신청(71도991)
피고인 김진조
신청인 변호사, 정순학
주거:서울시 종로구 서린동 145

주문:서울지방검찰청 76압제 1146호로 압수된 별지 목록 기재 압수물을 신청인에게 가환부한다.

-이유 생략-

1971년 6월 9일

재판장 대법원 판사 유재방
손동욱
방순원
나항윤
한봉대

–목록–

| | | |
|---|---|---|
| 1)총계장 원장 | 6)수입결의서 | 11)역원이력서 |
| 2)재산대장 | 7)참고서철 | 12)전표 |
| 3)금전출납부 | 8)의사록철 | –끝– |
| 4)지출출납부 | 9)재단인가증철 | |
| 5)접수문서철 | 10)발송문서 | |

증명원

제00-62호
주소:서울특별시 영등포구 문래동 4가 2-16
성명:김진조
주민등록번호:110319-116285

위 본인은 1967년도에 배임 및 횡령 사건으로 귀청 67압제 11466호로 압수되어 있는 물건이 1970년 6월 15일 귀청 제 1호 영치창고의 소실로 인하여 별지 압수 목록에 대한 품목이 전부 소실되었음을 증명하여 주시기 바랍니다.

1971년 6월 30일
위원인 김진조

서울지방검찰청 검사장 귀하

1971년 6월 30일자

서울지방검찰청

검사장 김용래

목록, 참조

우리가 수년간 고대하던 문제의 서류 일체가 소실되었으니 본 재단법인 설립 이후의 증거(근거)는 하나도 찾아볼 수 없습니다. 신규로 다시 하는 입장에서 그간의 모든 정리와 처리를 하여 종결시켜야 하겠습니다. 전 이사장 김진조 당시와 연결성 있는 재단 운영의 묘도 불가능하며 각종 보고 사항도 연결성 있는 보고도 할 수 없는 처지에 이르고 말았습니다. 단지 남은 것은 은행 예치금의 처리와 확실한 근거는 될 수 없으나 여러 사람이 들어서 알고 있는 상식을 모아서 최후 매듭을 지어야 하겠습니다. 그래서 종합보고를 단행하여 참신한 교단 기풍을 조성하고 의욕적인 운영으로 현실에 맞추어 재단 면모를 갖춰 보렵니다.

이상으로 오늘 임시 이사회의 성격 및 제의된 사항 처리의 필요성을 인식하실 것으로 믿고 안건 부의를 하겠습니다.'

여기서 부실한 재단의 정비를 하려고 노력한 흔적이 역력했다. 그 회의 안건에서 가)재단 비치 서류 인수 불능에 대하여는 전술한 서울지검에서의 압류, 그리고 합법적인 절차에 의해 환부받아 인수 인계하려 했으나 검찰에서 서류 일체가 소실되어 환부받지 못하므로 미제(未濟) 업무의 처리가 늦어졌다. 그리고 기왕의 결의도 백지화되어 사실을 그대로 주무부서인 문공부에 상신하여 지시 조치를 받고자 한다고 제안 설명을 하자, 근거와 증거가 있다고 하여도 흑백을 가리기가 어려운데 모든 증거물이 멸실되고 말아 어찌할 수 없으니 이제는 남은 업무에 수습과 정리만 남게 되었다고 임원 모두가 합심하여 수습키로 결의했다. 나)1967년 7월 4일자 문공부로부터 허가받은 사항을 6개월 내에 실행 보고를 못한 사유에 대하여 이 건에 대하여 의장인 이사장의 보고서를 보자.

'생략, 김진조 사건의 도화선이 된 기본 재산 처분 전환을 1967년 7월 4일 당시 문교부 장관의 허가를 받아 허가 맡은 대상물로 전환한 후 6개월 이내에 처리 완료하여야 함에도 그 기간 중 사건이 발생하여 기회를 놓치고 그 후 소송에 몰두하느라 망각하고 방치하던 중 법정 사건은 의외로 시일을 요하게 되어 당초 계획이 빗나가게 되어 지금에 이르고 있는 실정임을, 생략, 그러나 처음으로 전 이사 전인수의 이중 매매의 꾀임수에 속아 멋모르고 재단의 부정을 백일하에 폭로하고 건전한 재단으로 일인 독재의 암(癌)을 도려내고, 문자 그대로 천리교의 재단으로 재건하겠다는 일념에서 불미스러운 일이나 법정 투쟁까지 비화되는 사태를 초래하였고, 생략.'

여기에서 서면으로 이해가 잘 되도록 작성 보고하여 현실에 맞도록 처리할 것을 결의했다. 다)허가받은 대상물(후보지)을 매입하지 않고 임의로 다른 물건을 매입한 사유에 대해 이렇게 보고했다.

'1967년 7월 4일 당시 문교부 장관으로부터 허가된 매입 후보지(1후보지, 서울시 서대문구 남가좌동 292-8 대지 30평과 지상 건물 91평과 제2후보지, 서울시 서대문구 남가좌동 산 16 임야 1,600평을 구입키로 당초 승인된 장소임)를 매입치 아니하고 임의로 경기도 고양군 신도면 현천리 산 45-1 소재 임야 1,560평을 매수한 사실은 행정적으로 허용받지 못하는 처사인 것입니다. 당시 김진조 이사장이 주무장관(主務長官)의 허가 사항을 임의로 이행치 아니한 자체가 옳지 못한 것으로 내심 부정을 저지르려고 시도한 악의의 처사였다고 생각합니다. 그것이 동기가 되어 씻지 못할 재단 분규가 발생되었던 직접적인 요인의, 생략, 김진조 전 이사장이 중간 보고하여 주무부에서도 알고 있는 만큼 본 이사회에서도 이를 합법화시켜 처리함이 타당하다고 사료됩니다. 이하 생략.'

이에 대하여 이의 없이 찬성 결의되면서 경기도 고양군 신도면 현천리 산 45-1 소재 임야 1,560평이 재단 기본 재산으로 정식 편입되게 되었다.

라)전 이사장 김진조 재직시 기본 재산 처분금 유용(流用)에 대하여 의장의 제안 설명을 보자.

'본건에 대하여는 여러 임원께서 본 법인의 임원으로 취임하시기 이전 형사사건 제기 당시부터 잘 알고 있는 사실이지만 행정적 처리를 위하여 소정의 절차에 따라 하겠습니다. 그런데 유용금 내역을 간단히 설명드리면, ①서울시 성북구 정릉동 산 87-99 소재 임야 2반 1묘 20보, 매도 대금 1,500,000원 ②서대문구 연희동 산 87-6 외 5필지 2,243평, 매도 대금 7,401,900원(주무부에 보고된 것은 6,729,900원)으로 총액 8,901,900원이고 이 총액 중에서 지출 명세를 보면 경기도 고양군 신도면 현천리 산 45-1 임야 1,560평, 2,371,200원 ③대구시 중구 남산동 소재 경심교회 준공비 992,175원 ④전 이사 전인수 급료조 300,000원 ⑤부동산 매매 소개료 165,000

원 ⑥재단 운영비조 226,249원 ⑦정기예금 3,000,000원 ⑧보통예금 1,174,376원 ⑨전인수 횡령금(매수인으로부터 직접 받은 것으로 재판에서 판명된 것) 672,900원으로써 동상계금(同上計金) 8,901,900입니다. 김진조 이사장이 임의 유용한 해당 금액은 은행 예치금 4,174,376원을 공제한 4,727,524원이며, 그 중에서 고양군 신도면 현천리 산 45-1 임야 1,560평, 매입 금액 2,371,200원을 기정 사실로써 합법화시키고 김진조・전인수의 2인 공모로 추정하였던 서대문구 연희동 소재 임야 매도 대금 중 672,900원의 횡령이 전인수 단독 범행으로 판가름이 났으므로 이를 합한 금액 3,044,100원을 공제한 1,683,424원의 금액을 유용한 것입니다. 이에 대한 증거로 압류된 재단 서류 일체가 소실되고 말았으니 그 증거를 확정시키는 데 곤란이 있습니다. 생략, 이런 실정 속에서 미제(未濟)사건을 처리함에 있어서는 부득이 본 이사회에서 결손 처분하여 매듭짓는다는 결의를 하여 주무 당국의 승인을 받아 처리함이 오히려 교단 운영면에 진일보할 것이라 사료되기에 제안합니다.'

그러자 최붕진 이사가 이에 대하여 동의하면서 이렇게 말했다.

'전략, 지금까지 이사장께서 해명하여 주신 바에 대하여 지극히 타당성 있다고 믿기에 찬성합니다. 생략, 본건에 대하여는 결손 처분하는 길 이외에는 별도리가 없는 형편에 이르고 있습니다. 생략, 김진조 씨는 20여 년에 걸쳐 천리교의 발전을 위하여 자기의 개인 소유 재산을 희사(喜捨, 듣기에 지금 화폐로 5,000만 원 이상)하고 종래는 도적놈 누명을 쓰고 불쌍한 지경에까지 빠지고 있습니다. 종교는 이러한 딱한 사정을 오히려 위료하고 구제하는 것이 사명이라 하는데, 이하 생략, 이사장의 제안에 찬동합니다.'

그러자 일동은 이의 없이 찬동하였다. 그리하여 1,683,424원은 결손 처분하였다.

⑩그간의 이자금 합계 1,136,790원에 대하여는 부동산 매입에 충당하기로 결의하고, ⑪전인수 횡령사건 처리에 대하여는 의장이 이렇게 말했다.

'전략, 김진조 무죄, 전인수는 10만 원의 벌금형을 언도받았고 항소심에서도 원심 확정되었으며, 대법원에서는 소(訴)를 기각시킴으로써 역시 원심 확정이 되었습니다. 무려 4년간 연수로서는 5년 여에 걸친 소송이었습니다. 그간에 얼마나 애로가 있었는지 당해 보지 않은 사람은 그 사정을 모릅니다. 생략, 그러나 문제점은 재판에서 판명된 전인수의 횡령 사실만은 지적하여 벌금형으로 처한다는 명문일 뿐 횡령 금액 672,900원에 대한 전인수로서의 처리 방안에 대하여는 모호하게 되어 있습니다. 절차상으로는 전인수를 상대로 청구 소송을 제기하여 환수 조치를 취함이 원칙이겠으나 이에 대한 여러분의 의견을 듣고 싶습니다.'

이에 대하여 정복근(鄭福根) 이사는 즉각 청구 소송을 하자고 제안했다. 그러나 강준경(姜俊卿) 이사가 주무부서에 사실 보고하여 지시 여하에 따라 처리키로 제안하자, 모두가 이 제안을 찬동함으로써 결의하고 회의를 마쳤다.

그리하여 1971년 7월 20일자 제대천 제19호로 기본 재산 전환과 매입 예정 재산 변경 신청을 주무부인 문공부에 제출하였으나 보완 조치할 것을 지시함으로써, 기본 재산 처분 잔액 증명과 당시 부당하게 매입한 경기도 고양군 신도면 현천리 산 45의 1 임야 1,560평에 대한 구입 증빙(證憑) 자료로서 등기부 등본으로 대체

보고했다. 그리고 본 법인이 매입코자 하는 재산의 위치가 있는 서울시 자양동 지구에 위치한 임야의 과세 기준액 12,000원을 적용받고 있으며, 실제 거래액은 과세 기준액을 상회하는 시세감별 참고 자료를 첨부 제출하여, 1971년 9월 11일(종무 1732-12955)에 의거 기본 재산 전환 승인을 받고 토지 매매 계약을 1971년 9월 15일 재단 이사장 최재한 명의로 문영숙(文英淑, 당시 최붕진 상무의 부인) 여사 명의의 땅, 서울시 성동구 자양동 산 3번지 2호 임야 480평을 계약하고, 매매 대금을 1971년 10월 15일에 완불하고, 아울러 전인수 횡령금에 대하여 회수 불가능하니 이에 대한 결손 처분도 해 달라고 하는 문서를 11월 19일자 제대천 25호로 문공부에 조치 결과 보고했다. 이렇게 함으로써 전 김진조 이사장 때 야기된 재단 경리 부정 사건으로 야기된 비정상적인 재단 운영이 일단 정상화의 길로 가게 되었다.

## 라. 재단 정관 변경 및 주요 결의사항

그간의 재단 운영사항 등에 대하여 의사록에 기재된 것을 주요 조목별로 간기해 본다.

### 1)1차 정관 변경(임원 정족수의 보강 및 이사장은 교통이 겸임한다는 등)

1971년 1월 15일 재단 임시 이사회를 신당동 재단 사무소에서 개최했는데, 여기에서 정관 개정의 건이 논의되었다. 이 개정은 1969

년 12월 16일 문화공보부 고시 제83호에 의거, 정관을 개정했는데 그 주요 골자는 첫째, 주무부인 문교부가 문공부로 개칭되고, 둘째, 재단 임원 중 이사 7인을 11인으로, 감사 1인을 2인으로 증원했다. 셋째, 가장 중요한 것으로 이사장은 교헌 제13조의 규정에 의거, 선출된 교통이 겸임한다는 것으로, 그 임기는 교통의 임기로 한다는 것이었다. 넷째는 이사 임기 3년을 4년으로, 감사는 3년으로 하고, 다섯째, 교헌 및 규정을 일부 개정하는 등이었다.

이날 의장의 개회사에서 교정에 관한 현황을 설명했다. 그 내용을 여기에서 발췌해 본다.

'전략, 부가(附加)하여 교단의 교헌 및 교규를 심의 통과시켜 재단 및 교단의 업무 정상화를 도모하겠습니다. 재단 정관은 주무부가 문교부로부터 문화공보부로 바뀐 직후 정관 개정 지시가 있었으며, 문화공보부로부터 정관 준측까지 시달된 바 있었으나 여러분이 아시는 바 교단 내부 사정으로 인하여 지금까지 방치하여 왔습니다. 교단 내부의 복잡성도 1969년말에 수습되었으나 지금도 일부 교회가 이탈되어 있는 고로 기왕이면 완전 단합을 실현하여 교단 지도자급이 한자리에 모여서 의견을 종합하여 개정을 하려고 하였으나, 현 시점으로서는 현존의 교단의 체계와 제도로서는 도저히 통활을 기할 수 없어 재단 정관을 비롯하여 교헌 및 교규를 개정 및 채택을 아니할 수 없기에 오늘 임시 이사회에서 우선 교단의 모체와 토대가 되는 정관 및 교규를 심의 통과시켜 주무부장관의 승인을 받아 정체 상태에 처해 있는 교단을 정비하여 정상업무를 집행코자 하는 것입니다. 생략, 그 동안 일부 이탈된 교직자들과 손을 잡고 허심탄회한 심정으로 교단의 앞날을 위하여 명

분과 신망을 거두려고 막후 교섭과 활동을 해봤으나 요지부동인 현실입니다. 이하 생략.'

그리하여 정관 개정안 심의에 앞서 개정심의위원인 최붕진 이사의 제안 설명을 청취하면서 축조심의(逐條審議)하여 표결 처리하였다. 여기에서 의장인 이사장의 폐회 인사를 들어 보자.

'전략, 교단과 재단을 한데 뭉쳐 일원화한 것이 특색이라 하겠으며 지금까지 2원화로 인하여 교단측에서는 재산을 투입해 놓고서는 재단 운영에 대하여 일언반구 말도 못하고 재단 운영이 도대체 어떻게 돌아가는지 알 수 없는 기막힌 애로를 당하여 왔습니다. 그러나 누구든 안심하고 교단이나 재단 업무에 관여할 수 있도록 모순성을 배제하고 명실상부한 종단을 위한 정관이며 교헌·교규임을 자타가 공인할 수 있다고 사료합니다. 이하 생략.'

이상을 볼 때 당시 교정일원화를 얼마나 강조하고 있었느냐를 알 수 있다. 그리하여 문공부에 개정 신청하나 정관 내용에 일관성이 없다고 1월 30일 반송됨으로써 다시 1971년 2월 24일 재단 임시이사회를 개최하여 정관 개정 보완 지시에 의거하여 보완을 했다.

그 주요 골자를 보면 첫째, 대한천리교단의 본부는 서울특별시 내에 둔다는 것을 서울특별시 성동구 신당동 107의 1에 두고, 생략, 둘째, 이사회는 이사장과 이사로 구성한다고 한계를 명시했으며, 셋째, 정기 이사회는 연 4회 이사장이 소집하고 그 의장이 된다. 이하 생략. 넷째, 사무국장은 이사장의 지시를 받아 대한천리교단의 업무를 처리한다.

이상의 여러 가지가 애매하고 교단과 재단과의 관계가 명확하게 처리할 것을 보강하여 개정했다. 그리하여 1971년 3월 11일 제대천 제6호로 문화공보부장관에게 정관 개정 허가를 신청, 1971년 3월 19일 변경 승인을 받아 이때부터 교통이 재단 이사장을 겸임하게 되었다. 그리고 이사를 7인에서 11인으로 구성하고 재단 사무국을 두게 되었다.

### 2)교단(재단) 운영사항에 대한 감사 결과 보고

1971년 9월 20일에 부산 원남성 회의실에서 임시 이사회를 열어 재단 운영과 감사 보고건을 다루게 되었다. 이때 이사장의 개회사에서 들어 보자.

'감사합니다. 금번에도 수고하여 주셔서 감사합니다. 오늘 임시 이사회를 개최한 이유는 좀전에 교정위원회에서 논의한 바 있습니다만 재단 운영에 대한 문제를 논의하고자 합니다. 현재 재단은 문자 그대로 생명이 정지되고 있는 것과 같은 상태입니다. 생략, 현재 재단 명맥은 본부에서 영위하고 있는 수양과의 수입과 월성금(月誠金)으로 이어가고 있는데, 그 수입이 매월 10만 원선 내외인 것입니다. 수양과도 전국에서 서울 2개소, 부산 1개소, 진해 1개소, 그리고 시시로 각 지역에서 순회강습을 열고 있는 고로 그 자체 운영도 여의치 못합니다. 생략, 각 교회는 자기 멋대로 사복(私腹)을 취하느라고 광분하고 있는 실정입니다. 나는 수년간 교단 수습을 위하여 노력하느라고 자체 부채를 지고 있는 실정으로서 중앙기구인 교단본부에 협조를 못하고 있는 실정입니다. 그런데 외관상으로는 한덩어리가 되어 있는 것 같으면서도 내용적으로는 소위 계통별로 춤을 추고 있습니다. 모든 연유는 통솔자인 본인의 부덕에 있다고 생각합니다. 지금 현실은 간판만을 유지하고 있을 뿐 재단이니 교단이니 하는 본래의 사명을 수행치 못하고 있는 바임을 여러 임원께서도 너무나 잘 알고 있는 사실입니다. 이미 알고 있는 사실을 다시 말할 필요는 없으나 앞으로의 일이 암담하여 자성을 촉구하는 의미에서 밝히는 것입니다. 그런 고로 본부 직원들에게 미안하기 짝이 없습니다. 그 동안 생활비도 한푼 지불치 못하는 실정으로 이대로 계속할 것인가? 생략, 마땅히 교회를 갖고 운영하는 사람들이 재단 교단 문제를 직접 자기들의 것으로 알고 돈을 내어놓고 모든 일에 협조해야 할 것임에도, 이에 반비례하는 상황이 되었으니 앞으로 천리교가 어떻게 될 것인지 종잡을 길 없습니다. 지금 현재는 운영하는 것이라고 보기보다는 간판만을 지키고 있는 실정입니다. 이하 생략.'

이 당시의 상황을 보건대 얼마나 무책임한 교회장이며 교역자들이었는가를 다시 알 수 있으며, 뭔가 대한천리교를 위해 해보려 한 최재한 씨의 당시까지의 심정을 잘 표현하고 있습니다. 본안 심의에서도 뾰족한 대안이 없이 부산교회장 김득수 이사가 발의한 국내 최상급 교회장이 자기 계통의 소속 교회와 포교소에 독려하여 월성금을 납부토록 권장하자는 선에서 결의하고 맙니다.'

그리고 감사보고가 있었는데 김진조 전 이사장으로부터 재단 관리권을 최재한 이사장이 인수받은 이후의 재단 감사 사항을 보고했다. 권병수 감사의 감사 보고를 보자.

'전략, 들리는 말에 의하면 원남성교회 소속 교역자들 중에서 이사장이 원남성교회장인 고로 원남성교회의 부채가 전부 재단 또는 교단 수습에 쓰여졌다고 수군거리고 일부 재단 수습에 종사한 사람들이 나누어 먹은 것 같은 인상을 주고 불신임하고 색안시하는 등 불쾌한 태도를 취해 온 사실이 상당히 오래 계속되고 있어, 생략, 이상으로 재단 공금으로 지출 또는 처리된 사항을 참고로 감사한 사실로서 교통 개인의 돈은 약 일백만 원 상당 된다고 생각합니다. 그 내용은 임시 이사진 사례금, 김진조 생활비·섭외비·잡비로 지출된 것으로 알고 있습니다.'

그리고 심의 사항으로 ①기본 재산인 은행 예치금에 대하여 감사를 했으나 전과 같으며 변동이 없었고, ②상무이사 최붕진 이사가 자기 부인의 소유 재산인 부동산을 재단에 대여해 준 데 대하여 감사드리며, 조속히 반환하는데 만반의 대비를 하여야 한다는 요지가 있었다. 이상을 볼 때 소속 교회들이 얼마나 교단에 대해 비협조적이었나를 알 수 있다.

### 3)기본 재산 전환 사용과 전 이사 전인수의 횡령에 대한 처리 건 등

그리고 1971년 10월 20일 오후 4시에 부산 영도 원남성교회에서 재단법인 대한천리교단 정기 이사회가 열렸다. 이때의 부의(附議) 사항을 보면 재단 운영의 건으로, ㉠본부 청사 문제의 건 ㉡기본 재산 전환 사용의 건 ㉢임원 개선의 건 ㉣순교(巡敎)의 건 ㉤전 이사 전인수 횡령 처리의 건 ㉥초청 문제가 논의되었다.

여기에서 이사장의 개회사를 보자.

'감사합니다. 재단 기본 재산을 정리하여 본부 청사를 건설해야 하겠는데 이 문제에 대하여는 지난 수년간 수회에 걸쳐 논의되어 서대문구 연희동에 종합청사 건설을 착수하였다가 뜻하지 않은 사회 물의에 봉착하여 중단되고, 그 후 교단 내분으로 인하여 이를 수습키 위하여 노력하다가 이제 그 목적을 완수하고 재건에 앞서 본부 청사 문제를 재론 아니할 수 없습니다. 생략, 우리 교단의 내용을 살펴보면 모든 면이 기형적으로 자라나 있으며 대외적으로 체면이 서지 않는 바가 하나 둘이 아닙니다. 이 모두가 우리 지도자들에게 그 책임이 있는 것입니다. 가부간 본부 건물이 바로 서야 대외활동도 떳떳하게 할 수 있고 종교의 가치성도 의연한 분위기에서 풍겨 나가야 합니다. 이하 생략. 그러니 서울 지구에서 부지를 물색하여 우리의 현실 능력에 맞도록 공사를 착수해야 하겠습니다. 우리들이 마음을 합심하여 붐을 일으키게 되면 자연히 신도들도 같이 용솟음치고 도와주실 것입니다. 천리교가 서울·부산·진해 등으로 분할된다고 우려할 수도 있으나 마음이 합쳐지고 교세도 점차 확대되면 교구 증설을 모색하면 되겠습니다. 진해지구 선생들 황기완 씨 등이 질문하기에, 일본과 달라서 우리 나라는 나라 사정에 입각하여 국시(國是)에 맞도록 하기 위하여 사상이 안 맞으면 분할이 된다 하여도 부득이하다고 생각합니다. 나까다(中田) 씨가 중의에 따라 모든 일을 결정지어 주셨으면 모든 일이 원만을 기했을 터인데, 임의로 일방적인 처사를 하였기에 지금과 같은 어려움을 당하게 되었음을 통탄 아니할 수 없습니다. 그런 의미에서 대구교회 계통이 초청받았기에 추천하여 드렸습니다. (참고로 이때 김태봉 씨와 대구교회는 교단을 이탈하여 진해에서 대한천리교실천회를 결성하고 있었슴). 우리 나라는 반공국가이기에 국제

여행문제는 신중을 기하고 고려해서 재단은 천리교를 위하여 존재하는 고로 개인 사유물화하지 말고 유효 적절하게 효율적으로 이용하고 또 육성해야 하겠습니다. 이 점 이해하시기 바라며 우리는 항상 자비심을 베풀고 교조모본의 길을 망각치 말고 교조모본심으로 모든 일에 주안하고 처리해야 할 것입니다. 그래서 일본에서 초청되는 문제는 잠정적으로 결의해 두고 적용토록 합시다. 이하 생략.'

여기에서 최재한 선생이 당시 갖고 있는 대한천리교단에 대한 심정을 잘 나타내 주고 있다. 이어서 상무이사의 경과 보고가 있었다. 그 내용을 보자.

'성동구 신당동 107의 1번지는 아직껏 명의 등기가 미필 중에 있습니다. 건물 등기는 되어 있으나 대지 등기는 지금부터 4년 전 어우봉이 개인 명의로 이전 등기를 하려고 하려던 차에 김진조 씨에게 발각되어 중단되었습니다. 차제에 등기를 서둘러야 합니다. 전인수의 건에 대하여는 요지가 전인수 씨가 횡령한 금액에 대한 처리로서 변상에 대한 소송을 하느냐 변제 능력도 없는 자라 회수 불능이니 임원들이 할당하여 충당하느냐 결손 처분하느냐의 결의 요청이고, 그리고 부동산에 대한 현황 설명이 있었는데, ㉮고양군 신도면 현천리 임 1,560평, ㉯성동구 자양동 임 480평, ㉰성동구 신당동 대 38평, 건물 31평, ㉱대구시 남산동 대 180평, ㉲마산시 상원동 대지 및 건물에 대하여 보고했습니다. 그런데 신도면 현천리 1,560평을 답사하였던 바 바로 경계선에 인접하여 육군비행장을 건설하고 있음을 확인하였습니다. 그 일대가 군용시설 지대로서 더구나 그린벨트 지대와 겹치고 있기 때문에 현재로서 매매가

성립되지 못한 것으로 되어 있습니다. 이하 생략.'

그리하여 본안 심의에 들어가 본부 청사문제가 논의된다. 이때 이사장이, '본부 청사 문제는 재단 기본 재산 중 신도면과 신당동을 정리하여 힘에 맞도록 건축했으면 합니다. 우리 힘에 몇천 평, 몇만 평이다 하고 망상을 갖지 말고 현실에 맞게 100평에서 200평 정도로 평당 2만 원에서 3만 원 상당선으로 하면 500만 원에서 600만 원 정도의 대지를 매입하고 건축자금은 각 교회에서 거출하여 충당하는 방안을 사용할까 합니다'고 제안하자, 이에 대한 여러 가지 의견이 있었으나 이사장이 결론을 제시하였다. 이때 그가, '본인 개인 문제만 정리되면 문제가 없습니다. 그런 고로 계획만 수립하고 본부 청사를 건설한다는 것만 결의합시다. 그리고 소요 재정은 기본 재산 중 전환하여 역사를 시작할 것인즉 본부 역사를 1972년 4월경 착수한다는 것을 결의합시다'고 하자, 일동은 이에 동의하였다.

다음에 기본 재산 전환 전용의 건을 논의했는데, 여기에서 이사장은 경기도 고양군 신도면 현천리 산, 임야 1,560평과 서울시 성동구 신당동 107-1 소재 재산을 전환 승인받아 매도하여 사용하기로 하는 것을 제안했다. 이에 모두가 찬성함으로써 이사장은 주무부서에 승인을 받아 매매한 금액을 전용한다는 것에 동의 결의했다. 그리고 임원 개선의 건을 논의했다. 이때 이사장은, '오늘 회의석상에서 불성실 임원의 개선 문제를 다루지 않을 수 없습니다. 1969년 12월 19일 임시 이사회의시 본 재단 임원은 임기 중 잔무 중 불성실하였을 때는 미리 제출하여 놓은 임원사퇴서에 의하여 처리하도록 되어 있으나, 그래도 어찌 그렇게 할 수 있습니까. 정식으로 재거론하여 출석 임원의 동의를 가부간 결정해야 하겠습니다. 김도홍 이사는 취임 이후 한번도 이사회에 출석한 바 없으며 이면에서 불평 불만만 일삼고 있습니다. 여러분도 잘 아실 것입니다. 그리고 정복근 이사는 취임 첫 이사회시에는 참석하고 그 후는 한번도 이사회에 출석치 않고 있습니다. 그러니 재적상 인원만 많고 회의시마다 성원 관계로 애태워 왔습니다. 자신이 포기하는 직무와 권리를 누가 어떻게 맡아 처리하겠습니까. 정복근 이사는 방금 여기에 왔다가 고의적으로 회의 참석을 기피하고, 나는 이사직을 그만두니 충무교회장을 시키라는 전언만 하고 갔습니다. 그러니 모든 정상을 참작하여 꼭 개선토록 결의하여 줄 것을 제안합니다'고 했다. 그러자 권병수 감사가 발언을 요청했다.

'들리는 말에 의하면 미선교회장 김도홍 이사는 문공부에 사람을 보내서 등기 미필로 이사가 아니다 하고 반대한다는데, 그 반대가 밑도 끝도 없는 것이라 합니다. 반대하는 이유가 어디에 있는지 태도를 정확하게 해줘야지 덮어놓고 종무소식이니, 이는 갈아치우고 재단이나 교단을 아끼는 자로서 대체, 개선 보충하는 것이 타당하다고 생각되어 참고로 말씀드립니다.'

이에 이사장이 김도홍·정복근 양 이사를 해임시키고 보충 이사로 이영수·김철암 양 교회장을 선임토록 하자고 제안하자, 김득수 이사가 이의를 제기하고 나왔다.

'언젠가는 교단의 대단원 통합과 단합이 필수적으로 있게 마련입니다. 그런 고로 김도홍 이사는 현재의 상태가 더 계속되는 한이 있더라도 기왕에 이사직에 취임되어 있으니 그대로 두고 그 외 건만 개선토록 함이 온당한 처사라 생각합니다.'

'이에 일동이 찬성하게 되어 정복근 이사만 퇴임시키고 이영수·김철암을 새로운 이사로 선임 결의하고, 임원 개선건은 개선되었음을 공포합니다.'

그리고 '순교(巡敎)의 건'을 논하는데, 이사장이 거교적인 순교를 통하여 흐트러져 있는 교회와 유대를 강화하고 성심을 베풀어 위축된 신앙심을 일깨워 살아 있는 교단으로서 사회봉사를 할 수 있도록 하자는 것을 제안하자, 이에 대하여 김득수 회장의 찬성 발언 중에, 순교는 재단이사나 교정위원 중심으로 하지 말고 덕성 있는 교회장들도 대열에 참가시켜 순교하자고 제안했다.(요약) 이에 모두 찬성함으로써 이에 대하여 이사장이, '김득수 이사의 말씀에 좋은 의견으로 받아들여 실효성 없는 계획은 배제하고 여하한 경우에라도 실천할 수 있는 부드럽고 치밀한 순교 계획서를 입안하여 우선 그 문안을 통하여 납득과 이해되어질 수 있게 하는 것에 여러분이 이의 없이 동의하여 주셨으니 만장일치로 채택된 것을 공포합니다'고 선언했다. 다음으로 '경심교회 문제를 제의하겠습니다'고 이사장이 제의하자 김득수 이사가 발언을 했다.

'경심교회는 현재 마비와 암이 겹쳐서 교회가 아니라 수라장이 되어 있습니다. 대구시 일원에서는 타세(他勢)의 힘에 눌려 그 압력에 맥을 쓰지 못하고 있는 실정으로 조석근행도 못 올리고 참배자도 전무하다는 이야기입니다. 그러한 고로 재단 기본 재산으로 있는 교당인데 재단이 방임 묵인한데서야 됩니까. 수시로 순교도 하고 협조해서 재기시켜야 할 것입니다.'

이에 전원 찬성으로 나오자 이사장이, '그러면 이사진 교정위원진에서 교대로 순교하여 협조토록 합시다. 이하 생략' 하자, 이에 당사자인 경심교회장인 김판순 이사가 이에 대하여, '감사합니다. 여러분 앞에 면목이 없습니다. 이하 생략'라고 했다. 그리고 이사장이 '여러분의 협조를 받아 경심교회의 재기를 위한 역사를 다같이 하십시다'고 하자 모두 좋다고 찬성했다.

다음으로 '전 이사 전인수 횡령금 처리의 건'에 대한 안건을 심의했는데, 이사장은 제안 설명에서, '종무1732-12955(1971. 9. 11)로서 기본 재산 처분금 중 전 이사 전인수 횡령금 672,900원을 1971년 12월 31일까지 전인수로부터 인수 편입시키고, 금융기관에 예치한 후 잔고 증명서를 첨부하여 보고할 것이며 동 금액을 사용시는 사업계획서를 첨부하여 승인을 받으라는 지시를 받은 바 있어, 그간 전인수를 찾아 본건에 대하여 추궁하였으며 재산 상항도 면밀히 탐사해 보았으나 월세집으로 전전 생계에 위협을 받은 처지임에 회수 불가능한 처지에 있습니다. 그래서 이를 회수하기 위하여 배상 청구소송을 제기해 본들 회수 대상 재산이 있어야 할 것인데 전인수라는 인간 상대의 소송은 승소한들 결국 무용으로 돌아갈 것입니다. 생략, 차라리 포기하고 결손 처분하는 것이 효과적이라 생각됩니다. 여러분의 의견을 듣고 싶습니다'라고 했다. 이에 대하여 최붕진 이사가 '이러나 저러나 기본 재산 처분 후 막대한 재산 결손을 보았는데 주무부의 승인을 받아 결손 처분하고 기본 재산 전환 업무를 종결시키고 새로운 사업을 기획하여야 하겠습니다. 그러한 의미에서 의장의 제안을 찬동합니다'고 하자, 모두들 이에 동의 찬성했다. 이에 대하여 이사장은 이의 없이 결의되었음을 공포했다.

그리고 다음 안건으로 '초청 문제 잠정 결정의 건'을 심의했는데 이사장은 이에 대하여, '일본 천리교본부에서 시시(時時)로 각 교회의 교역자급 초청장을 보내온 일이 있는데, 이에 추천 문제를 고려치 않을 수 없습니다. 교단이 분열 상태에 있기 때문에 용이한 문제가 아닙니다. 이번에도 대구교회에서 10명이 초청을 받았는데 추천하여 주었습니다. 우리 나라는 반공국가로서 일본에서 조련계(朝聯系) 관계로 하여금 신중을 기하지 않을 수 없습니다. 그런 고로 각 교회에서 추천 의뢰가 들어오면 반드시 소속 교회장의 신원보증서를 첨부하여 추천을 재단에서 해주시되 불미한 사실이 발생하면 그에 대한 모든 수습은 해당 교회에서 전적으로 책임지고 담당하도록 하는 조치를 하고 추천장을 발급하여 주도록 결의하여 둡시다. 그리고 주무부 또는 관계 요로의 대외활동은 잠정적으로 각 계통별로 하기로 하고 교단본부에서는 추천장만 발부하여 주는 것으로 지원한다는 것입니다'라고 했다. 그러자 이에 대하여 모두들 찬성을 했다. 이에 이사장은 이에 대한 결의를 공포했다.

끝으로 이사장이 부실 재단이란 불명예를 불식하자는 말을 하자, 이를 받아서 최붕진 이사가 '전략, 우리 재단은 간판만 이용하려들지 내용이야 어떻든 얌체 짓을 하고 있습니다. 재단 재산의 증자(增資) 또는 명실상부한 재단으로 모든 요인을 갖추어야 합니다. 모두가 교단을 위하고 여러분 자신을 위하는 것이 아니겠습니까? 실시해야 할 것입니다'라고 말을 하고 이날의 회의는 끝이 났다.

1972년 3월 15일 임시 이사회를 개최하여 1971년도 사업 및 예산집행에 대한 결산 심의와 1972년도 사업 및 예산안 심의가 있었다.

### 4)임원 일부 개선(김판순 이사의 출직으로 김진조 이사 재취임 등)

이듬해인 1973년 2월 14일 오후 3시에 서울시 신당동 재단 사무실에서 임시 이사회가 열렸다. 부의 안건은 임원 일부 개선의 건인데, 이사 김판순 여사의 출직(사망)으로 인한 것이었다.

이때 의장인 이사장의 개회사를 보자.

'김판순 이사께서 1972년 11월 14일 사망하신 후 지금껏 이에 대한 개선을 하지 못하고 차일피일하였으나 재단의 전폭적인 개편을 위하여 시기 도래할 것을 기다리고 있으나 도저히 그때가 도래할 전망은 없습니다. 그런데 김진조 전 이사장으로부터 재단 관리권을 최재한 이사장이 인수 양도받을 당시 일체 교단 공직에서 물러나는 조건으로 대구시 남산동(南山洞) 소재의 재산(대지 153.8평, 건89평 7홉 6작)을 대체하여 재단 기본 재산에서 빼서 김진조에게 돌려주기로 각서 교환한 바 있으며 1969년 12월 18일자 임시 이사회에서도 결의된 바 있습니다. 그러던 중 김판순 이사가 사망함으로서 김진조 전 이사가 자기를 임원으로 다시 취임시켜 주면 각서는 무효로 하겠다는 조건을 제시하여 왔으므로 현재 재단의 사정으로서는 환원 조치할 수 없는 실정으로서 기왕 경심교회의 재산을 재단 설립 당시 기본 재산으로 편입하고 현재도 그 재산이 핵심을 이루고 있는 만큼, 그리고 노령으로서 여생을 위로하여 드리는 의미에서 각서 이행을 불문에 부치는 조건으로 김판순 이사의 임원 자리를 김진조씨로 하여금 대체시켜 줌으로써 당면한 문제를 처리함이 가당할 것으로 사료됩니다.'

그러면서 제안 설명을 하자 일동이 좋습니다라고 하면서 이의를 제기하는 자가 없으므로 신임 이사로서 김진조가 선임되고 필요한 조치를 취한다고 재확인 선포했다. 그리고 작년(1972. 12. 18자) 임기 만료된 감사는 자동 해임하고 새 감사 선출 문제는 이후로 미루게 되어 폐회했다.

그 다음날인 2월 15일에는 이사장이 일본 출장 중이라 상무이사 최봉진 주재하에 신당동 재단에서 임시 이사회를 열고 1972년 사업 실적 심의와 예산 결산 심의를 하고 1973년도 사업계획 심의와 수지 예산을 심의했다. 그리고 자체 감사 보고를 했다. 그런데 여기에서 감사 자격 문제가 논의되었다. 이미 임기 만료(1972. 12. 18)한 자들이라 문제가 되었지만, 그 임기를 1973년 2월 28일까지, 즉 연도말 보고서 보고 처리 기간까지 연장키로 결의하고 감사 보고서를 유효로 인정하기로 결의를 하고 회의를 유효하게 처리했다.

### 5)해외전도부 한국 책임자 나까다다께히꼬(中田武彦)를 초청 강사로 공식 초청건

1973년 8월 14일 10시에 서울 신당동 재단사무소에서 임시 이사회를 열고 나까다다께히꼬 초청의 건으로 회의를 했다.

이날 의장인 이사장의 개회사를 보자.

'오늘 임시 이사회의 개최는 다른 일이 아니라 일본 천리교교회본부 해외전도부 한국 관계 책임자 나까다다께히꼬를 초청하여 교의 교류 및 교조 90년제 시순에 따른 지역강습회 등 전도의 일환으로 침체되어 있는 교단의 신앙의식을 앙양시키고자 하는 데 목적을 두고 교단의 요청에 입각하여 이의 실현을 위한 여러분 임원의 의견 청취와 결의를 받고자 하오니 이를 이해하시고 심의하여 주시면 감사하겠습니다.'

그러면서 정식 의제로서 결의를 요청했다. 여기에서 의장이 다시 '전략, 우리 한국교단도 이를 좌시하고만 있을 수 없어 안일한 교단 운영의 방식을 지양하고 새롭고 참신한 교단으로, 생략, 우리 나라가 현재 추진하고 있는 유신 새마을운동을 측면적으로 밀고 나가는 자체정화운동을 펴나가는 데는 아무래도 수시 강습을 개최하여야 하겠기에 이에 충원하여야 할 강사로서 천리교의 발상지인 해외 전임강사로 일하는 강사를 초빙하여야 될 단계에 이르렀습니다. 그리하여 기왕이면 일본 천리교교회본부 해외전도 포교부 한국 책임자인 나까다다께히꼬를 초청 강사로 모실까 하여 공식적으로 요청하고자 합니다. 초청 기간은 1974년 1월 1일~1974년 12월 31일까지 1년간으로 하겠습니다. 이렇게 되면 수시로 왕래하면서 우리 교단의 사정과 연례 계획에 따라 수시로 강사일을 맡아보도록 할 것입니다. 그리고 여비 및 체류 경비 일체는 피초청자 측 부담으로 할 것입니다. 아시다시피 우리 나라는 달러의 사정이 여의치 못하기 때문에 부득이 일본 천리교교회본부 해외전도 포교부 부담으로 할 것을 방침을 세웠습니다. 이상과 같은 계획으로 나까다다께히꼬의 초청 결의를 받고자 하오니 여러분께서 주지하시고 좋은 의견 있으시면 기탄 없이 건의하여 주시면 감사하겠습니다'고 하니, 부산교회장 김득수 이사가 본안 추진에 별다른 지장이 없는가고 질의했다. 그러자 의장이 즉시 '지금까지 공식적으로 우리 교단에서 외국인을 초청하여 본 사례가 전무합니다. 그래서 처음으로 시험해 볼 겸 차제에 관계 요로에 요청하여 협조도 받고 또 사회적인 이해도 촉구하는 의미에서 단안을 내리는 것입니다. 언제까지나 음성적으로 교단이 운영될 수는 없으므로 공개적으로 정정당당하게 합리적이며 현실적인 교단 운영을 추진할까 합니다. 우리가 좋은 일을 하는데 신의 가호가 있을 것으로 압니다. 처음인 만큼 최선의 노력을 하여 성공되도록 하겠습니다'고 했다. 그러자 일동이 감사하다고 했다. 이리하여 표결되었음을 공포하고 별지 공증서 등을 만들어 초청서를 보냈다.

여기에서 한국전도청장 나까다가 공공연하게 교단의 협조를 얻으면서 교단 산하 교회 등을 마음대로 돌아다니며 교의 교류와 강습회를 핑계로 본격적인 종속교육을 하는 기회를 제공하게 되었다. 그러면서 이 나라 교단을 마음대로 돌아다니며 요리할 수 있는 계기가 마련되면서 얼마 후 한국전도청 산하 기구로 최고협의회 중앙사무국을 설치하는 데 자신을 갖게 되었다.

### 6)일부 임원 해임 결의의 건

이해 말인 1973년 11월 3일 서울시 신당동 소재 재단사무소에서 임시 이사회를 열어 '일부 임원 해임 결의의 건'을 논의했다.

지난 10월 14일자 결의된 바 있는 김도홍 이사의 직권 해임 결의는 우리 재단의 정관에 직권 처분을 할 수 있는 조항이 없다는 사유로 본인의 사퇴서가 첨부되어야 한다는 주무부의 견해임에 우선 김도홍 이사의 사퇴서를 수리할 시까지 강준경 이사의 사퇴 처리만 할 것이기에 재확인 결의를 하고자 한다는 의장인 이사장의 개회 겸 제안 설명이 있었다. 그리하여 김도홍 이사의 본인 사퇴서 수리건에 대하여 논하게 되었는데 이사장이 다시 의안을 추가로 설명했다. '이사의 건에 만류되어 왔기에 김도홍 이사에게 사퇴서를 제출하여 달라고 하여 연후에 해임 승인 신청을 하겠습니다. 주지하시기 바랍니다'고 하자 이에 모두 동의했다. 그런데 문공부에 제출한 김도홍 해임 결의 이유서를 보면, '법원 등기를 스스로 포기하고 취임 승인 후 한번도 참석치 않으며 재단 무용론을 주장하고 유포하며 이사직을 포기하는 등 교단 유지 발전을 저해' 운운하고 있었다. 그리고 강준경 이사의 사퇴 수리 조치는 재신청하여 해임 승인을 받아 처리한다고 하여 회의를 마쳤다.

미선교회 2대 회장 김도홍 씨는 교단에 참여 기회를 줘도 잘 응하지 않았다. 그러나 미선교회의 명의와 교세를 보고 교단에서 언제나 중요직에 안배하여 자리를 마련해도 대한천리교단에 대하여 언제나 불평 불만을 표하며 반대 입장을 취하여 왔을 뿐 활약한 바가 거의 없고 오직 진해 교리실천회에는 열심히 관여하여 왔었다.

### 7)최고협의회 중앙사무국을 주축으로 하는 재단 정관을 대폭 개정 기도(企圖) 등

1974년 3월 26일 오후 2시부터 서울시 서대문구 충정로 3가 3의 90번지 대한천리교 최고협의회 중앙사무국 회의실에서 재단 임시 이사회가 열렸다.

부의 사항은 ①임원 일부 선출의 건 ②정관 일부 개정의 건 ③기본 재산 일부 전환의 건 ④기타를 부의하게 되었다.

이때 의장인 이사장의 개회사를 보자.

'감사합니다. 오늘 임시 이사회를 개최하는 목적은 여러분에게 전달된 이사회 소집 목적에 명시한 바와 같이, 생략, 심의 결의코자 하는 것입니다. 임원 여러분께서는 모두 아시고 있는 사실이지만 본 재단의 누적된 각종의 업무를 본의 아닌 사정에 의하여 미루어 오게 되었음은 자타가 공인하는 사실로 되어 있습니다. 그러나 이제 희망찬 교단의 단합 과업이 진행되어 앞으로 결실된 가지가지의 청사진이 작성되어 발표될 줄 알고 있습니다. 그 동안 우리교단의 숙원이었던 단합의 좌표도 이미 설정되어 지역마다 부가된 목적사업 달성을 위하여 분발하고 있는 이때 재단 자체 정비를 병행해야 할 단계에 이르렀다고 사료하는 나머지, 이번에 이사회에 부의되는 임원의 선출, 정관의 개정은 교단의 체통을 세워 가는데 큰 보람을 기여할 것이며, 당면한 교단 실정에 부합되도록 신중을 기하여 성안하였습니다. 가급적이면 단일체제화하여 분규의 근원을 근본적으로 제거할 방침이오며, 단계적으로 시정해 나갈 계획입니다. 그리고 기본 재산 일부 전환을 계획한 것을 단합작업의 일환책으로서 무수익성의 재산으로 대체하고자 하는 것이오니 유의하여 주시기 바랍니다. 그렇게 아시고 오늘의 부의사항(의제) 심의 결의에 있어서 엄정을 기하여 주시기 바랍니다.'

그리고 부의사항의 심의에 들어가 ①임원 일부 선출의 건에 대하여 의장의 제안 설명을 했다. '임원 일부 선출에 있어서는 현 정관상 이사 정원이 11인 중 6인이 취임하고 나머지 5석은 궐석 중에 있습니다. 취임 이사 6인 중 2인은 아직까지도 등기 미필 중에 있습니다. 생략, 교단의 기구 개편에 따라 대한천리교본부라는 명칭이 대한천리교중앙사무국으로 개칭되고 행정 수반이 중앙사무국으로 이양됨으로써 중앙사무국장을 재단 임원(이사)으로 취임시켜 교단의 업무를 효율적으로 수행할 수 있도록 하자는 것입니다. 그래서 궐석 이사 5인 중 우선 1인만을 선출하는데 중앙사무국장직에 취임한 이장호를 선출할 것을 동의 요청하오니 임원 여러분께서 이의 있으시면 말씀하여 주시기 바랍니다'고 설명하자, 이때 일동이 좋습니다고 했다. 이리하여 중앙사무국장 이장호는 본 재단 임원(이사)으로 재적 임원 6인 중 4인 전원 찬성으로 선출되었음을 공포했다.

②정관 일부 개정의 건을 심의하게 되었다. 여기에서 의장이 제안 설명을 했다.

'그러면 정관 일부 개정안 심의를 하겠습니다. 생략, 심의 방법은 전례와 같이 먼저 개정안 낭독을 하고 문제점과 의문점을 질의받기로 하겠습니다.'

이때 일동 찬성한다 함으로써 '그러면 신·구 정관과 대조하시면서 청취하시기 바랍니다' 했다. 이때 정관 일부 개정안을 일일이 낭독했는데, 여기에서 주석자(註釋者)는 중요한 것만을 발췌하고자 한다.

'제1조(명칭) 이 법인은 재단법인 대한천리교단(이하 대한천리교단이라 한다)이라 칭한다라고 되어 있는 것을, 괄호 안에 들어 있는 이하 대한천리교단을 이하 본 법인이라 한다로 수정하였습니다. 제2조(소재지) 대한천리교단의 본부는 서울특별시 성동구 신당동

107의 1에 두고 필요한 곳에 지부를 둘 수 있다를, 본 법인의 사무소는 서울특별시 서대문구 충정로 3이 3의 90에 두고 필요한 곳에 지부를 둘 수 있다로 하였다. 제3조(목적) 대한천리교단의 교의 달성을 위하여 재산 관리 및 사업을 실시할 것을 목적으로 한다를, 본 법인은 재산 관리 및 교의의 이념적 구현을 위하여 필요한 사업을 실시할 것을 목적으로 한다로 하였으며, 제4조(사업) 전조의 목적을 달성하기 위하여 다음 각 호의 사업을 행한다. ①포교사업 ②포교사 양성 ③고아보호 육영사업 ④전항의 사업을 달성하기 위한 부대사업을 조문과 ①항, ②항은 변동 없고 ③사회복지사업 ④문화사업 ⑤전항의 부대사업으로 하였다. 제2장 임원, 제5조(임원) 대한천리교단에 다음의 임원을 둔다. ①이사장 1인, ②상무이사 1인, ③이사 9인, ④감사 2인을, 본 법인에 다음의 임원을 둔다. ①이사장 1인, ②상무이사 1인, ③이사 5인, ④감사 2인으로 하였다. 제6조(선출) 임원은 다음 각 호에 의하여 선출한다. ①이사장은 교헌 제13조의 조항에 의하여 선출된 교통이 겸직한다. ②이사장 이외의 임원은 이사회에서 선출한다. ③전 각 호의 임원은 문화공보부장관의 승인을 받아 취임한다를, 본 조문은 변경 없고 ①이사장은 교헌 제29조의 조항에 의하여 선출된 중앙사무국장이 겸직한다. ②이사장 외의 임원은 교헌 제30조의 조항에 의하여 선출된 중앙사무국의 각 부장이 겸직하고 나머지 임원(이사 3, 감사 2)은 이사회에서 선출한다. ③항은 전과 동으로 하였으며, 제7조(임기) 임원의 임기는 다음 각 호에 의한다. ①이사장의 임기는 교통의 임기로 한다. ②전항 1호 외의 이사는 4년으로 한다. ③감사는 3년으로 한다. ④보선된 임원의 임기는 전임자의 잔여 기간으로 한다를, 본 조문은 변경 없고 ①이사장과 이사의 임기는 4년으로 한다. ②감사는 3년으로 한다. ③보선된 임원의 임기는 전임자의 잔여 기간으로 한다로 하였으며. 그리고 각 조의 조문 중 대한천리교단을 본 법인으로 고치고, 부칙 2.(경과 조치) 이 개정 정관에 의한 보충 임원 및 기타 필요한 사항은 이사회에서 선출 또는 정한다를, ①이 개정 정관에 의한 임원은 문화공보부장관의 허가일로부터 1개월 내에 이사회를 개최하고 취임 또는 선출한다. ②기타 필요한 사항은 이사회에서 정한다. 이하 생략' 하고 질의를 받겠습니다고 하니, 김득수 이사가 질의 발언을 요청했다. 그 내용은 '①제2조에 규정된 재단사무소의 소재지를 이전(변경)하는 이유는? ②제5조에 규정된 임원 정원 중 이사 9인을 5인으로 줄인 이유는? ③제6조에 규정한 임원 선출을 교헌에 의한 중앙사무국 임원이 자동적으로 취임 겸직케 하고 일부는 이사회에서 선출토록 하였는데 그 이유는? ④그 외는 무관하다고 생각합니다'고 하면서 납득할 수 있는 답변을 바란다고 했다.

이에 의장인 이사장이 다음과 같이 답했다.

'전략, ①소재지를 서울특별시 성동구 신당동 107의 1에서 서대문구 충정로 3가 3의 90으로 옮기는 것은 기구 개편에 따라 현 주소지인 신당동 107의 1에는 서울 제2교구사무소로 쓰이고 있으며 이전하고자 하는 주소지에는 현재 교단의 중앙사무국이 교단 행정을 집행하고 있는 고로 재단 사무소는 마땅히 중앙기구와 장소를 같이 함으로써 유기적이고 효율적인 업무를 관장 수행할 수 있다는 판단에서 취해진 조치이며, ②이사 정원수는 이사장 상무이사를 포함하여 11인으로 되어 있는데 이사장 상무이사를 제외하고 9

인의 이사수는 내분을 조장할 우려가 있으며, 이사직 안배에 진통을 겪어야 하며 업무 수행상 비능률성을 내포하고 있기 때문에 중앙 교정 실무자 중심으로 임원진을 구성하려는 의미에서 9인을 5인으로 하여 이사장·상무이사 포함 7인으로 감수 조치한 것이며, ③임원 선출을 하는 데 있어 분리선출제도(分離選出制度)를 배제하고 중앙사무국 임원(요원)이 자동적으로 취임 겸직케 한 것은 재단은 교단을 위한 재단으로서 기여해야 한다는 취지이며, 모든 권능은 교단으로부터 생한다는 이념을 고취시키려는 목적입니다. 중앙사무국의 임원은 교단의 최고협의회에서 선출되는 고로 본 교단의 모든 결정은 최고협의회에서 이루어진다고 사료됩니다. 이번 기회에 재단과 교단을 단일체제로 일원화시켜 분규의 근원을 근절시키려 하는 의도이며 업무의 능률을 거두기 위함이며 번잡한 요식을 지양하고자 하는 방침인 것입니다. 종교단체인 만큼 교리 이념을 도외시할 수 없으며 지금까지 교단 내의 여론을 검토하여 단안을 내린 결정입니다. 그래서 교단과 재단의 임원은 하나의 핵으로 묶어 결속시키려는 계획입니다. ④기타는 마땅히 수정하여야 할 어구의 수정을 하였습니다.'

그러자 일동이 납득하였다고 의사를 표한다고 되어 있다.

(여기에 아무 말도 못하고 있지만 이 소식을 들은 대부분의 교역자들은 그들의 야욕을 눈치채고 본격적인 저항운동을 시작했다.) 그러자 일동이 '좋습니다'라고 쓰고 있다. 그리하여 '재적 임원수 6인 중 4인 출석으로 출석 임원 전원 찬성으로 무수정 통과 결의되었음을 공포합니다'고 했다.

### 8)기본 재산 일부 전환의 건(자양동 재산의 매도와 충정로 재산의 매입)

전항의 이사회를 계속하면서 다음 의제인 '기본 재산 일부 전환의 건'으로 넘어갔다. 여기에서 의장인 이사장이 제안 설명을 했다.

'이번에는 기본 재산 일부 전환에 대하여 심의하겠습니다. 본건에 대하여는 일부 매도와 매입에 대한 심의와 결의를 해 주셔야 하겠습니다. 그리하여 매도분으로 서울특별시 성동구 자양동 산 3의 2 소재 임야 480평(환지 평수 277평 3홉)이며 매입분 서울특별시 서대문구 충정로 3가 3의 90 소재 토지 81평 7홉, 건물 70평 1홉 9작입니다. 그러면 먼저 매입 재산에 대하여 제안 설명을 하겠습니다. 매입 예정 재산인 서울특별시 서대문구 충정로 3가 3의 90 소재 토지 81평 7홉 및 건물 70평 1홉 9작(자세한 내용 생략)은 현재 교단 중앙사무국 사무실로 사용하는 재산으로서 이 재산의 현황(연혁 및 경위)을 설명하여 드리겠습니다. 이 재산은 서울특별시 중구 남대문로 2가 111의 1 소재 주식회사 한국상업은행의 소유재산이나 서울특별시 중구 충무로 4가 126 성업공사(成業公社)를 대리인으로 하여 1973년 9월 26일 서울특별시 성동구 행당동 302의 1 이장호(李長浩)와 계약금 12,120,000원에 매매계약을 체결하고 계약 보증금 1,212,000원(제1차 불입)을 납입하고 잔금 지급은 1974년 3월 26일 5,454,000원(중도금), 그리고 1974년 9월 26일 5,454,000원(잔금)을 납입키로 합의한 다음 1973년 9월 26일에 인수, 수리하여 본 교단에 희사(출연), 1973년 12월 3일 중앙사무국 청사로 사용하고 있는 사실입니다. 그 후 지난 1974년 3월 20일 중도금 5,454,000원을 이장호가 불입하고 잔금 5,454,000원만 미지불 상태에 있는 재산입니다. 이장호는 잔금을 자신이 불입하고 난 다음 깨끗이 교단에 기증하겠다고 하지만, 우리 교단의 체면상 남은 잔금 정리는 재단에서 맡아 처리하고자 합니다. 이상으로 매입 재산에 대한 제안 설명을 하였습니다. 다음에는 매도 재산에 대한 제안 설명을 하겠습니다. 매도(처분) 예정 재산은 서울특별시 성동구 자양동 산 3의 2 소재 임야 480평(환지 평수 277평 3홉)으로서 1971년 9월 15일 매입 당시는 환경 조건이 매우 양호하여 교단에서 계획하는 사회복지사업 기관 건립에 필요한 토지였으나 그 후 1972년 10월경부터 서울특별시청에서 구획정리 사업으로 확정 편입되어(현재 공사중) 환지 지구로 되어 환지 감평(減坪) 132블록 가운데 들어 있는 재산으로 되어 있으며, 주거지역 풍치지역으로 확정되어 금후 교단에서 사용 가치를 상실한 재산입니다. 금후 수익성도 전무한 재산으로 방치할 수 없어 차제에 환매 처분하여 앞서 말한 중앙사무국에서 사용하는 재산의 잔금 처리를 하는 데 대체하고자 하는 것입니다. 그래서 1974년 3월 7일 앞에서 말한 물건을 감정원에 시가감정 의뢰한 바, 매입 예정 재산인 서울시 서대문구 충정로 3가 3의 90 소재의 토지 건물의 감정액은 15,017,000원으로 나타났으며, 매도 예정 재산인 서울시 성동구 자양동 산 3의 2 소재의 임야 환지 평수 277평 3홉의 감정액은 4,099,000원으로 나타났습니다. 이하 생략, 그런 고로 이장호로부터 6,866,000원의 재산 출연서와 권리 양도서를 수리하여 본건이 문화공보부장관의 승인이 나오면 바로 재단에서 5,454,000원을 매주 한국상업은행에 불입한 연후 이전 등기는 바로 재단 명의로 하라는 것입니다. 그러므로 상업은행에 불입할 금액은 매도 예정 재산인 서울시 성동구 자양동 산 3의 2 소재 임야 대금을 불입할 수 있는 5,454,000원으로 조정, 가계약을 성립시켰습니다. 그 외 소요되는 제반 경비는 교단에서 성금을 염출하여 충당하면 될 것으로 생각합니다. 그리고 기본 재산 전환에 소요되는 수지 예산을 말씀드리면 다음과 같습니다. 생략, 그러면 성동구 자양동 산 3의 2의 재산을 처분한 금액으로서 서대문구 충정로 3가 3의 90의 재산을 인수하는데 전액 5,454,000원을 지출하고 그 외 제반 경비 489,116원은 교단의 희사금으로 충당되어야 할 것입니다. 이상으로 제안 설명을 마치겠습니다. 이하 생략.' 이 설명을 듣고 모두 이의 없다고 하여 동의하자, 의장은 박수 표결을 유도하여 일동 박수를 했다. 그래서 의장이 무수정 통과 결의한다고 하고 이상의 모든 결의 사항을 주무장관의 승인을 구하기 위한 수속을 하겠으며, 우리 교단도 앞으로 잘 되어갈 것을 믿으며 폐회를 선언했다.

그리하여 1974년 4월 1일에 이장호에 대한 '임원 취임 신청'을 재대천 제5호로, 그리고 '정관 일부 개정 승인 신청'을 재대천 제6호로, 또 '기본 재산 일부 전환 승인 신청'을 재대천 제7호로 각각 문서를 작성하여 문화부 종무과에 신청했다. 그러나 모두가 그 후 기각되어 반송되었다.

### 9)출연 재산 처리의 건(신당동 107의 1 등의 재단사무소의 재산)

1974년 4월 6일 오전 10시에 서울시 서대문구 충정로 중앙사무국에서 재단 임시 이사회가 열렸는데 의제는 '출연재산(出捐財産,增資) 처리의 건'이었다.

의장인 이사장은 '출연재산 처리의 건'에서 다음과 같이 제안 설명을 했다.

'(금번 출연된 재산의 표시는 다음과 같다 하여 출연서와 인감증명서 및 등기부 등본을 임원에게 회람시켰다.) ①서울특별시 성동구 신당동 106의 8 소재 전(공부상 표기) 3,400평 중 57평 5홉 3작(환지 평수 38평)으로 공유지분이며 소유주(출연자) 서울특별시 성동구 신당동 107의 1 거주 허문(許汶)이며, ②또 서울특별시 성동구 신당동 107의 1 소재 대 4,156평 중 14평(환지 평수 9평 8홉)으로 역시 공유지분이며, 소유주(출연자) 서울특별시 성동구 신당동 107의 1 거주 이길용(李吉鎔)입니다. 이상과 같이 출연 재산은 2필지입니다. 그런데 방금 말씀드린 부동산(토지) 지상에는 허문이 출연한 재산 57평 5홉 3작, 건물 연와조 중 가건 1동 33평, 공부상 등기분과 무허가건 3동 합 47평으로 합계 80평이 있으며, 이길용(李吉鎔)이 출연한 재산(대) 14평은 출입구 도로 용지로 현재 사용되고 있음은 여러분이 알고 있는 사실입니다. 여러분이 알고 있다시피 ①항 지상의 건물 80평은 본 교단의 소유 재산으로서 지난날 십수년에 걸쳐 교단본부, 재단사무소, 수강원 등으로 사용되어 왔으며, ②항은 먼저도 말씀드렸듯이 출입구 도로 용지로 긴요하게 쓰이고 있는 재산으로서 지금은 재단사무소 및 제2교구 수강원으로 계속 사용되고 있는 사실도 모두가 공지하는 사실입니다. 그리고 공부상(公簿上) 등기된 기존 건물 33평은 본 재단이 1963년 10월 14일 설립될 때 기본 재산으로 당시 소유권자(장우순 외 4명)로부터 기증받아 재단에 편입된 사실도 공지의 사실입니다. 이번에 토지의 소유주 허문과 이길용으로부터 그간의 임대 관계의 연(緣)을 고려하여 본 재단에 출연하여 주신 데 대하여는 참으로 본 교단으로서는 다행한 일입니다. ①허문이 출연한 재산 38평(공적 계수는 환지평지를 씀)의 가액은 8,512,000원(이 액수는 세금 부과 기준액임)이나 실제 시세(호가)는 매평당 7만 원으로 3,040,000원으로 계상(計上)되며, ②이길용 출연 재산 9평 8홉의 가액은 1,317,120원(권리증에 표기되는 세금 부과 기준액)이나 시세 매평당 7만 원으로서 686,000원으로 산출됩니다. 이를 합하면 9,829,120원이 되나 실제 액은 3,726,000원이 됩니다. 출연서에 표기된 가액은 등기시에 쓰이는 요식에 불과한 금액임을 알아두시기 바랍니다. 그리고 이 재산은 여러분도 아시는 바 8·15 이전부터 환지계획 지구로 배정되어 있으므로 소지분의 한계선(지경)이 불명확한 상태에 있으며, 환지 작업이 실시되어 구획 배정이 결정될 때까지는 완전한 재산의 가치는 없다고 생각합니다. 그러나 환지가 실현되면 47평 8홉이 실재산이 될 것입니다. 그런데 소중하게 사용되고 있는 재산인 만큼 옥석을 구별할 필요 없이 기꺼이 증자 재산으로 처리하여 재산보호를 해야 할 줄 생각합니다. 이를 위하여 주무장관의 증자사실증명(승인)을 받아야 합니다. 본인 생각으로는 1969년 7월 22일 이전 같으면 주무부장관의 승인 없이 명의 이전 등기하고 결과 보고만

하면 된다고 생각했는데, 지금은 민법 제42조와 대법원 판례의 정하는 바에 따라 출연재산이라 할지라도 사전에 주무장관의 승인을 받아 등기 절차를 취하도록 된 고로 이사회의 결의를 받아 주무부 장관의 승인을 득한 연후 처리하여야 하겠습니다. 본건에 대한 재산상의 연혁은 여러분께서 너무나 잘 알고 있는 사실이기 때문에 자세한 설명은 생략하겠습니다.'

이렇게 동의를 구하자 정복근(鄭福根) 의원이 이사회에서 결의하여 수속 절차를 마치면 뒤에 무슨 말썽이나 없겠느냐고 질의가 있었지만, 모두들 찬성하게 되어 거수로서 표결하여 결정했다. 그리하여 등기 이전에 필요한 주무장관의 증자사실증명을 발급받기 위한 수속을 취하기로 하고 폐회를 했다. 그리하여 1974년 4월 25일 재대천 제8호로 '출자 사실증명 발급 신청'을 문공부 종무과에 제출했다. 그러나 반려되어 보완 서류를 만들어 다음달 5월 3일에 재 제출했다.

### 10) 재단 임원에 대한 독선적인 인사 관리로 부실재단이 됨

1974년 5월 20일 오후 1시 부산 원남성교회에서 임시 이사회를 개최했다. 부의 안건은 결석 임원(이사 및 감사) 선출의 건이었다.

의장인 이사장은 개회사에서 부의 사항에 명시된 결석 이사의 선출에 대하여 이야기했다.

'전략, 지난번 중앙사무국장 이장호를 우선 이사로 선출 취임시키려 했으나 본 교단의 사정에 의하여 일시 유보 조치하였습니다. 이번에도 이장호의 이사 취임은 보류하고 교회장 중심으로 한 임원 선출을 하고자 합니다. 그리고 이번에 선출하고자 하는 임원수도 우선 3분의 2선만 유지할 수 있도록 하여, 제반 당면 과제를 처리한 연후 거교단적인 임원 개편을 하고자 하는 계획이오니 주지하시고 신중히 심의하여 주시기 바랍니다.'

그리고 안건 심의를 했는데 궐석의원(이사 및 감사) 선출의 건을 제안했다. 이때 11명 정원에서 부족한 이사를 선임했는데 우선 이영수(李英秀)·김철암(金鐵岩)·조수현(曺洙鉉) 등 3명과 감사로 김현술(金鉉述)·이춘수(李春洙, 이재명)를 선출했다. 그리하여 문공부에 취임 요청을 했다. 그러나 정관상 성원 미달이라는 이유로 반려되었다. 여기에서 원남성교회 산하 교직자 일색임을 볼 수 있다. 그 후 다시 임시 이사회를 8월 26일에 개최하여 그간 출직한 김진조(6월 9일 사망) 이사 등 부족 이사를 선출했는데, 이때 이영수·김철암·조수현·배석수·조덕구·이장호 그리고 감사에 김현술·이춘수 등 2명을 선출했다. 이때는 타 계열 교직자도 넣어 선출하여 1974년 9월 12일 문화공보부장관에게 취임 승인 요청을 하지만, 이미 임기 만료되어 실기했다 하여 문책성 반려를 받았다. 이러한 일련의 인사 처리와 일관성 없는 운영 관리가 도화선이 되어 임원 임기를 놓치는 등으로 부실 재단이 되어 결국 임시(관선) 이사 선임 등의 사태가 발생하면서 이사장과 교통직을 잃고 말았다.

## 마. 제2차 재단 분규(한국전도청의 재단 탈취 음모)

### 1)발생 원인

1971년 1월 21일 최재한 교통은 교통과 이사장을 겸직토록 하는 정관과 교헌을 개정했다. 당시 이사 정원 7인을 11인으로 하고 감사 1인을 2인으로 만들어 교단의 각 계통에서 이사 및 감사를 안배한다는 구실로 하여 그해 3월 19일 주무부의 승인을 받았다. 그러나 최재한 이사장은 자기 교회 소속 교직자와 추종자들에게 일방적으로 자기네 사람을 보충하려 들었다. 그래서 여러 번 시도하지만 그때마다 실패를 했다. 이런 시도를 거듭하게 되면서 임기 전에 임원 개편을 기하지 못하고 시기를 놓쳐 버렸다. 1974년 3월 26일 재단 임시 이사회를 서대문구 충정로에 있는 중앙사무국에서 개최하여 중앙사무국장 이장호를 이사로 추천하고, 기본 재산이 되어 있는 구의동 재산(최봉진 부인이 제공)을 돌려주고 대신 충정로 재산(중앙사무국으로 쓰고 있는 재산)으로 대체하기로 했다. 즉 교환 조건으로 하여 중앙사무국장을 당연직 이사장으로 하기로 약속하여 이 약속을 위해 정관을 변경함과 동시에 교헌도 변경키로 했다. 그러나 이사 정원 11명 중 재적 6명에 4명의 찬성으로 결의하니 정관상 변경 요건의 정족수가 미달되어 그 효력을 발휘하지 못하고 문공부에서 반려되었다. 그리고 이로 인하여 말썽이 생기자 4월 1일 최재한 이사장이 이사장 직권을 이장호에게 위임한 것이 잘못되었다는 내용의 통지서를 보내 수습하고자 했다. 그 후

1974년 5월 20일 다시 임시 이사회를 개최하여 11명 정원에서 부족한 이사를 선임했는데, 우선 이영수(李英秀)·김철암(金鐵岩)·조수현(曺洙鉉) 등 3명과 김현술(金鉉述)·이춘수(李春洙) 등 2명을 감사로 선출하여 문공부에 임원 취임 승인 요청을 했다. 그러나 역시 정관상 성원 미달이라는 이유로 반려되었다. 그리하여 다시 임시 이사회를 8월 26일에 개최하여, 그간 6월 9일에 출직(사망)한 김진조 이사 등 부족 이사를 선출했는데 역시 이영수·김철암·조수현·배석수(裵錫守)·조덕구(曺德九)·이장호, 감사에 김현술·이춘수 등 2명을 선출했다. 그리하여 1974년 9월 12일 문화공보부 장관에게 임원 승인 요청을 했다. 이에 대하여 문공부에서 8월 26일 임기 만료되어 실기한 데 대한 문책성 반려를 시사(示唆)하자, 이에 대하여 10월 10일 재대천 제22호로서 임원 취임 승인 신청을 반려 의뢰 공문을 최재한 이사장 명의로 보냈다고 전항에 술한 바 있다. 후속으로 임기 기일을 넘긴 데 대한 사과 각서를 전 이사장 최재한 씨 명의로 10월 16일자로 보내고, 또 이사를 대표하여 최붕진 씨가 철회 사유서를 보냈는데 그 내용을 보면, '1974년 8월 26일 임시 이사회에 김도홍 이사가 출석치 않았는데도 불구하고 출석한 양 임시 이사록에 서명 날인한 것은 날조, 생략, 신규 임원으로 선출된 이영수의 구비 서류 미비를 감안하시고 차제에 귀부에서 지시한 바 있는 지시 사항에 의거하여 법원에 임시(관선) 이사 선임을 신청하여 정당한 방법으로 임원진을 개편하고자, 생략, 이의를 제기하오며 철회를 요청하오니 선처를 바라나이다'라고 쓰고 10월 25일자로 송부했다. 여기에서 전도청과 그를 추종하는 소위 종속파의 노골적인 음모가 표면화되었다. 이사록에서 본 바와 같이 임원 선출에 있어 중앙사무국장을 행정 수반 운운하면서 중앙사무국장 이장호를 당연직 재단 이사장으로 하고 중앙사무국 각 부장도 취임과 동시에 이사로 겸직케 하여 일본 천리교와 전도청의 하수기관으로 만들려고 하는 저의가 뚜렷이 보이는 정관으로 고치려 한 행위, 또 이에 맞게 교헌을 개정하려 했다. 이에 자극을 받은 여러 이사와 신당동의 재건운동을 추진하고 있는 많은 교직자들이 분개하여 일어나게 되었다. 그리하여 결국 임시(관선) 이사를 선임하게 되는 법정 투쟁을 하게 되었다. 여기에서 재단 분규가 일어나 교권 문제로 확대되어 또다시 교권 쟁탈전으로 비화하게 되었다.

### 2)임시 이사 선임 신청

재단에서는 재단 이사장의 일방적인 인사와 교정 집행 등에 불만을 갖고 있던 이사들이 교통 겸 재단 이사장직을 배제하려고 했다.

이사장 최재한 씨가 1974년 7월 1일에 서울민사지방법원 성동지원에 임시 이사(관선 이사) 신청을 했다. 이에 대하여 재단 이사들도 이에 맞대응했다. 그리하여 1974년 11월 29일에 사건번호 74파359(1974. 11. 29)에 의거 임시 이사를 선임받게 되었다. 여기에서 최재한 씨가 패소했다. 그리하여 최재한 씨를 제외한 임시 이사로 김득수 · 정복근 · 최봉진 · 김태홍 · 김도홍 · 정경모(최재한측 선임변호사) · 김종길(재단측 선임변호사) 등이 각각 선임되었다. 이에 대하여 불복하지만 결국 1975년 4월 28일 법원의 판결에 의하여 최재한은 이사장직에서 파면 결정되었다.

이에 근거하여 1975년 4월 28일에 정경모 변호사 사무실에서 예비 회의를 개최하여 회의 소집을 위한 대표자로 최붕진 씨를 선정했다. 그리고 이사 등록은 1975년 5월 10일에 마쳤다. 그리하여 5월 14일에 주무부서인 문공부에 보고했다. 그리하여 1975년 5월 24일에 김종길 변호사 사무실에서 임시 이사회를 소집하고 정이사 선출에 따른 논의를 하고 교단측 임시 이사가 이사 후보를 엄선하기로 결의하고 임시 이사장으로 최붕진 씨를 선출했다.

### 3)정이사(正理事) 선출에 대한 방해 공작

그리하여 그해 10월 4일 임시 이사회를 개최하여 정이사 선출을 하려고 했으나 성원 미달로 유회(流會)되었다. 그 후 10월 27일에 회의 소집을 하였으나 역시 미달되어 다음 다음날인 10월 29일 속개하려 하자 모 기관의 압력으로 다시 유회하게 되었다. 그래서 어쩔 수 없이 11월 11일자 재대천 75-15호로 재단 이사회를 무기 연기한다고 통고하고, 동시에 문공부에도 실정 보고와 함께 이사진 구성이 늦어짐도 함께 중간보고를 했다. 그 사이에 온갖 협박과 모함을 받았는데, 당시에 있었던 경우를 여기에 소개하면 다음과 같다.

'1975년 2월 28일 모 기관으로부터 교무 행정요원 5명이 연행당하여 심문을 받은 바 있고, 또 1975년 10월 16일에는 모 기관에서 이사장 최붕진을 연행, 각서를 요구(요구 내용:재산 반환 공증 후 이사장직과 교통직의 사퇴를 종용)받기도 했다. 이때 최붕진이 단호히

거절하는 등 얼마 동안 어려움이 많았다.'

### 4)정이사 선출로 재단 정상화

결국 그해 말인 12월 30일에 임시 이사회를 개최하여 정이사를 선출했다. 계통별로 임원을 선출하여 재단을 운영하기로 하면서 이사에 최봉진(현 교통 및 상무이사)·김득수(현 교무원장, 전 이사)·김태홍(경심교회장)·김동길(미선교회 후계자)·정복근(동래교회장)·반상열(潘相烈, 본도교회장, 교의강습소장)·민임희(閔任姬, 정릉교회장)·배석수(裵錫守, 동광교회장) 등이 선출되었다. 그런데 이사장에는 교헌 13조 정관 제6조 1항의 규정에 의하여, 1974년 11월 11일 중앙교의회에서 이미 교통으로 선출·추대된 최봉진 씨가 당연직으로 피임되는 것이라 이를 추인(追認) 결의했다. 그런데 배석수(동광교회장) 씨가 이듬해인 1976년 1월 8일에 이사 취임 포기 각서를 제출했다. 정관 5조에 의하면 이사 정원이 11인으로 되어 있는데 이번에 8명을 선출했으나 그 중 1인이 취임 포기함으로써 7인이 이사 취임 신청을 했다. 그리하여 일단 재단을 정상으로 안정시키고 분규의 근원을 제거하고 재조정하기로 했다. 그리하여 1976년 10월 25일 정기 이사회에서 재단과 교단을 단일체로서 일원화하여 합리적으로 운영하겠다는 약속을 하고 정관 일부를 개정·협의하고 추가 이사를 선임하기로 했다.

## 4. 최재한(崔宰漢, 일명 최우조) 교통 취임과 교정 운영의 혼란

교통 김진조 씨로부터 사표를 받아 내고도 교헌 미비로 후임 교통을 선출하지 못했던 것을, 오랜 기간에 걸쳐 교헌을 정비하여 최재한 원남성교회장이 교통으로 합법적 절차에 의하여 선출됨으로써 정상적인 교정을 집행하게 되었지만, 최재한 씨는 교통을 맡기 위해 온갖 시행 착오와 함께 많은 시련을 겪었다. 그는 종속파의 절대적 지원과 견제 속에서 교정을 집행해야 했으며, 한편 이 나라 종교정책의 지시를 받으며 이러지도 못하고 저러지도 못하여, 눈치를 보느라고 때로는 정부의 강한 압력을 받고 또 일본 천리교교회본부의 질책도 받아야 했던 묘한 위치에서 고뇌도 많이 했다. 그래서 결국 일본 천리교교회본부와 한국전도청의 희생자가 되어 교단장과 재단 이사장직을 법에 의하여 제적되는 불명예를 안고 물러나야만 했다고 2장 3항에서 술한 바 있다.

### 가. 불세출의 포교사 최재한 교통

여기에서 이 나라 천리교사에 길이 빛나는 불세출의 포교사이며 천리교 전대미문(前代未聞)의 천리교 부흥사라고 할 수 있는 최우조(崔又祚, 후에 崔宰漢이라고 개명) 씨는 광복된 지 10년 후인 1955년 2월에 일본에서 귀국을 했다. 그의 귀국은 이 나라 천리교사에 커다란 영향을 주었다. 그의 귀국으로, 해방 후 자신감을 잃고 기력이라고는 찾아볼 수 없이 침체되어 있던 이 나라 천리교에 다시 활기를 불어넣는 등 그 양상을 바꿔 놓았다.

최우조 선생은 1912년 4월 12일 경남 사천군 사남면 우천리에서 가난한 농부인 아버지 최영순(崔永純) 옹의 8남 중 3남으로 태어났다. 11세에 국민(초등)학교를 입학하고 중퇴하여 집안 일을 돕다가 16세 때인 1927년 1월경에 청운의 꿈을 안고 도일(渡日)하여 유리공장 등에 취직하여 열심히 살아갔다. 그런데 그가 18세가 되면서 나병의 징후가 보이더니 24세가 되자 얼굴에도 증세가 나타나는 등 병이 날로 악화되어 갔다. 그래서 그는 생업에 대한 의욕마저 잃게 되고 자포자기에 빠지면서 자연 싸움과 노름판의 세계로 전락하게 되었다. 해방 직후 모종(某種)의 사건으로 형사문제가 제기되어 미결수로 있을 때 오사까(大阪) 지법(支法)으로부터 사까이(堺)형무소로 호송되는 도중, 42명의 호송 중죄인(重罪人, 보도상에는 23명)을 탈주시키고 자신도 탈주한 소위 야마또가와(大和川) 대탈주사건의 주범으로 지명 수배의 몸이 되어 피신하게 되었다. 그러나 결국엔 체포되어 동년 4월 25일 대판지법(大阪支法)으로부터 징역 18년형을 언도받아 사까이 형무소에서 복역하게 되었다.

그는 복역 중 다시 동년 6월 19일 재소 중인 무기 징역수 1명과 18년 징역수 1명 등과 함께 탈옥에 성공하여 세상을 놀라게 했다. 그로부터 그는 숨어 살아야 하는 대탈주가 계속되었다. 원래 부모로부터 물려받은 건강한 몸매와 사나이로서의 강인한 기질을 갖고 있을 뿐 아니라 보스로서의 자질도 갖춘 자로서 의협심이 많았으나 불치의 나병이 더욱 악화되어 삶의 희망을 잃게 되면서 뭔가 의지해 보고 싶어졌다.

그런 속에서 그는 일본 나라겐(奈良縣) 나라시(奈良市)에 소재한 천리교 원화(元和)분교회장인 기무라히데오(木村) 선생에 의해 이 길에 인도되어 입신하여 신앙을 하게 되었다. 그는 즉시 일본 교회본부 교의강습소 수양과에 입소하여 1948년 1월 27일에 수양과 제79기를 수료하였다. 그는 수료 즉시 탈옥수의 몸임에도 불구하고 역 광장이나 시장, 심지어는 사까이 형무소와 경찰서 등을 가리지 않고 대담무상하게 대로상에서 구제 한줄기 전도 포교를 하고 다녔다.

그 후 일본 후꾸오까시(福岡市)로 단독 포교를 나갔다. 그리하여 1949년 3월 중순경에 후꾸오까(大字箱崎 東新町 228)에 천리교 원박(元博)포교소를 개설했다. 그래서 이곳에서 같은 우리 교포 신자인 이맹순(李孟順) 여사와 1952년 8월 29일에 결혼하여 부부가 되어 더욱 열심히 포교를 하였다. 그 후 최우조 선생 부부는 그가 설립한 원박포교소를 역원(役員)에게 맡기고, 1952년 9월 24일 원폭으로 폐허가 된 히로시마로 가서 2년간 단독 포교를 시작했다. 여기에서 훗날 고성(固城)교회장이 된 이영수(李英秀) 씨를 전도하여 입신시켰다. 그리고 자신은 1954년 4월 28일에 원박분교회장으로 승격·취임했다.

그리하여 이듬해인 1955년 2월초에 교회는 부인 이맹순 여사에게 맡기고, 자신은 그리던 고국 한국으로 오면서 근행의 도구 박자 등 3점과 《신악가(神樂歌)》 한 권을 들고 단신으로 귀국했다. 그리고 고성교회에서 3개월간 기거하면서 주로 충무를 중심으로 포교를 하였고, 그 외에 하동·진주 등 서부 경남 일대를 누비며 전도 포교에 전심전력을 다하여 놀랄 정도로 천리(天理)의 향기를 전파하여, 무수한 기적과 함께 많은 사람들을 구제하여 교세를 확장했다. 그리고 1957년 2월 28일 부산시 영도구 대청동 4가 79번지(야기대교회사에는 대교동 4가 7번지로 되어 있음)에 자리를 잡아 처음에는 천리교 영도(影島)교회라는 이름으로 교회를 설립했다. 그러나 폭발하듯 늘어나는 신도로 인해 예배장이 비좁아지자, 그해 12월 31일에 부산시 서구 서대신동 3가 33번지에 있는 신성여자고등학교의 교사(校舍)를 임대하여 교회를 이곳으로 옮겨 교회명을 남성(南星)교회로 개칭했다.

또 1958년 4월 23일 부산시 영도구 남항동(南港洞) 2가 79번지에 건평 약 40평의 가옥을 매입하여 이전하고, 다시 1960년 6월 24일 다시 교회를 부산시 영도구 청학동(青鶴洞) 76번지에 대지 906평을 매입하여 동년 7월 19일에 신전 신축 공사를 착공하여 신전 110평, 기숙사 1층 65평, 2층 45평을 완공, 그해 12월 24일에 교회 신축 봉고제를 올리면서 남성교회라 이름하여 더욱더 교세를 늘려 나갔다. 그런데 교회장 사택이 없어 1965년 4월 17일에 교회장 사택을 착공하여 다음해 2월 10일 완공했는데, 그 규모는 철골 슬래브조 2층 주택 1동으로 일층 55평, 2층 45평이 되었다. 날로 눈부시게 늘어나는 신도와 교회의 번영으로 1968년 8월 30일 일본 교회본부에서 터전의 리를 받아 남성교회라는 명칭에서 원남성(元南星)교회로 변경하고, 교회 초대회장에 최재한 씨가 취임하였다.

*참고로 1954년 최재한을 담임으로 한 원박분교회(元博分教會)는 회장 부부가 귀국함으로써 1959년 12월 26일 리(理)의 윤허를 받아 2대 회장으로 근무하던 최기대(琪大) 씨도 한국으로 건너감으로써

원박교회는 사정교회가 되었다. 1968년 8월 30일 리를 배수받아 원박분교회를 대한민국 경상남도 부산시 영도구 청학동 7의 6에 이전하고 원남성교회로 개칭하여 그는 3대 회장으로 배명되었다고 쓰고 있다.

그 후 지금 소재하고 있는 부산시 영도구 동삼동 219의 1번지의 대지 1,500평을 평당 가격으로 19,000원으로 하여 1974년 9월 25일에 매입하고 1975년 4월 3일 여기에 거대한 교회를 짓는데 역사(役事)를 위한 시공식을 거행했다. 그리하여 1978년 10월 20일에 신도들의 성황리에 낙성봉고제를 올리면서 명실상부한 이 나라 최대 교회가 되었다.

그 교회 규모를 보면 신전 303평에 지하 1, 2, 3층, 1층, 2층은 연건평 1,101평이고, 수강원 및 기숙사는 지하 1층, 지상 5층으로 연건평 1,163평이다. 교회장 사택은 지하 1층, 지상 2층, 각각 51평이고 연건평은 153평이나 된다. 그 외 안내실·대문·매점 및 창고 등이 있으며 총 연건평은 2,489평이나 된다.

*참고로 최재한 씨의 일대기인 《회생(回生)의 모험자(冒險者) 최재한(崔宰漢)》이란 책을 보면, 기적에 가까운 인간구제 전도 포교활동 사항을 기술하였는데, 그 내용은 일본과 한국, 아니 전세계를 통틀어 전대미문의 일로써 아직도 신앙자의 입에 회자되고 있다. 그래서 일본에서는 일선 포교사를 위해 일본 교또(京都)에 있는 자양(滋陽)분교회장 야마모또쇼세끼(山本素石)가 쓰고 일본 《도우사(道友社)》에서 해외열전(海外列傳) 시리즈라 하여 출판하여 1982년 1월 26일 해외포교전도부와 도우사에서 공동 주최하에 일본 천리교교회본부의 한 강단에서 출판기념회를 열고 그가

직접 기념 강연을 했다. 그들은 이 책을 널리 보급하여 신앙자나 포교자들의 표본으로 삼았다. 이러한 사실로 보더라도 그의 놀라운 활약상은 가히 짐작이 간다.

최우조(최재한) 씨가 귀국시는 우리 나라도 어느 정도 국기(國基)가 확립되었고, 6·25 전쟁의 피비린내 나는 민족상쟁도 멈추고 휴전협정을 맺고 조인함으로써 전쟁이 일단 끝나 평화가 되면서 모두가 재건에 힘쓰며 사회도 어느 정도 안정되어 가는 무렵이었다. 국제적으로 일본도 자유 진영의 일원이 되어 있어 차츰 배일사상(排日思想)이 완화되어 가던 시기였다. 이 나라 천리교인들이 광복 후 당한 많은 수난과 이에 대한 비난도 점차 없어지면서 전처럼 이유없이 혐오감이나 경원시당하지 않았다. 최우조 자신이 2차 대전에서 패한 일본에서 천리교에 입신함으로써 아직도 신도 천리교의 악폐를 완전히 벗어나지 못하고 있는 일본 천리교에서 행하는 제도와 조직에 대한 거부감도 없었고, 이 나라가 해방 직후 일본에 갖는 민족감정도 잘 알지 못했었다. 그는 오직 자신의 치병(治病) 수호에 대한 감사한 마음에서, 일본 천리교 본부의 응법에 의한 제도와 조직을 거리낌 없이 수용하여 한국에 그대로 옮겨 포교를 했다. 그래서 모처럼 이 나라에서 시도하던 참된 교조 정신에 입각한 자주·자립하는 교단을 건설하여 진정한 세계적 종교로서의 행보를 지향하려는 데 대한 관심은 없었다. 오직 인간구제 전도 포교밖에 몰랐던 것이다.

그리하여 최재한 씨는 이 나라 방방곡곡에 놀라울 정도로 천리교를 확산시켜 교세를 진작시켰다. 그리하여 한때 이 나라 천리교의 반 이상의 신도를 확보하게 되었다. 이렇게 되자 일본과 종속파들이 그를 철저히 이용하려 해서 한때 자주교단측에서는 커다란 장애 요소가 되기도 했다. 그래서 처음에는 종속파와 손을 잡음으로써 이 나라 천리교가 가야 할 방향에 일대 혼란을 주었으며, 분열의 계기를 주게 되면서 천리교의 건전한 발전을 저해하는 하나의 원인이 되기도 했었다.

훗날 대한천리교 2대 교통이 되어 이 나라 천리교의 팽창에 최전성기를 이루었지만, 반대로 대한천리교 창립 정신인 자주·자립하는 교단은 명맥마저 유지하기 어렵게 만들었다. 그 큰 교세를 갖고 있었음에도 이 나라와 이 민족을 위한 사회복지나 교육·문화 사업 등에 조금도 공헌하지 못하고 말았다.

그는 교통 재직 중 신앙적(소위 理的)인 차원에서 일본 본부에서 내려진 지령과 신진 대한민국의 종교정책, 즉 주체성 있는 자주교단을 촉구하는 시책과의 사이에서 여러 번 갈등을 하였다. 또 그 흔적도 많이 남겼음을 볼 수 있다. 그렇지만 이로 인해 교정 집행에 혼란을 초래하여, 결국에는 일본 천리교교회본부(전도청)의 놀음에 놀아나 교단장직(教團長職)과 재단 이사장직을 법에 의해 불명예를 안고 물러나게 되었다.

뿐만 아니라 1981년 노환으로 병약할 때 그의 후계자 문제로 그의 숨겨 둔 친자(親子)인 어린 효석(孝錫)을 지명하고, 그가 어른이 되어 교회장의 리를 받을 때까지 측근인 허태규(許兌圭)를 대리자로 하는 것을 골자로 일본 최상급 교회인 야기(八木)대교회장 요꼬야마이찌로(横山一郎)를 입회자로 한 약정서를 역원회의 동의 없이 비밀히 공증한 것이 알려졌다. 이것이 우환이 되어 계속 분쟁이 일어났다. 그리하여 그가 설립하고 번창시킨 원남성교회가 사후에 동명(同名)의 2개의 교회로 분열되고 말았다. 끝내 그는 1983년 10월 19일 지병으로 향년 72세로 출직하였다. 그는 가끔 측근이나 가족에게 '나는 일본 사람으로부터 이 길에 들어와서 어쩔 수 없었지만, 너희들만은 보다 먼 훗날을 위해 국적 있는 종교를 하라'고 누누이 말씀하셨다고 그분의 맏사위이며 영신(暎新)교회장인 조수현(曺洙鉉, 7·8대 교통이 됨) 씨와 딸 등 측근들이 전하고 있다. 이 얼마나 뼈에 사무친 말이었던가. 출직 당시 그가 이룬 산하 교회만도 92개소(교단에 등록된 수. 포교소 제외)나 되었다.

1986년 이후 자주교단과 종속교단으로 결국 양분되면서 원남성교회에서 일부 종속파들이 이탈하여 양분되었다. 여전히 통합은 멀어져 갔다.

이 어려운 시기에 원남성 2대 교회장으로 그의 동생 최기대(崔琪大, 1918. 7. 6생) 성광(成光)교회장이 1984년 1월 20일에 계승하여 운영하여 혼란했던 교회를 재정비했다. 그리하여 초대의 큰딸에게 회장직을 넘기고 다시 성광교회로 돌아갔다.

그는 일본에 살고 있을 때 형 최재한 씨로부터 입신 권유를 받고 원박분교회에 입신하여 1949년 10월 15일 별석을 받고 1952년에 교인 등록을 했다. 그리하여 형님 내외분이 한국으로 귀환할 때 교회에 남아 관리를 했는데, 1959년 10월 26일 원박교회 2대 교회장으로 배명받고 활동하다가 1968년 8월 12일 사임하여 귀국했다. 그리하여 전남 광주로 나가 단독 포교를 시작하여 후에 부산으로 돌아와 성광교회를 설립했다.

본부에 비치된 교회 기록 카드를 보면, 최기대 회장은 1950년 10월 26일 입신하여 일본 본부 수양과 100기를 수료하여 일본에서 포교활동을 하다가 귀국해서는 광주에서 단독 포교를 다시 시작하였다. 그리고 1968년 9월 16일 부산시 동래구 사직동에 성광교회를 설립하여 교회장에 취임했다. 성광교회는 다시 1989년 7월 8일에 부산시 강서구 강동동 4375의 1로 이전하여 계속 활동을 하고 있다. 3대 교회장에는 최우조(최재한) 선생의 맏딸인 조카 최정자(崔正子, 1938. 4. 15생)에게 1987년 9월 20일에 교회장직을 승계하고 성광교회장으로 돌아갔다.

3대 교회장 최정자 씨가 제출한 이력서와 교회 카드를 보면 1955년 11월에 이 길에 입신했다. 1956년에 진주여고를 졸업하고 대한천리교 교의강습소 5기를 수료하였으며, 1961년 7월에 단독 포교를 나와 사남(泗南)포교소를 설립하였다. 그 후에 1970년 10월에 영신교회장에 취임하여 열심히 포교하다가 1984년 1월 20일에 원남성 3대 교회장에 취임하였다. 현재 교정위원과 재단 이사 등을 역임하고 있다. 그의 부군이며 초대회장의 맏사위인 조수현 영신(映新)교회장은 자주교단 대한천리교 8대에 이어 9대 교통으로 연임 근무하고 있다. 한편 야기대교회장에 의하여 또 하나의 종속교회인 원남성교회를 만들어 그 교회장에 허태규(許兌圭) 봉성교회장이 맡아 이탈한 종속파들을 모아 김해에 또 다른 원남성교회를 크게 짓고 운영하고 있다. 그러나 잦은 내분으로 그도 쫓겨나 한때 최효석 씨를 후임 교회장으로 앉혔으나 문제가 생기면서 얼마 못 가 그만두는 등 여전히 혼미를 거듭하고 있다.

## 나. 천리교교회본부의 간섭으로 인한 교정의 혼란 초래

최재한 신임 교통은 1964년 4월에 중앙교의회에서 임원을 개편했는데, 의장에 김정호, 부의장에 이운봉·이영수·라상기가 선출되었고 재단 사무국장에는 김종도 씨가 되었다.

그는 김진조 전 교통과는 달리 정부의 종무 행정을 무시하고, 일본 천리교교회본부의 지시에 순응하며 본격적인 교류를 시작했다.

### 1)천리교교회본부 해외전도부의 교정 간섭

여기에서 정부와 문교부의 종무 행정의 지시와 간섭이 서로 자충되기 시작했다.

이때만 해도 종교단체들도 엄연히 사회단체 등록에 관한 법률에 저촉되었다. 그 법이 훨씬 후인 1974년 5월 26일에 시행령이 개정되면서 종교단체가 제외되었다. 그러나 종교단체의 재산 유지 관리를 위한 특수법인체인 재단은 그 후에도 문교부의 종무 행정을 시행했는데, 법인의 지휘 감독권을 행사할 수 있어 주무당국은 이를 최대한 활용하고 있었던 것이다.

당시 교단과 재단에서는 정부의 눈치를 보랴, 일본 천리교 상급교회와 해외전도부 한국전도청의 지시를 따르랴 어떻게 해야 할지 몰라 우왕좌왕했다. 그러다 보니 교정이 하나도 진척되지 못하고 날로 혼란으로 빠지면서 교직자들은 서로 상대를 비방하는 것이

하루의 일과가 되었다. 그리고 정부 당국의 간섭도 조금씩 강도 높게 받기 시작했다.

그해 5월 26일 일본에서 천리교청년회가 결성되었는데, 총본부에서는 여기에 조수현·김정범·김득관·허태규 등을 한국청년회를 대표로 하여 일본 천리교교회본부를 방문케 했다.

당시 국내 사정은 서울을 비롯한 주요 도시에서 이 나라 대학생들이 한·일 굴욕외교 반대 데모를 하고 있었다. 특히 서울에서는 대학생 10,000여 명이 매일같이 모여 데모를 하는 등 반일 바람이 고조되어 있었고, 6월 3일에는 서울 일원에 비상계엄령이 선포되는 등 어수선했다.

이러한 때에 지각없이 일본 천리교청년회의 하부조직에 이 나라 청년들이 건너가 가입하고 돌아온다는 것은 말이 아니었다. 이에 대하여 문교부에서 문제를 삼고 이에 대한 책임을 교단에 추궁해 왔다.

그래서 7월 초순에 교단 지도급 인사인 김진조 씨와 최재한·김기수·김태봉·김정호·이운봉·전인수·강필우 씨 등 8명이 문교부에 소환되어 갔다. 거기서 전항에서 술한 바 있는 서약서를 쓰고 나왔다.

그 내용을 요약하여 보면, 첫째, 일본 식민정책에 호응하지 않을 것이며 외세에 영향을 받거나 맹종하지 않는다. 둘째, 포교를 하는데 혹세무민(惑世誣民)하지 않는다. 셋째, 자체 분규와 분열을 지양하고 스스로 단합하여 국가에 공헌한다. 이상을 준수치 않을 시는 어떠한 조치도 달게 받는다라고 쓰고 서명하고 돌아왔던 것이다.

*참고로 당시 교통 대행은 최재한 씨였고 김진조 씨는 이미 사표를 제출한 상태였다. 하지만 수리되지 않아 대외적으로는 아직 교통이었기에 문교부에 가서 서약서를 쓸 때 교통의 명의로 서명하지 않을 수 없었다.

그리고 합법적인 절차에 의해 7월 15일자로 교통으로 최재한 씨가 취임하면서, 이때 문교부의 지시에 의거 1차 정비를 했다.

이때 임원은 이미 종속파가 거의 교단을 장악하게 되었다. 교정부장에 김기수, 교화부장에는 김태봉, 심사부장에 김태주, 중앙교의회 의장에 김정호, 부의장에 이운봉·이영수·라상기, 재단 사무국장에 김종도 씨가 되었다.

이해에도 지루한 여름이 계속되면서 중부지방에는 폭우로 교량과 둑이 터지며 논밭이 침수되는 등 피해가 극심했다.

### 2)문교부 종교심의회에서 왜색 배제 경고 처분 시달

이런 속에서 문교부의 강력한 지시에 의거하여 교단에서는 8월 14일 예배의 목표물인 신각을 철거하고 목조 감로대로 환치할 것을 전국에 하달하였다. 그러나 지시가 잘 이행되지 않자, 이에 대하여 8월 24일 문교부장관 명의의 경고 처분이 내려왔다.

내용인즉, 문예사 1072-1211(5014) 종교단체 운영에 관한 건이라는 지시 문서에 대한, 지시를 불응하고 있다고 하여 1964년 9월 26일자로 문교부 종교심의회의 경고 처분이 교단에 내려진 것이다.

그리하여 정부의 강력한 제재를 받게 되는데, 얼마 후인 1964년 8월 27일에 천리교 대표자의 출두 요구서가 날아왔다. 이때 대표자로서 교통을 대신하여 김기수 교정부장이 치안국에 출두 명령을 받고 갔다 온 일이 있다.

당시 출두 사유는 교단에 경리 부정이 있다는 것이었다. 당시 경리 담당자는 최재한 교통의 처남 이경화(李庚和) 씨였다. 그는 경리 담당자라는 직위를 이용하여 교단 돈을 마음대로 물쓰듯 쓰고 다녔다는 혐의였다. 당시 이를 수상하게 여기던 관할 성동경찰서 형사가 그의 돈 씀씀이가 많음에 이상히 여겨, 혹여나 불순한 세력의 돈이 들어온 것이 아닐까 의심하면서 사건화된 것이라고 전해지고 있다. 즉 경리 장부에 부정이 있다고 하는 고발이 치안국에 들어가 경리 담당자 이경화 씨가 조사를 받게 되고, 이 사건이 후에 대검 경제특수부에 넘겨져 취급되게 되었다. 이렇게 되어 이경화 씨만 구속되고 이 사건은 종결되었다.

이때 치안국에서는 이를 빌미로 평소 정부 시책에 순응치 않아 좋지 않게 보고 있던 천리교 교정 책임자를 부르게 되었고, 당시 교정부장이던 김기수 씨가 대신 출두하게 된 것이다. 거기에서 당시 내무부차관(김득황 씨) 앞으로 불려가게 되었던 것이다. 그때 김차관은 '천리교는 사이비 종교처럼 병을 고친다. 굿을 하고 이상한 주문을 하여 순진한 사람들을 기만하여 금품을 갈취하여 사회를 어지럽히고 말썽을 많이 피우고 있다. 또 해방이 되어 대한민국 정부가 수립된 지 오래 되었는데, 아직도 주체성 있는 종교를 하지 못하고 있으니 빨리 시정하라' 했다. 그러면서 '교회에서는 아직도 일제시대의 가미다나(神宮)를 설치하고 울긋불긋한 무늬로 발을 치고 예배하면서 손뼉을 치고 이상한 노래로 춤을 추고 있는데, 지금이 어느 때인가. 왜정 식민지 시대가 아니야! 당신들 아직도 정신 차리지 못하고 있는가! 빨리 철거하시오! 이 나라에서는 절대 신궁 같은 것을 모시지 못한다. 또 일본 천황가의 상징인 거울과 매화 무늬를 아직도 사용하고 있는데, 이를 사용하지 말 것이며, 매화 뺏지도 착용해서는 안 된다. 그 외 일본 식민정책의 잔재가 되는 것을 하루바삐 치워 버려라. 그리고 일본식 제의식을 고쳐서 우리 나라 실정에 맞도록 하시오'라는 등 강력하게 지시를 하고 종용하였다. 그리고 또 조선포교관리소 재산은 이미 국가에서 압수했는데, 김태봉 씨라는 자가 압수된 물건 등을 몰래 전 관리소에 들어와 훔쳐 갔다고 하는 밀고가 있었는데 사실인가를 묻는 등, 신랄하게 여러 가지에 대해 심문을 받고 돌아왔었다.

그리하여 교단에 돌아온 즉시 간부들에게 그간에 있었던 일들을 상세히 보고하였다.

이 말을 듣자 교통 최재한 씨와 김태봉 씨가 놀라면서, 김태봉 씨는 즉시 성동구 행당동에 있는 진경(鎭京)교회에 숨어 버렸고, 최재한 교통도 성동구 마장동에 사는 서울교회장 최봉진 씨 집에 근 한 달이 넘도록 숨어 지낸 일이 있었다. 후에 이에 대하여 최봉진 씨가 그 사실 증언을 하였다.

1964년 9월 26일, 오후 2시부터 중앙교의회를 개최했다.

이때 주의제는 교헌 제29조 조문(條文)의 개정과 문교부 지시 사항 왜색 배제 조치 심의의 건이었다. 좀더 세분하면, ①교의원 구성에 관한 교헌의 모순된 조항을 개정하기 위함이었고, ②조문 개정의 필요성을 당국으로부터 지적받았는데, 그 내용은 문예사 1074-1211(5117) 1964. 9. 17의 종교단체 운영에 관하여(경고 처분) 10월 15일까지 제반 사항을 시정 또는 개정하고 증빙 서류를 첨부하여 보고하라는 지시를 받고 이에 대한 대책회의를 하게 되었다.

거기에서 중요하게 논의된 것을 간추려 보면 다음과 같다.

'우리가 신봉하는 천리왕(天理王)님에 대한 신명(神名)을 우리나라 실정에 맞게 천신(天神)으로 부르게 한다.

그리고 천리교교회본부의 청년회 한국 대표로서 청년회 가입을 취소하고, 이 나라에서는 청년회를 해체키로 한다.

또 신궁(神宮)·신단(神壇)·안등·대발·부채 사용 등의 왜색이 짙은 것을 폐지케 한다.

그리고 일본에 보내는 결의문의 송부 등의 심의도 하는데 내용 일부를 수정한다.

이에 관한 내용은 교단 자체 정비에 관한 내용과 같으며 이에 대한 모든 집행은 집행부에 일임한다.'

이렇게 결의하고, 또 교의원에 관한 교헌 개정을 위해 새 교의원 구성을 위한 중앙선거관리위원회(의장 김정호)를 구성하여 그 업무를 위임하고, 잔여 임기가 1년이나 남았지만 자진 사표 형식으로 제출케 하여 결의 해산했다.

그리고 1964년 10월 14일에 새 교의원 구성과 의장단을 선출했는데, 이때 김진조 이사장과 최재한 교통 그리고 3부장도 참석하고 성동경찰서 이인석(李寅錫) 형사까지 배석했다. 임시 사회자로는 김정호 중앙선거위원장이 하고 먼저 지역 당선자를 발표했다.

서울지구 당선자로는 김정호(金正浩)·이운봉(李雲鳳)·최붕진(崔鵬鎭)·곽형석(郭亨錫)·김종도(金鐘燾)·권병수(權炳壽)·전인수(全寅洙)·조태희(趙泰希)·반상열(潘相烈)·최병학(崔炳學)·장우순(張又順)·강준경(姜俊卿)·김광익(金光翼, 혜성교회 역원)

이 되었고, 경남지구는 이종화(李琮和)·조문봉(曺文鳳)·허태규(許兌圭)·라상기(羅尙棋)·정복근(鄭福根)·김철암(金鐵岩)·이경화(李庚和)·강종갑(姜宗甲)·최창식(崔昌植)·공효봉(孔孝鳳)·윤병두(尹炳斗)였다. 그리고 경북지구에는 신태식(申兌植)·박노운(朴魯運)·김영준(金英駿)·박동욱(朴東旭) 등이었다.

여기에서 최재한 교통의 훈사(訓辭)에서 대한천리교단 본부 건설에 대한 말씀이 있었고, 김진조 이사장의 훈사에서는 차제에 왜색을 일소하고 대동단결하여 교단 발전에 매진해 줄 것을 기대한다고 했다.

이어 정부의장(正副議長) 선거에서 의장에는 이종화 씨가 당선되고 부의장에는 전인수·라상기·권병수 3인이 선출되었다. 그리고 문교부 시정 사항 21개항에 대한 그간의 시정 상황에 대하여 논하였는데, 일부에서 종교의 자유가 있는데 무슨 간섭이냐, 자율에 맡기자는 등의 말도 있었다. 하지만 교정부장의 협조를 바란다는 말로 회의가 끝났다.

이에 대하여 집행부는 문교부 문예 1074-1211(1964. 9. 17)에 의거 대천본 제43호(1964. 10. 3) 제목 '자체 정비에 관한 일'을 하달하여 1964년 10월 30일까지 시정 결과를 보고하라고, 전국 교회장 포교소장 앞으로 공문을 하달했다.

그때 하달한 내용은 다음과 같다.

대한천리교본부 대천본 제43호 1964. 10. 3

수신　교회장, 포교소장.

제목　자체 정비에 관한 일

1. 문예사 1074-1211(5114)(1964. 9. 17)에 의거한 문교부 지시에 따른 자체 정비를 실시하기 위하여 1964년 9월 26일에 중앙교의회를 개최하고 의결된 시정 및 개정 사항을 별지와 같이 긴급 시달하오니 1964년 10월 30일까지 지체하지 말고 조치하고 결과 보고할 것.

유첨;시정 및 개정 사항 1통 끝

교통 최재한

유첨을 보면 다음과 같다.

유첨. 시정 및 개정 요령

1.신명(神名)에 대하여

천리왕(天理王)의 개념과 정의

(1)개념

천리왕님 9억9만9천9백99년 이전에 없는 인간을 창조하신 이래로 수기(水氣)·온기(溫氣)·공기(空氣)의 리로써 끊임없이 인간을 비롯하여 만물을 수호하여 주시고 인간 마음의 성인(成人)을 시켜서 신인 공락의 즐거운 삶(陽氣生活)을 완성시키려는 것이다.

(2)정의

천리왕이라 함은 없는 세계와 없는 인간을 창조하여 주신 전 인류의 어버이신으로서 ①수덕(水德) ②화덕(火德) ③접속(接續)의 덕(德) ④건립(建立)의 덕(德) ⑤순환(循環)의 덕(德) ⑥친화(親和)의 덕(德) ⑦결단(決斷)의 덕(德) ⑧겸손(謙遜)의 덕(德) ⑨강직(剛直)의 덕(德) ⑩유순(柔順)의 덕(德)

이상 십전(十全)의 대덕(大德)을 베풀어서 인간을 수호하여 주시며 만물을 생성 화육시켜 주시는 어버이신을 지적하는 것이다.

조치:십주신님의 호칭을 사용하지 아니하고 십전대덕의 리를 표현한 명칭으로 개정하여 각 교회는 금후부터 착오 없도록 할 것.

2.신단(神壇)에 대하여

세인들은 일본 국신을 봉사(奉祠)하는 가미다나라는 오해를 하고 있다. 천리교인 아닌 전국민의 감정은 과거에 쓰라린 체험을 씻지 못하고 있으며, 해방 전 가정마다 유사한 신궁(神宮, 神閣)에 천조대신(天照大神)을 봉사하고 받들 것을 강제로 강요당한 과거를 회상케 하여지게 되므로 배척하는 것이다.

조치:현재 우리 나라에서 쓰는 각 교회의 신단은 한국식 기와집의 모형을 본딴 것임을 확인한다. 혹시 그 모형이 일본식에 가깝거나 이상한 형으로 되어 있는 교회는 즉시 개조하여 대체할 것.

3.마크(紋章)는 개정한다.

세인들은 일본 국장(國章) 또는 나까야마(中山)가의 가문으로 오해하고 대한천리교가 일본의 나까야마가라는 가문을 믿고 있다고 지적받고 있다. 거기다가 중산가(中山家, 일본 천리교회 제도)는 그 가계(家系)가 일본 황실과 같이 만세일계(萬世一系)의 세습제도로 교통을 계승하고 있다는 것이다.

마크는 그 단체의 대외적으로 대표적 표지(標識)이며 상징이 되므로 일본인의 개인 가문의 예속을 촉진한다는 방향으로 단정하고 본교를 배척하고 있다.

조치:마크는 현상 모집하여 개정키로 가결되었습. 각 교회는 현재 사용하고 있는 매화문의 마크 또는 각종 표지(標識)는 회수 및 철거할 것.

4.교복·교모는 일부 개정한다.

일본 사람이 쓰는 의관복에다 중산가의 가문인 매화문을 넣어 가지고 그 복장을 착용한 일인화한 교회장이 무지한 신자들을 앞에 모아 놓고 아무 거리낌 없이 교권을 행사한다고 지적받고 있다. 이것은 정신적으로 침략을 받고 있다고 사회에서나 정부 당국에서 단정하고 시정 지시하는 것이다.

조치:교복·교모는 수(繡)의 모형을 수정하기 위하여 현상 모집을 하고, 마크는 현상 모집을 통하여 당선된 작품을 넣어서 쓰기로 한다. 각 교회는 우리 나라 색채가 풍기도록 개조할 수 있는 태세를 갖추도록 할 것.

5.신경(神鏡)에 대하여(없앤다~제거)

신경은 일본 개국시 삼보 중의 하나인 야다노가가미(八咫鏡)를 쓰고 있으니 일본 신도(神道)라고 오해받고 있다.

조치:철거하기로 결정되었으니 각 교회는 지체 말고 신경을 철거할 것.

6.박수 치고 주먹 쥐고 하는 예배는 시정할 것

이 의식은 일본 신사(神社) 특유의 의식이며 주먹 쥐고 엎드림은 일본 개화 이전(명치유신 전) 무사정치를 실시하고 있을 때 자기 상전에게 아부하던 식이라는 오해를 받고 있다. 우리의 변명은 천지부모 동서남북 등등이라 하지만 사회에서는 불통이고 사회에서 인정받지 못하는 문제들은 제거함이 타당할 것이다.

조치:박수와 주먹 쥐고 예배하는 의식은 없애고 손 펴고 합장 예배하도록 결정되었다. 각 교회는 지체함이 없이 이 시달을 받는 대로 즉시 시정 실시할 것.

7.안등(安燈)은 없앤다.

우리 교단에서는 '안등'이라는 것을 쓰지 아니하고 있지만, 과거의 일본 천리교와 같은 것으로 오해하고 추상적으로 비난받고 있는 것이므로 자중하여 금후에라도 착오 없도록 할 것.

조치:각 교회는 매사에 자중하고 우리 나라 사회풍토에 없는 일식(日式)을 사용하는 일이 없도록 할 것.

8.신악가(神樂歌)에 부채 사용은 없앤다.

부채로 일본 춤을 춘다고 오해받고 있다. 현재 우리 교단에서의 부채춤은 일식에 유사하다는 감정이 다분히 있다는 당국의 시정 지시이다.

조치:부채춤은 형식이니 사용 아니하기로 결정되었으니 각 교회는 지체없이 사용을 철폐할 것.

9.기타 왜색은 일소한다.

민족주체성을 기본으로 하는 종교로서의 체제를 확립하기 위하여 종래부터 전래된 일체의 왜색적인 의식과 설비는 개정하기로 한다. 교단 내에 장식한 죽발 마크가 든 커튼·죽책(竹柵) 기타 일본식이 농후하다고 지적받고 오해받고 있다. 우리 천리교를 신앙하는 교인은 별것 없다고 경하게 생각하지만, 일반 사회인이 보는 눈에는 한 가지의 결함이 전반적인 문제로 좋지 않게 보게 되는 것이다.

조치:총본부에서 지시하는 이외의 미화 장식은 일체 철폐하기로 결정되었으니 각 교회는 즉시 철거하고 시정할 것.

10.일본에서 교육받은 자 처리

해방 이후 도일(渡日)하여 포교 교육을 받은 자는 당국이나 사회에서는 좋지 않게 생각하고 있다. 그 사람들로 하여금 대한천리교단이 좌우된다는 오해를 받고 불신받고 있다.

조치 : 사회에서 어떠한 오해가 있더라도 사실이 판이한 것이므로 본인들은 자중하기로 하고 교단에서는 관용하기로 결정한다.

11. 청년회는 해체한다.(문교부 지시에 의거)

우리 청년회는 진해에 있으면서 일본 천리교의 지부 역할을 하고 있다고 오해받고 있다.

조치 : 중앙교의회는 청년회의 조직과 방법은 불문하고 교단에 미치는 영향이 좋지 않고 사회의 비난의 대상이 되어 있다는 사실로 당국의 해체 지시 그대로 1964년 9월 26일자로 해체를 결정하였다. 각 교회는 이후 청년회 운운하지 말 것.

12. 일본 천리교와의 유대 문제

일본 천리교와의 교류는 아니한다.

단 ①국제교류상 문화친선 교류는 한다.

②공식적인 공무 이외는 아니한다.

조치 : 일본 천리교와의 문화 교류도 공적인 것 이외는 일체 아니 갖기로 한다. 각 교회는 이번에 물의를 일으키게 된 원인을 깊이 깨닫고 개인적인 행동은 금지할 것.

13. 신구(神具) 및 팔족대(八足臺)도 시정한다.

①북 · 현종에 장식한 부분에 일본 마크가 들어 있고 그 모양이 일식 그대로라는 지적임 ②팔족대도 일식이라는 평이다.

조치 : ①북과 현종의 장식은 그 형을 변조하여 사용하기로 한다.

②팔족대도 팔족이 아닌 것으로 개조한다. 끝

그리고 같은 날 대천본 제44호로 마크 및 교복 수 현상 모집 공문을 시달한다.

공문 내용 중 마크 현상 모집 취지에 금번 본 교단은 자체 정비에 수반하여 본교에 대한 사회적 인식을 개선하기 위함. 그리고 내용에 ①종전까지 사용해 오던 본교의 마크는 본교의 교조님(中山家)의 가문(家紋)의 표시라는 견해가 농후하기에 금번 이를 개정하기 위한 것이니, 어느 일반적인 교리에 구애받음이 없이 범국가적이고 세계적인 종교로서의 기식을 충분히 나타낼 수 있도록 하여야 함.

②대자연의 원력이 되는 천·지·일·월·수·화·풍의 리를 묘사할 것.

③간단 명료하고 단순해야 함.

④색도는 단색을 원칙으로 하되 2색 이상은 쓰이지 아니하도록 할 것.

그리고 교복·교모 일부 개정에 대하여는 그 취지에 본 교단에서 사용하고 있는 교복과 교모는 일본인이 쓰고 있는 그대로 교조가의 가문인 매화문을 넣어 일본인의 옷을 입고 교권을 행사하고 있는 인상을 준다고 여론이 비등하여, 금번 본교 교리가 지닌 범세계성을 국가적인 이념에 좇아 교복·교모를 일부 개정한다. 또 내용에 있어서는 현재의 교복을 토대로 하여 일본인의 체취가 풍기는 수 및 제요소를 개정하고 마크는 현상모집의 당선 작품을 넣어 쓰게 한다라고 쓰고 10월 20일까지 공모했으나 호응을 받지 못해 별 성과가 없었다.

### 3)진주(眞柱)에게 자주교단임을 천명하는 결의문 통달

그리고 1964년 10월 3일에는 대한천리교 총본부 교통 명의로 결의문을 채택하고 결의문 통달이라는 타이틀을 달아 일본 천리교교회본부 진주 나까야마쇼젠(中山正善)에게 1964년 10월 14일에 송부하였는데 그 내용은 아래와 같다.

대천본 제47호

서기 1964년 10월 14일

대한천리교 총본부

교통 최재한

일본 천리교교회본부

진주 나까야마쇼젠(中山正善) 귀하

결의문 통달의 건

금번 대한천리교단은 민족자주성을 확립하기 위한 자체 정비에 따라 별지와 여히 결의문을 송부하오니 사견(査見)하시고 조속히 서류 구비하여 주시기 앙망합니다.

결의문

본문은 조선포교관리소(전도청) 및 소장(책임자) 이와다조사부로(岩田長三郎) 씨의 해체와 해면(解免)의 청구 결의문임.

우리 대한천리교단은 자주교단임을 천명한다. 우리는 교단의 자주권을 확립하기 위하여 교단 전반에 걸쳐 혁신을 단행하고 귀 일본 천리교교회본부와는 호혜평등의 국제적 친선유대 이외에는 일체의 교류를 단절한다.

귀 일본 천리교교회본부는 대한천리교단의 자주발전을 위하여 오늘까지의 인식을 쇄신하여 여하한 형식으로라도 관여하려는 관념을 일소하기 바란다.

그 실례를 지적하면 좌기와 같다.

1.조선포교관리소의 존속?

8·15 해방된 지 어언 20년이라는 장구한 시음(時陰)이 흘렀음에도 상금까지도 형식적이라고는 하지만 귀국이 우리 나라를 지배통치하던 시대의 기관을 존속시키고 있다는 사실?

2.전시기관의 책임자 이와다조사부로 씨가 20년 전의 그 직책을 현금까지 승계하고 있다는 사실?

3.매월 월례제(14일)를 이와다조사부로 씨 주재하에 집행하고 있다는 사실?

4.해방 전 우리 나라 또는 다른 나라에서 귀국인이 교회를 설립하고 교회의 명칭을 우리 나라 또는 다른 나라의 지명 관칭(冠稱)하고 있던 것을 귀국으로 철수한 이후 지금까지도 그 명칭을 변경 아니하고 있는 사실?(그 예:경성교회, 대구교회, 서대전교회 운운)

5.한국의 교회를 해방 전 교연을 빙자하여 ○○부하 또는 부속 등으로 공공연하게 예속된 교회로 취급하는 사실?(예:대한천리교단으로 함이 타당)

이상의 예는 귀 일본 천리교교회본부 부설기관에서 발간되는 각종 간행물을 통하여 우리 나라 정부와 국민이 수집, 제시한 사실들이다.

신앙하는 사람은 인간심에 구애받음이 없이 오직 교리 실천에 주력함이 정도이라 사소한 자체의 부주의 내지 무관심에서 오해를 초래케 하는 사례가 허다한 것이다.

대한천리교단은 우리 정부와 국민의 여론을 받들어 국가와 민족의 요청에 부응하고자 한마음 한뜻으로 사실과 무관한 뜬소문이라 하지만, 방임·방관할 수 없음을 결정하고 귀 일본 천리교교회본부에 전술에 열거한 사항의 시정을 요구하는 바이다.

귀 일본 천리교교회본부는 신의를 받들어 우리 한국 천리교단의 제반 문제를 시정 조치하고 우리 정부와 국민의 회의심(懷疑心)을 배제할 수 있는 각서를 발송하여 주시기 바란다.

서기 1964년 10월 3일

재단법인 대한천리교단 이사장 김진조(金振祚)

대한천리교총본부 교통 최재한(崔宰漢)

대한천리교교의회 의장 김정호(金正浩)

일본 천리교교회본부

진주(眞柱) 나까야마쇼젠(中山正善) 귀하

이에 대한 일본 천리교교회본부 회신은 1964년 10월 26일자로 일본 천리교교회본부 해외전도부장 다까하시미찌오(高橋道男) 명의로 왔다.

그 내용은 진주님은 교정을 초월하여 왔기에 전도부장이 답한다고 하면서 썼는데, 명확한 해명이나 답변 없이 신앙적 차원 운운하면서, 그저 적당히 얼버무리고 교단이 잘 되기를 바란다는 요지였다. 여기에 번역하여 옮기면 다음과 같다.

배계(拜啓)

대한천리교총본부에 소속된 교신자 여러분에게 어버이신님의 가르침을 실현하기 위하여 주야로 수고하여 주신 점 깊이 감사드리나이다.

지난 10월 4일부 대천본 제47호 문서를 잘 받았습니다.

우문서인 결의문은 진주 나까야마쇼젠 님 앞으로 부쳐 왔으나 원래 진주님은 교규에 근거한 본교의 리를 다스리는(신앙상의 중심) 존재로서 일본국 법률로서도 어쩌지 못하는 입장에 있습니다.

따라서 교정상의 사항에 대하여는, 당면하고 있는 책임자는 해외전도부장이 책임을 맡고 있으며, 동 결의문에서 파생되는 모든 문제는 귀국 교단과 서로 상세히 토의하여 그 결과를 진주님께 상신할 것으로 생각하며, 먼저 서간 형식으로서 이에 대한 것을 조금이라도 진술하여 제1차의 회답으로 대처하는 바입니다.

대저 천리교는 월일(月日)의 사당으로 존앙하는 나까야마(中山) 미끼의 계시에 의하여 서기 1838년 10월 26일 으뜸의 터전 지바에서 시작되어, 월일이신 어버이신님을 신봉하고 신님의 참뜻이신 세계일렬 양기생활을 실현하고자 하는 교의를 널리 펴고자 하는 종교단체입니다.

이 어버이신님의 참뜻, 즉 천리교 신앙자들이 이상 실현을 위해 다 각기 자기의 인연을 자각하고 제각자의 입장에서 마음의 성인을 위하여 혼신의 노력을 기울여야 할 것입니다. 비록 생활이나 입장이 다르더라도 자연히 하나의 마음으로 융합하면 같은 신자로서 다같이 기쁘리라 믿습니다.

국가 민족간에도 같으리라 보며 각 국민 각 민족이 현재 주어진

하늘의 뜻에 따라 최선을 다 발휘하여 각기 한마음 한뜻으로 모아 노력하여 널리 양기세계 건설을 실현한다면 곧 신님이 바라시는 참뜻이 이루어지리라 믿습니다.

한국에 있는 교신자 여러분이 현재 처하여 있는 국가적 입장을 자각하시고 이곳 행정상의 관리를 벗어나서 어버이신님의 참뜻을 실천하여 민족 번영에 기여할 수 있다면 진심으로 경하하여 마지않습니다.

부디 교리의 연수와 그 실천에 노력하여 귀국의 모든 사람들에게 기쁨으로 환영되는 동시에 세계의 모범되는 교단이 되기를 심축하나이다.

위에 대략 기한 것으로서 세간의 비방과 오해에 대한 기본 점을 요해하실 줄 믿습니다.

한국 교단의 건전한 발전에 관하여는 당교회 본부에 있어서도 협력을 아끼지 않으려 합니다.

제위의 건강과 분투를 빌어 마지않습니다.

1964년 10월 26일

천리교 해외전도부장

다까하시 미찌오(高橋道男)

김진조 · 최재한 · 김정호 귀하

이상과 같이 쓰고 있는데 이 나라 교단장과 각 부서 대표자에게 쓴 답변이 무성의하고 동문서답만 하고 있었다.

그런 어수선한 속에서 교단본부 차원에서 복지나 문화 · 육영사업 등을 못하고 보니 일부 교회에서 먼저 육영사업을 시작했다.

경남 진해시 여좌동 518번지에 소재한 진해교회에서는 교회 내에 천성(天星)중학교를 1965년 4월 8일에 설립하고 라석기 씨가 교장이 되었다.

그리고 서울에서는 서울시 성동구 인창동 25번지에 소재한 혜성(慧星)교회 내에 혜성공민학교를 1965년 7월 1일(1966년 3월경 설립설도 있다)에 김기수 씨가 설립하고 김정범(金鼎範) 씨가 교장이 되어 운영을 시작했다.

그러나 전술한 중앙교의회에서 결의된 시정 및 개정 사항은 지도자들의 무성의로 결국 시정되지 못하고 흐지부지되면서 감독기관의 끊임없는 주요 시찰 대상이 되었다.

이때의 천리교의 교세를 살펴보면 다음과 같다.

| 시도별 | 교회수 | 교직자 | 신도수 | 총계 | 건물수 | 건평 | 대평수 | 기타재산 |
|---|---|---|---|---|---|---|---|---|
| 서울 | 7 | 13명 | 630 | 643 | 8 | 169 | 265평 | 이하생략 |
| 부산 | 19 | 104 | 2,001 | 2,105 | 27 | 616 | 2,367 | |
| 경기 | 2 | 6 | 101 | 107 | 2 | 23 | 35 | |
| 충북 | 1 | 1 | 33 | 34 | | | | |
| 전남 | 1 | 10 | 370 | 380 | 3 | 33 | 126 | |
| 경북 | 18 | 89 | 1,709 | 1,798 | 21 | 401 | 1,655 | |
| 경남 | 36 | 107 | 5,396 | 5,503 | 60 | 1,290 | 5,011 | |
| 제주 | 1 | 6 | 144 | 150 | 1 | 22 | 150 | |
| 계 | 85 | 236 | 10,384 | 10,720 | 122 | 2,554 | 6,907 | |

*1964년 종교 통계 요람 중에서 발췌(1964. 6. 30일 기준임)

### 4)자주교단을 강력하게 촉구하는 당국과 대한천리교

이때가 이 나라 천리교의 최대 수난기라 할 수 있다. 전술한 바 있지만 조금만 거슬려도 이웃이나 모 종단에서 풍속범(風俗犯) 또는 소음과 안면방해(安眠妨害)죄 등으로 고소·고발하였고, 때로는 교단 내 파벌끼리 모함도 하고 때로 고소도 하였다. 천리교와 천리교인은 이러한 부당한 처사를 많이 당했다.

당시 교단 교정부장이며 혜성교회장인 김기수 선생이 1965년 7월에 청량리경찰서에 잡혀가 5일간 구류 처분을 받은 바도 있다. 이것은 교단에서 발간 의뢰한 책 대금 지불을 거부함으로써 인쇄소(교회 신자가 운영하였다고 함)에서 교정 책임을 지고 있던 교정부장을 상대로 고소하게 되었던 것이다. 교정부장 김기수 씨는 6·25 전쟁 때 피난하지 않고 서울에 남아 한때 보도연맹(報道聯盟)에 가입했던 일이 있었고, 또 친일종교인이라 하여 평소 사직 당국에서 요 관찰 대상이었던 관계로 즉시 구속되었다. 이에 대하여 김기수 씨는 신속하게 적부심사(適否審査)를 신청하여 5일 만에 겨우 풀려났다고 최붕진 씨가 당시 사항을 증언하고 있다.

그리고 당시 소음과 안면방해죄라 하여 여러 곳에서 고발을 당했다고 전해지는데, 여기에 한 예를 들면 1966년 3월 14일 서울시 신당동 107의 1번지 대한천리교본부 월차제(月次祭, 매월 한 번씩 신에 대한 감사제)에 신도 약 400여 명이 모여 근행(勤行, 예배)을 하고 있었는데, 그 동네에 거주하는 모 기독교 교회 신자 이정자(李貞子, 당시 45세)라는 여자가 천리교에서 하는 예배를 보면서, 북과 징을 치고 찬송가를 부르며 시끄럽게 소란을 피운다고 사직

당국에 고발한 일이 있었다. 이때 교단 임원이던 어우봉(魚又峰, 당시 대전교회장으로 교단 임원임) 씨를 상대로 고소를 한 일이 있었다. 이 일로 얼마 동안 경찰서와 검찰청에 불려다니느라 마음 고생이 많았으나, 결국 서울형사지방법원에서 1966년 12월 13일 무죄 선고를 받았다. 그러나 그간 무려 8개월 동안 오라 가라 하며 부르는데, 이때 고생을 당한 일을 생각하면 잊을 수 없었다고 어우봉 씨가 술회한 바 있다. 이를 전후하여 전국에서 교회와 교회장 등이 이와 유사한 고소·고발 등을 당했고, 또 이와 비슷한 일로 곤경과 탄압을 받았다고 전해지고 있었다.

그리고 1965년 8월 6일에는 전남 광주에서 양기정(梁基正, 영융교회 신자로서 나병환자로 입신)·이성세(李聖世) 등 양인이 일본 옷 핫비를 입고 일본 책을 내놓고 일본 말로 전도한답시고 대로에서 《신악가(神樂歌)》 등을 부르며 반애국적인 언사를 마구 쓰고 있다고 신문 기자들이 취재하여 수개 신문에 과장하여 게재한 사실이 있었다. 이에 대해 사회에 물의를 일으키고 있다 하여 문교 당국으로부터 문책을 받았다. 뿐만 아니라 대한천리교본부(당시 신당동 소재)에 기독교인인 듯한 낯선 괴한 5명이 나타나서 몽둥이로 마구 기물을 부수고 '친일 종교 말살하자, 반민족 행위 타도하자'는 등의 구호를 외치고 난동을 부리고 도주하는 행위가 한두 번이 아니었다. 실로 위기를 맞고 있던 시대였다.

1965년 8월 7일경에 내무부장관의 지시로 천리교는 민심을 현혹시키고 민족주의의 주체성을 문란케 하는 유사 종교단체라고 단정하여 혹세무민(惑世誣民)하는 행위를 못하도록 철저히 단속하라는 명령과 지시를 하달하였다.

본 교단에서는 이런 일련의 사태에 대비하여 8월 20일에 중앙교의회를 열고 교단 생존이 위급한 사항에 처한 것에 대한 대책을 세웠다.

먼저 교단 내 왜색 일소를 강력하게 시행하며, 예배의 목표물인 신각(神閣)을 철거하고 목조 감로대로 바꿀 것을 강력하게 추진하며, 광주 사건의 진상을 조사하여 징계 조치키로 할 것을 결의했다. 그리고 교전 3장을 삭제하기로 결의했다.

또 총본부를 본부로 부를 것을 시정하고, 이때 교단 문장(紋章)을 일본 매화가 아닌 감로대의 6각 바탕에 월일(月日)을 상징하는 마크를 정하기로 했다. (그러나 후에 다시 마크를 공모하여 정하기로 했다.)

그리고 임기가 1965년 9월 1일 만료된 교통 선출을 소급하여 1965년 10월 26일에 실시하여 다시 최재한 씨를 선출했다. 이때 교정부장에는 김기수, 교화부장에는 김태봉, 심사부장에는 배대봉 씨가 선임되었다.

그리고 1965년 12월 2일에 중앙교의회 임시총회를 부산시 영도구 청학동 소재 원남성교회에서 개최했다.

여기에서 제2차 교단 정비를 했는데 교통과 3부장을 재신임하고 교정위원도 재신임했다. 다만 김진조 선생을 제외시켰다. 그리고 재단 이사진 모두를 불신임하기로 결의했다.

여기에서 김진조 이사장의 자주교단파에서는 우유부단한 종속파들이 정부의 지시와 교단 지시에 대해 적당히 넘어가려 함에, 이들을 규탄하는 교단 정화위원회를 구성하여 그들에게 경각심을 주려 했으나, 오히려 교의회에서 교단 정화위원회를 구성한 데 대하여 문제를 삼아 이들 위원들을 모두 제명과 징계로 맞서게 되면서 더욱 감정 싸움이 일어나기도 했다.

이해에는 지난 6월 22일에 한일협정이 도꾜(東京)에서 조인되었다. 그리고 그해 12월 18일에 한일협정 비준서(批準書)가 교환된다. 이리하여 오랫동안 불편했던 한·일 양국이 국교 정상화의 길에 들어서게 되었다. 여기에서 민간 교류가 더욱 활발하게 진행되고, 일본인의 왕래가 빈번해짐에 따라 천리교인의 내왕도 급격히 늘어났다.

이렇게 되니 다시 천리교에서는 계열을 찾아 종전처럼 오야(親) 꼬붕(子)의 신도천리교 시대의 조직이 다시 급격히 부활·확산되었다. 여기에서 여지껏 신앙 계통과는 상관없이 같은 천리교 교우라는 인식을 갖고 서로 돕고 포교 전도를 공동으로 하고 같이 이 길을 가던 동료들이 자연히 옛날의 소속 계열 속으로 흡수되어 버렸다. 이렇게 되자 오직 계열만을 찾아 챙기게 되어 타 계열에 대하여는 오히려 경계심을 갖고 교류마저 끊으려 했다. 그러자 자연 서로가 소원해지면서, 오직 오야(親, 상급)교회, 상급교회만을 찾게 되고 또 따르게 되었다. 이렇게 되다 보니 궁극적으로 일본(일본 천리교회)의 완전 지배하에 들어가 버리게 되었다.

이렇게 되어 대한천리교단은 이상하게 돌아가고 본래의 창립 목적과 취지는 허무하게 퇴색되어 버렸다. 야누스(Janus)처럼 양면성을 갖고 애매모호한 처신을 하던 대부분의 지도자급 인사들도, 이때부터는 노골적으로 종속화 경향으로 나오게 되어 교단과 교정이 더욱 혼돈으로 빠져 버렸다.

이러한 와중에서 전술한 바 있는 재단에 경리 부정이 있다 하여 어득수(魚得水, 당시 대전교회장)와 허태규(許兌圭, 봉성교회장) 등이 주동이 되어 여론화시켜, 상무이사 전인수의 공금 횡령에 대한 비위를 문제삼아, 재단 이사장 김진조 씨까지 싸잡아 양인을 재단 공금 배임 횡령으로 고발하여 재단 수뇌진을 초토화시킴으로써 재단을 완전 무력화하여 업무를 마비시켜 버렸다. 그리하여 강력한 자주교단 지도자인 김진조 씨를 얽어맴으로써 그들 중속파들의 뜻대로 되어 갔다.

이렇게 되자 교직자는 교정을 불신하며 더욱더 계열의 맥을 찾아 쫓아다니게 되었다. 이에 모두들 정신이 빠져 야단을 치다 보니 교정은 부재(不在)되어 교의회 임기가 만료되어 공백 상태에 있음도 모르고 말았다. 이에 교의회는 1967년 5월 14일이 되어서야 만기가 넘었음을 알고, 이때 교통의 비상권(당시 교헌을 보면 합의 기관과 결의 기관이 구성 전일 때는 교통이 합의 기관을 지명함으로써 구성했다)을 발동하여 구성하게 되었다. 이때 교의원은 1967년 4월 15일 간부회의에서 지명하는 교회에서 추천하게 되어 있는데, 그 명단을 보면 다음과 같다.

혜원교회(慧圓敎會, 지금 혜성교회), 대전교회(大田敎會), 정릉교회(貞陵敎會), 대구교회(大邱敎會), 명성교회(明星敎會), 영남교회(嶺南敎會), 부산교회(釜山敎會), 남성교회(南星敎會, 원남성교회), 동래교회(東萊敎會), 미선교회(美鮮敎會), 경선교회(慶鮮敎會), 진해교회(鎭海敎會), 동광교회(東光敎會), 금성교회(金城敎會), 고성교회(固城敎會), 충무교회(忠武敎會), 영융교회(永隆敎會) 등 17개 교회이다.

이렇게 되어 교단은 점점 일본 천리교교회본부의 영향하에 들어

가게 되었다. 그리하여 마침내 1967년 11월 26일 한국전도청장으로 나까다다께오(中田武彦)가 취임하여 오면서 왜정시대 조선포교관리소까지 치면 8대(代)가 되는데 종속파들은 살판이 나고 자주교단파는 왜정시대 총독부가 다시 온다고 분노를 하였다.

*참고로 《천리교 사전》을 보면 '전략, 한편 일본(地場)에서는 한국과의 연락 불통이었다. 7대 관리자 이와다조사부로의 출직으로 1967년(昭和 42년) 1월 26일 나까다다께히꼬가 8대 관리자로 취임. 이리하여 1969년(소화 44) 4월 9일 관리소의 매도(目標)를 자택인 선경(鮮京)분교회에 옮겼다. 그때까지도 두서너 번이나 갈라져 교단이 통일을 보지 못하고 있어 양파를 합치려 했지만 결국 분열하게 되었다. 이하 생략'이라고 쓰고 있다.

그해 5월 3일에 제6대 대통령으로 박정희(朴正熙) 씨가 당선되어 취임하였으니 날로 한일관계가 완화되어 가고 있었다. 그러자 뜻있는 자들은 천리교 한국전도청이 생겨 공공연히 활동을 했다. 그러자 이를 보다 못한 용재들이 신당동을 중심으로 모여 오면서 교단 재건 운동을 하자는 기운이 일어나게 되면서, 많은 쟁의와 분규가 끊임없이 일어났다.

이때부터 많은 교우들이 교단을 떠남으로써, 조금씩 교세가 위축되면서 외부에서 보는 눈이 곱지 않게 되어갔다. 그런 판국에 재단을 더 두고 볼 수 없어 1968년 4월 18일에 재단 분규수습위원으로 최봉진 서울교회장이 위임받아 재단 문제에 관한 분규 수습과 재단 정상화에 대한 일체의 권리를 위임받게 되었다.

이에 앞서 김진조는 최명진에게 다음과 같이 재단 분규 문제에 대하여 위촉하여 위촉장(위임)을 썼다.

위촉장(委嘱狀)

본인은 최붕진(崔鵬鎭)에게 재단의 모든 분규 수습 및 재단 인수 인계에 대한 일체의 권리를 위촉함.

단 ①교단측에서 본인을 상대로 제기한 서울형사지방법원에 계류(繫留) 중인 고소사건을 취하함에 있어 본인은 서울고등법원에 상소 중인 사건을 동일자로 취하하겠습.

②1항(項) 양측 취하 조치가 종료되면 본인은 최붕진이 제시한 수습안을 전폭 지지하겠습.

③모든 안건 처리시에는 반드시 최붕진이 입회할 것.

서기 1969년 3월 24일

서울특별시 동대문구 청량1동 11의 33

위촉자 김진조(金振祚) 인

여기에서 서울고등법원에 상소 중인 사건을 취하하게 되고 이사장의 사임도 논의하게 되었다.

### 5)김기수 씨는 다시 대한천리교 교회연합회를 결성하여 이탈

결국 얼마 후 1969년 4월 6일에 대한천리교교회연합회라는 단체가 서울시 용산구 청파동에서 발족되었다. 이때 연합회장에는 김기수 씨가 되고 교회장회의 의장에는 김태봉 씨, 중앙교의회 의장에는 배석수 씨가 되어 교헌을 개정하여 이탈했다.

그리고 '대한천리교연합회 결성에 즈음하여'라는 팜플렛을 '대한천리교교회연합회'라는 이름으로 전국에 배포했다.

그 주요 골자를 여기에서 발췌하여 기술해 본다.

①서언에서, '대한천리교교회연합회를 결성하고 보니 만회(挽回)가 교차됨을 금할 길 없습니다. 회고하건대 한국천리교단 20여년 사란 참으로 형극의 길이었습니다. 1945년 해방과 함께 입교의 장소가 일본이었다는 연유 하나로 교역자는 친일파시 당하여 흩어지지 않으면 안되었던 것입니다. 하오나 우리 천리교는 어느 특정 국가나 민족만을 위한 종교가 아니고 세계를 소연(昭然)히 비추시는, 생략, 이에 뜻있는 교역자 몇 분이 열과 성을 다하여 천리교단 복원사업에 노력하였는데, 이것이 결실을 보아 고인이 되신 조병옥(趙炳玉) 박사, 김병로 선생 등을 고문으로 모시고 이순자(李順子) 여사를 주축으로 천경수양원이 탄생되었던 것입니다. 생략, 만인구제(萬人救濟)에 헌신하고자 일어서자마자 한민족의 수난인 6·25가 돌발하였던 것입니다. 북괴의 천인공노(天人共怒)할 만행에 천경수양원 원장인 이순자 여사가 순직하시고 한국의 수난사와 함께 우리 교단의 수난이 뒤따랐던 것입니다. 생략, 대한천리교연합회를 김진조·김점이·김기수·김태봉 선생 그리고 고인이 되신 김태주 선생 등을 중심으로 대구에서 결성하니, 이때부터 우리 교단은 사실상의 체제를 갖춘 교단으로 발전하였다고 생각합니다. 그 후 연합회를 본원으로 개칭하고 교회장, 포교소장 및 교신자 여러분의 정성으로 서울시 종로 6가에 대한천리교 본원을 두기에 이르렀습니다. 본원으로 개칭된 지 1년여, 교단이 정상적으로 운영되는 듯싶었으나 어딘지 모르게 위축되어 가고 있었습니다. 이 당시 일본에 있던 현 남성교회장 최재한 선생이 한국에서 본격적으로 포교활동을 전개하기 시작하여 영남지방의 교세가 확장됨으

로 인해 진해에 연합회가 다시 결성되었다. 그래서 서울에 본원과 영남에 연합회라는 형식상 2개의 조직이 이루어졌으나, 당시 우리 교단은 교세가 미약한 때라 교단의 통괄적인 교정 체제보다 교세의 배가가 더욱 시급하였던 실정이었습니다. 생략, 일본에서 발생하였다는 이유로 시달림을 당하다 보니 교세 배가(倍加)만이 우리의 지상 목표로 삼지 않을 수 없었던 것입니다.

그 후 서울의 본원과 영남의 연합회가 결합하여 대한천리교총본부로 발족하니 우리 교단은 명실상부한 한국 천리교단으로 발전하게 되었습니다. 생략, 한국 교단의 초창기에 천리교인이 어디에 있다는 소리만 들어도 기뻐하며 발이 부르트고 배가 고픈 줄도 잊고 서로 반가이 만나 날 새는 줄 모르고 교단의 발전을 위하여 대화를 하며 노심초사하신 선배 선생님들, 생략, 만인 구제에 솔선수범한 교회장·포교소장님들은 물론 자기의 사재(私財)를 털어 교단의 발전에 정성을 다한 교신자(教信者)님들, 생략, 이러한 정성으로 이룩된 우리 교단의 2대 교통에는 최재한 선생이 선임되고 재단법인 이사장에는 초대 교통인 김진조 선생이 취임 하였습니다.

이로부터 우리 천리교인은 30만에 이르고 그 열과 성은 서울시 연희동에 총본부를 신축하기에 이르렀던 것입니다. 전국의 불 같은 정성이 총본부 건설에 집중하고 있을 때, 총본부는 경리 부정으로 관에 수사를 당하고 당시 재무국장은 구속까지 당하여, 생략, 정성이 물거품으로 변하고 모래 위의 탑모양 힘없이 허물어져도, 이럴수록 우리는 신앙인 본연의 자세로 돌아가 남의 옳고 그름을 탓하기에 앞서 자신의 신앙의 부족됨을 손질해야 되지 않을

까 합니다'라고 쓰고 있다.

②교회연합회 결성의 연유에서, '이로부터 교단의 교정(教政)은 마비되고 교세는 침체되기 시작하였습니다. 생략, 이에 각 교회의 젊은 청년들이 주축이 되어 어떻게 하면 교단을 정상화하고 침체된 교세를 만회하느냐를 교회장님과 상의하여 대화의 광장을 마련하기에 노력하면서 수차의 모임을 갖던 중, 작년 11월 28일 남성교회에서 전국교회장회의를 부산에서 가지자는 연락이 있어 참석하였던 바, 그 자리에서 남성교회장님의 말씀이, 각 교회의 재산을 재단에 편입해야 한다는 것입니다. 생략, 현재 재단은 소송 중에 있고, 생략, 교단의 교정 기구는 차치하고 재단 문제만 제기하니 어딘가 납득하기 어렵고, 재단이란 재산의 출연으로 재산을 가지고 재단의 목적 사업을 수행하는 것인 만큼 교단의 행정 기구와는 별개의 것이라 생각하는 저들과는 근본적으로 차이가 있는 듯하였습니다. 그 후 금년 1월 2일 대전 교회장인 어득수 선생이 최재한 선생을 찾아가 이맹순 · 최기대 · 김철암 등이 합석한 자리에서, 교단이 이렇게 침체되었으니 김기수 · 김태봉 선생을 만나 교단의 문제를 상의함이 어떠냐고 건의한즉, 나는 거년(去年) 7월 5일, 7월 17일, 11월 28일, 12월 2일의 회의에 의한 기본 방침대로 일을 할 테니 따라올 사람은 따라오고 그만둘 사람은 그만두라는 이야기였습니다. 생략, 최재한 선생을 직접 · 간접으로 만나 본 결과 저희들로는 현재 이분의 생각이 교단의 교회장님들과 교단 문제를 상의하기보다 교단 외 인사와 교단 문제를 상의함에 주력하고 있는 것 같았습니다. 생략.

호소문을 발송하고 나니 곧 남성교회에서는 3월 10일자 호소문

배포에 따른 조치 시달이라는 유인물이 왔습니다. 유인물의 내용인즉, 교단의 침체 상태나 교정 기구의 마비 상태는 인정하나 우리는 작년 4차의 회의에 의한 기본 방침대로 재단을 정상화하고 있으니 이것이 어찌 교단을 좌시하고 있다는 말인가. 호소문에 서명한 37명만이 진정 교단을 위하는 자들이며, 대표자도 없이 어찌 총본부에서 회의를 할 수 있느냐는 등의 내용이었습니다. 생략, 문서는 호소문이 무엇이라는 것도 모르는 사람들이 작성한 문서라고 생각합니다. 생략, 이 독선적이고 일방적인 사고가 결국 교단을 이런 침체 속에 몰아넣은 이유의 하나가 아닌가 생각하기 때문입니다. 생략.'

여기에는 총본부에 보낸 문서를 그들 나름대로 이렇게 반박하고 있었다. 다시 내용을 보면, '이리하여 저희들은 3월 14일 총본부에 모인 전국의 교회장과 포교소장님을 중심으로 교단의 문제를 논의하였던 바 교정 기구가 공백 상태에 있으니 총의(總意)에 의하여 교헌에 따라 우선 중앙교의원을 선출하자고 결정이 되어, 전형위원(銓衡委員)을 선출하여 구 교헌 제29조 12항에 의거 의원 배정 사무를 맡게 하였고, 그 배정에 따라 중앙교의원을 선출하여 교헌을 개정하였던 것입니다.

3월 14일의 회의가 교단의 총의냐 아니냐는 하기의 교회연합회와 의원의 명단을 보시면 아시겠습니다만, 이 회의 이후 3월 14일 불법회의 소집 무효 시달이라는 유인물이 2차로 왔습니다.

그 내용을 보니 ㄱ)일부 교리를 탈선한 사람들이 뜻을 같이하여 ㄴ)교헌을 위배하여 도둑놈이 도둑질하듯, ㄷ)내분을 더욱 조성하여 분파작용(分派作用)을 하는, ㄹ)일부 불순 불평자의 간책(奸

策)에 현혹되지 말라. ㅁ)자체수습위원회(自體收拾委員會)가 발족하였으니 여기에 참여하라는 등 듣기 거북스러운 말을 나열해 놓았습니다. 생략.

과거에 정화위원회라는 불순한 회(會)가 나온 적이 있습니다만, 교회연합회를 결성한 분들을 정화위원회를 만든 사람들처럼 본다면 그렇게 보는 사람이 얼마나 독선적이며 자가당착(自家撞着)에 빠져 있는가를 다시 한번 돌이켜 보아야 할 것입니다. 더구나 이 유인물이 교통 최재한이라는 이름으로 왔습니다. 우리는 최재한 선생의 신앙을 알고 있기에 그분이 하였다고는 보지 않습니다. 그 분의 성함을 남용한 사람들의 행위라 생각하고 싶습니다'고 조금씩 변명 비슷한 묘한 글들을 쓰고 있다.

계속 보면, '생략, 교통 최재한이라는 직함을 사용하는 사람들의 이유는 구 교헌 제23조를 근거로 내세우고 있는 것 같습니다. 구 교헌 제23조를 보면 교통의 임기는 만 2년으로 정하고 보선할 시는 전임자의 잔임 기간으로 한다. 단 중앙교의원의 임기 완료로 인하여 교통을 선정하지 못하였을 경우에는 그 후임 선정시까지 임기 만료된 교통의 임기는 자동적으로 연장된다라고 교헌에 되어 있습니다. 이 교헌 제23조와 또 교헌 제33조를 가지고 교통과 중앙교의원의 임기가 연장되고 있으며 교통의 권한이 살아 있다고 생각하는 모양입니다만, 이는 교헌의 해석을 잘못한 것이라 생각합니다. 구 교헌 제23조와 제33조의 전단에 임기는 만 2년으로 한다고 정하여져 있습니다. 그러기 때문에 임기는 만 2년입니다. 후단의 규정은 구 교헌 제정 당시의 입법 취지로 보아 교단이 천재지변이나 피치 못할 사정으로 인하여 교정 기구에 잠시라도 공백 상태가 일어나지 않도록 하기 위한 구제 조항이지, 이를 확대 해석하여 임기가 무한히 연장되어 있다고 보는 것은 부당한 해석이라 생각합니다. 임기가 끝난 지 2, 3년이 지나도록 구 교헌 제23조 규정을 확대 해석하여 교통의 권한이 살아 있다고 주장한다면 취재한 교통의 직위를 연장하기 위하여 고의로 교단을 침체 상태로 몰아 놓고 말았다는 결론이 되며, 또한 교통으로서의 직무유기가 되어 책임을 면할 수 없게 되니, 이는 우리가 존경하고 있는 남성 교회장님에 대한 모독이라 생각합니다. 임기가 끝났음에도 불구하고 나는 아직 교통이다라고 말씀하실, 생략, 그 후 저희들은 교회연합회 교헌에 의거하여 3월 27일 교회장회의를 개최하였고, 이 회의에서 하루속히 교단의 교정 기구를 두자는 결의하에 중앙교의원의 의석을 배정하게 되었고, 이 배정에 의하여 임명된 중앙교의회가 4월 6일 서울에서 교회연합회 회장과 부회장을 선출하였고, 이 선출된 회장과 부회장이 교회장회의의 인준을 받음으로써 대한천리교교회연합회의 교정 체제가 갖추어지게 된 것입니다'라고 쓰고 있다.

이를 볼 때 이것은 이탈을 철저히 준비하였음을 보여주면서, 다만 표면상의 명분을 찾기 위한 억지 주장임을 볼 수 있다.

3항의 결언을 보면, '이제 대한천리교연합회는 발족하였습니다. 개정된 교헌을 보시면, 생략, 교회연합회의 운영은 교회장님을 중심삼게 되어 있습니다. 과거의 예를 본다면 교역자가 아닌 사람들의 교단 운영의 참여로, 생략, 이 길을 걸어오신 교회장님을 모욕하고 헐뜯는 일이 다반사로 일어났기에, 이제는 이분들이 만드신 이 교단을 이분들의 손으로 운영, 생략, 리(理)의 순서를 밟는 것이 바로 이 길이라 보기 때문입니다. 생략, 앞으로 모든 교회장과 포교소장 그리고 교신자님들은 교회연합회의 기치 아래 참여하셔서, 이하 생략, 그리고 대한천리교교회연합회 결성에 대한 인사에 대할까 합니다'라고 인사말로 끝맺고 있다.

그리고 1969년 4월 일자는 쓰지 않고 '대한천리교 교회연합회 회장 김기수'라고 되어 있다.

여기에 별지로서 결의문이 붙어 있는데 그 안의 내용은 본문 내용과 대동소이하다.

결의문 3항에는 '우리는 왜색을 일소하고 민족주체 의식에 입각한 일치된 이념으로 공동 매진할 수 있도록 우리의 자세를 갖춘다'라고 쓰고 있다.

그러면 결의문에 게재된 임원 및 의원 명단을 보자.

교회연합회장 김기수(金杞洙, 惠圓교회장), 부회장 김도홍(金道洪, 美鮮교회장), 중앙사무국장 김현필(金鉉弼, 美鮮교회 총무), 교회장회의 의장 김태봉(金太峯, 大邱교회장), 부의장 어득수(魚得水, 大田교회장), 부의장 조문봉(曺文鳳, 金城교회장), 교회장회의 의원 하용득(河用得, 慶大교회장), 안봉수(安鳳守, 京安교회장), 서옥란(徐玉蘭, 明信교회장), 김봉의(金鳳儀, 嶺南교회장), 이의호(李義鎬, 速鮮교회장), 민임희(閔任姬, 貞陵교회장), 추말순(秋末順, 景鮮교회장), 이복희(李福姬, 왕십리교회장), 강양주(姜良柱, 利川교회장), 김보금(金普金, 永隆교회장), 양정남(梁正男, 大鮮교회장), 박노운(朴魯運, 明星교회장), 윤봉곤(尹奉坤, 鎭京교회장), 정용우(鄭龍雨, 順京교회장), 김순염(金順廉, 鎭海교회장), 김기수(金杞洙, 惠圓교회장) 김도홍(金道洪, 美鮮교회장) 이상 20명.

그리고 중앙교의회 의장 배석수(裵錫守, 東光교회장), 부의장 이동규(李東圭, 성호포교소장), 부의장 김정범(金鼎範, 惠圓교회) 의원으로 조동환(曺東煥, 동광교회)·배차효(裵次孝, 동광교회)·차문관(車文官, 영남교회)·강종갑(姜鐘甲, 영융교회)·김근봉(金謹奉, 부산진교회)·김달만(金達萬, 창성교회장)·김성환(金性煥, 惠圓교회)·황병춘(黃秉春, 대구교회)·김봉두(金奉斗, 미선교회)·김영준(金英駿, 대구교회)·김성준(金成俊, 惠圓교회)·유완목(兪完穆, 정릉교회)·김유승(金裕勝, 대전교회)·박창서(朴昌緖, 瑞興교회)·송병창(宋炳昌, 영일교회)·고언기(高彦基, 대선교회) 이상 21명 중 19명으로 되어 있다.

참고로 결의문 3항을 보면 '우리는 왜색을 일소, 민족주체의식에 입각한 일치된 이념, 생략'이라는 상투적 인용어를 언제나 쓰고 있음을 볼 수 있다.

이에 대하여 1969년 4월 10일에 교단과 재단에서 연합회장 김기수 앞으로 통고서를 보냈는데 그 내용은 다음과 같다.

통고서(通告書)

서울특별시 성동구 신당동 107의 1 소재 건물을 대한천리교총본부에서 사용하게 된 것을 현재 대한천리교교회연합회라는 명칭 밑에 사용하고 있음에 대하여 금번 재단 관계 사무 및 총본부의 직무를 정상적으로 집행하게 되었으므로 재단 및 총본부와는 하등 상관없는 연합회는 오는 5월 12일까지 무위 철수할 것을 통고함.

이렇게 하여 내용 통고문 형식으로 서기 1969년 4월 10일자에 발송했다.

### 6)자주교단임을 천명하는 서신을 진주(眞柱)에게 발송

한편 5월에 들어와 대한천리교단은 자주교단임을 천명하고 한국교단에 간섭하지 말 것을 요구하는 내용을 쓴 문서를 일본 천리교교회본부 진주 앞으로 다시 발송했다.

그 당시 대한천리교총본부에서 일본 천리교교회본부에 보낸 항의서가 있는데 그 내용을 요약해 본다.

①우리 대한천리교단은 자주교단이다. 이하 생략.

②교연(教緣)을 빙자하여 대한천리교단을 예속시함은 불가하다. 생략.

③교연을 통한 대한천리교단의 교권 침해는 한국민의 주권 침해로 간주한다. 생략.

④일본국 역사상의 신명(神名) 인용은 범세계 종교로서 인정 못 받는다. 생략.

⑤대한민국은 반공국가로서 공산주의와 싸우고 있다. 생략.

⑥대한천리교단의 내분의 근원은 한국에 교연을 갖는 일본인 자체의 분쟁의 여파이다. 대한천리교단 내의 분쟁이 종식되지 못하는 근본 원인은 소위 한국에 교연을 갖는 일본인 교회장 등의 분쟁의 여파에서 파생된 것이라 생각한다. 지난 20년 간의 경과를 보면, 교연 있는 일본인이 한국을 다녀가면 분쟁이 고조되곤 하였다. 생략, 소위 대한천리교연합회를 구성하게 된 이면에는 귀 일본 천리교교회 본부측에서 작용하였다는 후문이 있다. 지난 4월 초순에 나까다다께히꼬(中田武彦) 씨가 내한(來韓)하여 임의단체인 연합회측을 두둔하고 대한천리교총본부의 해체를 지령하였다는

사실이 있다 하는데, 이는 한국민의 주체성을 무시하고 대한민국의 국위를 모독한 처사라 단정한다. 이로 인하여 한국의 천리교인은 나까다다께히꼬 씨에 대하여 원성이 자자하며 대일본 천리교의 감정이 악화 일로에 있는데, 이유는 대한천리교단의 교권과 통수권을 무시한 데 있는 것이다.

나까다다께히꼬 씨가 수차에 걸쳐 한국에 내왕하면서 남긴 업적은 대개 다음과 같다.

'나까다다께히꼬 씨는 한국에 오면 대한천리교단의 교정 기구를 무시하고 책임자인 교통을 제외한 대한천리교총본부의 건설이나 유지 운영에 비협조적이고, 이탈한 인사들과 사전 접촉하고 귀국 직전에 교통에게 인사차 방문한다는 식의 불합리한 교류를 유지하고, 연합회를 구성한 요원들의 일방적인 말을 정당하다고 받아들이고 편파적으로 대한천리교단의 내분에 관여하였음은, 금후 우리나라를 천리교라는 종교를 통하여 우리 대한천리교 소속 교신자를 지배하려는 심산이 있다고 단정한다. 이하 생략.'

*참고로 당시 대부분의 자주교단 인사들은 나까다다께히꼬의 역할을 짐작하고 있었다. '그는 아주 노련하게 이 나라 교역자를 조종하며, 뒤에서 직접·간접으로 대한천리교본부를 파괴하면서 예속종단을 지원하고, 모처럼 새로이 태어나는 이 나라 천리교의 창단 이념을 완전히 초토화시키며 천리교의 발전을 1세기나 후퇴시킨 장본인으로, 훗날 역사에 남게 될 것이다'라고 보고 있었다.

⑦대한천리교총본부는 일본 천리교교회본부와는 국제적 유대를 유지한다. 앞에 제시한 사항이 시정되면 대한천리교단은 일본 천리교단과는 국제간의 유대를 유지 강화하며 문화 교류를 비롯하여

리(理)의 교류도 합리화시킬 것이다. 한국에 교연을 가진 모든 일본인(교회장)은 개별적으로 자기 부하 또는 신도시(信徒視)하는 관념을 버리고 일괄 일본 천리교교회본부측에 리 다스림을 제공하고, 대한민국 내의 모든 천리교회는 대한천리교총본부가 직접적인 상급이 되게 하고 일본 천리교교회본부와는 리의 유대를 통하여 운영하는 것이 올바른 사고이며 체계라 생각한다. 귀 일본 천리교 교회본부측은 이에 대하여 과감한 대책과 조치를 취하여 개별적인 행동이나 연결성을 일소하고 귀 교회 본부측에서 한국과의 금후 교류는 정상화시켜 주기 바란다. 대한천리교단은 한국인의 역량으로 다스려질 것임에 귀 일본 천리교단에서는 여하한 수단 방법으로라도 관여치 말 것을 주의를 환기하는 것이다. 일본인으로부터 교화받은 몇 사람의 힘으로 조직된 것이 아니며 수십만인의 중의가 집결되어 민의가 지켜보고 있다는 것을 상기하여야 한다. 생략, 금번 나까다다께히꼬 씨가 다녀간 후 우리 대한천리교단 내는 물론 국내 요로에서 일본 천리교를 색안시하고 연합회를 구성한 사람들에 대한 불신의 소리가 높아지고 강풍이 휘몰아치고 사회 문제화될 우려가 농후하다. 이하 생략.

그리고 대한천리교본부와의 교류를 선행(先行)하라는 등의 요지로 결론짓고 있었다.

*참고로 《천리교사》에는 1969년(昭和 44년)경 나까다(中田) 관리자가 현지에 부임하여 2파로 분열된 교단을 통일하려고 논의한 결과 대한천리교 최고협의회를 조직하여 양파(兩派)를 화합 통일하게 하여 지바(地場) 중심의 교단을 만드는 시초가 되었으나, 반일감정이 매우 심한 정세라 지바의 리를 갖고 있는 조선포교관리

소를 다시 내세우는 것 같아서 서둘러 대한천리교 중앙사무국을 발족시켜 하나로 이끌어 간다'라고 쓰고 있다.

이상과 같이 대한천리교본부를 없애고 그들의 어용기관인 대한천리교 중앙사무국을 만드는 것을 보면, 일본 천리교교회본부의 교정(教政) 입안자나 그 지도층은 좀더 시야를 넓혀 범세계적 종교로서의 미래를 보는 포교정책을 수립치 못하고 말았다. 그리하여 이 나라 천리교가 날이 갈수록 갈갈이 찢어지게 되는 원인을 제공하였으니 그 책임은 결코 면할 수 없다. 또한 그들에 맹종한 이 나라 천리교 지도자들의 근시안적인 대처와 일관성 없는 처사가 훗날 이 나라 천리교의 토착화와 번영의 기회를 반세기 이상이나 후퇴하게 되는 결과를 가져오게 되었음을 알아야 할 것이다.

### 7)재단까지 장악한 교통 최재한(崔宰漢) 씨와 종속파의 공작

대한천리교총본부에서는 재단에 대한 수습을 위하여 관선이사(官選理事) 선임을 신청하여 1969년 9월 4일에 임시 이사 정순학(鄭淳學) 외 5명이 결정되고, 9월 18일에 관선이사회를 열고 정이사로 최봉진 외 5명이 결정되어 정상적으로 되었다.

한편 최재한 씨가 주동이 되어 사단법인 대한천리교단을 만들고자 문화공보부에 설립 신고를 했다. 그러나 1969년 12월 17일에 기각되고 말았다.

그리고 1969년 12월 19일에 부산시 영도구 청학동에 있는 원남성교회에서 임시 이사회를 열었다. 여기에서 이사장 김진조 씨가 사임되고 최재한 씨가 새 이사장으로 선임되고 최봉진 씨가 상무이사가 되었다.

이듬해 1월 27일에 문공부의 승인을 받으면서 재단이 다시 정상으로 되었다.

재단이 정상화되자 종속파들이 다시 교단을 흔들기 시작했다. 이유인즉, 최재한 씨가 독선으로 교단과 재단을 멋대로 인사권을 행사하며 운영하고 있다는 것이다.

그리고 1970년 4월에 김태봉 씨가 주축이 되고 김순염·조문봉 씨 등 진해파들이 합세하여 대한천리교실천회를 진해시 여좌동 518번지에서 또다시 결성하고 이탈했다. 이들은 대한천리교단을 무력하게 만들고 교권을 장악하려는 종속파의 전위대(前衛隊)로 다시 되돌아갔다.

이렇게 되자 같은 종속파라 할 수 있는 김기수 씨와 어우봉·김정범 등 경성대교회계에서도 같은 날인 1970년 4월 14일, 동시에 독자적으로 대한천리교 교회연합회를 다시 만들어 독자 활동을 하기 시작했다.

한편 제3공화국 정부에서는 월남 파병으로 국력을 과시하고 이 나라 최초로 산업동맥인 경인(京仁)고속도로를 개통하고, 새마을 운동을 전개하여 1970년 7월에는 경부고속도로까지 개통하는 등 국가 경제개발과 국가 재건운동을 한창 하고 있을 때였다.

참고로 일본 천리교교회본부에서는 일본이 패전되어 전승국 미국 맥아더 사령부에 의하여 국가신도가 즉시 해체되었다. 그럼에도 무려 25년이나 지난 후인 1970년 4월 30일에야 천리교가 교파신도연합회(教派神道聯合會)를 탈퇴했다.

1970년 6월 17일 EXPO 70. 만국박람회(萬國博覽會)가 일본 오

사까(大阪)에서 개최되면서 정부, 즉 문화공보부에서 1970년 2월 11일자(종무 1066. 42124)로 1970년도 만국박람회 참관 여행 신청 공문이 교단으로 왔는데, 그 내용은 3월 15일부터 9월 13일까지 일본 오사까에서 개최되는 만국박람회 참관 희망자를 모아 구비 서류를 작성하여 1970년 2월 12일까지 신청하라는 요지의 공문이 왔다. 이 문서에 의하면(이때 찬조금 5만 원과 여행 기간은 10일로 한정한 조건으로) 많은 사람들을 참관토록 하라는 권유가 있었고, 또 교단에서도 이에 적극 호응하게 되어 약 26명이나 도일하여 참관하게 되었다. 이를 기회로 천리교 방문단은 대거 일본 천리교교회본부를 방문하게 되면서 거대한 규모의 천리교교회본부와 그 시설과 부속 교회 건물에 놀라게 되었다. 한편 일본 교회본부와 그들의 선심과 친절에 매혹되어 자신도 모르게 그들의 감언과 설득에 넋을 잃고, 지난날 민족의 설움을 망각하고 오히려 신도천리교 시대에 대한 향수에 젖어 이들 대부분은 무슨 신앙을 하든 내 자유다라는 안일한 생각을 갖게 되었다. 그러면서 다시 비루(鄙陋)함을 노정(露呈)했다.

이를 노린 해외전도부와 한국전도청의 치밀한 계획에 이들 모두는 더욱 날뛰며 종속의 길을 굳혀 나갔다. 1970년대까지만 해도 이 나라 곳곳에 심지어 골짜기마다 전도 포교가 활발하게 전개되어 전성기를 이루어 50만 신도라 뽐내던 교세도 밤낮없이 종속파와 자주교단파가 싸우며 이합집산을 계속하니 교세는 침체되고 차츰차츰 줄어들게 되었다. 대외적으로 이미지가 날로 나빠지면서 많은 신자를 잃어버리게 된 것이었다.

대한천리교 교단과 지도자들이, 정부에서 이리 가라 하면 이리

가고 일본 천리교본부에서 저리 가라 하면 저리 가는, 그때그때 이리저리 밀리며 줏대도 없고, 배알도, 비전도 없이 무기력하게 처신을 하며 조령모개(朝令暮改)식으로 이합집산만 하였으니, 교신도(教信徒)들은 혼란에 빠지고 뜻있는 자는 교단을 불신하게 되어 이 길을 떠나기도 했다.

우리 모두는 이러한 과거사를 한번쯤 되돌아보며 반성해야 한다. 그리고 이 만국박람회 이후부터 많은 교인이 오가면서 하루가 다르게 리금(理金, 정성금)이라는 이름으로 많은 돈이 일본 교회본부로 빠져 나가 국내에서는 복지시설 하나 할 수 없게 되었다. 먼저 있던 시설마저 운영할 여력이 없어 전술한 두 학교 모두가 운영을 못하고 폐교 조치를 하게 되었다. 이런 속에서 1967년 4월 10일 부산시 영도구 청학동 7의 6번지 소재 원남성교회 내에 대한천리교 교의강습소 부산수강원이 생겼다. 그리하여 46기부터 개강하여 강습을 실시하였다.

이를 전후하여 일본 천리교교회본부에서는 이 나라에 천리교 최고협의회 중앙사무국 설치를 구상하게 되었다. 그것은 3권에서 기술하기로 한다.